Dunant

杜南

紅 十 字 會 軼 事

The Story of the Red Cross

原著／馬丁・甘伯特
Martin Gumpert

譯／程翀

Dunant
THE STORY OF THE RED CROSS

New York

OXFORD UNIVERSITY PRESS

1938

本書依據1938年牛津大學出版社於紐約出版的馬丁・甘伯特的著作《Dunant：The Story of the Red Cross》翻譯而成。

「這本書描繪的不僅僅是一個非常奇異感人的人的生活形象。彷彿渾然天成，它成為了尺度長達整整一個世紀的畫作，異常鮮明生動地展現那個世紀的弱點，及其短暫但具有象徵意義的歷史。這本書的文學成就非凡，堪稱史歌般的傑作。」

——托馬斯・曼（諾貝爾文學獎得主）

亨利・杜南

前言

　　人類精神的文明進步是基於對歷史的反思以及對聖哲的學習和繼承。疏於學習和反思、沒有信仰，也缺乏精神慰藉的人生是不幸的，因為每個人都會經歷大大小小的種種挫折，肉體終將歸於塵土。每個人都難免有個體的焦慮，也都會關注自身利益，但一味追求自身利益而罔顧他人的基本需要是最根本的道德缺陷，也會因此將自己的精神禁錮於黑暗。古今中外，同理心和相應的同情心都是精神文明的基石。因著廣泛的同理心和同情心而形成的人道主義運動是人類精神進步的重要里程碑。起始於1863年的國際紅十字運動早已成為了最具代表性的國際人道主義運動，它致力於保護戰爭和人道災難中受難者的生命與尊嚴，並向他們提供援助，不因他們的身份和背景而加以任何歧視。但國際紅十字運動的精神創始人亨利·杜南（1828-1910）在華人文化圈卻鮮為人知。這本曾以七種語言出版的經典杜南傳記，詳細描述了杜南的人生、紅十字會的起源與發展歷程，並清晰地呈現了這個人道主義運動在十九世紀形成的時代背景和歷史脈絡。閱讀本書將有助於我們理解和學習先賢，繼承和發揚人道主義精神。

　　人道主義是植根於每個人良知的道德基因，它超越國

籍、種族、宗教、階級和政治觀念的差別，也超越家庭、職業和個人利益的思考。本書傳主亨利・杜南原本是一個專心於商業的銀行家，在目睹戰爭慘無人道的恐怖後，他忘我地從事人道主義事業，他的人道主義思想奠定了紅十字會的精神藍圖，國際紅十字運動隨之展開。但同時，他卻忽視了自己的商業利益和經濟狀況，這導致他破產，並在赤貧中度過了下半生。經歷過巔峰和谷底、富有和貧窮、榮耀和恥辱、奮進和彷徨、入世和避世，他更深刻地了解世界、更深切地憐憫困苦，也更注重發展內在的自由，最終他實現了生命的自豪與高貴、精神的寧靜與尊嚴。在他史詩般生命的末段，各種名利（包括首屆諾貝爾和平獎的榮譽和獎金）奔湧而來，而他已超越了生活的得失榮辱，他選擇在貧窮中走完人生，也選擇不帶任何虛飾地讓肉體回歸塵土。全書通過描述杜南及其偉大的人道主義事業表明了「一個並非英雄、有平凡的性格和優缺點的普通人，在理性和良心的驅使下，可以成為社會真正光榮的領導者」。所以，人道主義的學習可望喚醒每個人內心的良知，從而可以不拘個人背景地發出自己的光和熱，在關心他人、溫暖社會的同時也成就自己內心的平安。

　　本書作者是猶太裔美籍作家馬丁・甘伯特（1897-1955）。出生於德國的甘伯特的本職是醫生，但他的醫生生涯因為納粹對猶太人的迫害而中斷過數年。也正是身處種族迫害這樣人道災難的幾年，他收集整理了大量關於杜南和紅十字會的資料以及背景文獻，為撰寫本書做了充分的準備。在上世紀三十年代、第二次世界大戰前夜，他創作本書也有這樣的目

的——「讓我們用昨天的人道主義來對抗今天的野蠻。」人道主義的生命力和感召力伴隨人類始終，當下我們學習昨天的人道主義也可以對抗今天隨處可見的自私冷漠，以及在人類社會中築起分隔高牆的各種宗派主義和部落主義。

甘伯特的寫作方式很獨到。他認為「作者必須像醫生一樣行事」，「作者的任務是將傳主的生活置於其歷史環境中，公正而謹慎地診斷其存在的症狀」。所以，他深入地剖析了杜南和他身處的時代，將杜南的一生描繪在一個世紀的人類歷史中。因此，這本書不僅僅是杜南傳記、記敘了他由平凡走向偉大的一生和挑戰與奇蹟相伴的紅十字會軼事，也是十九世紀初至二十世紀初的人類文明簡史。本書不僅紀念了杜南和國際紅十字運動，以及整個人道主義者群體和人道主義運動，也紀念了在曲折中艱難發展的人類文明。針對二十世紀前期野蠻戰爭陰影下的人類社會的悲觀前景，本書通過深入分析指出其根本原因在於矛盾重重的社會變革中的世人對崇高的人性理想的動搖和放棄，並提出了紅十字會應該堅決而且激進地追求和平的歷史願景。本書特地點明了人道主義精神在西方可以追溯至聖經，以及曠古有之的對高尚人性的呼喚。誠然，耶穌所教導的「愛人如己」、「無論何事，你們想要人怎樣待你們，你們也要怎樣待人」是人道主義精神極好的詮釋。杜南在人生終點時的坦承——「我是一世紀的基督門徒，僅此而已」，讓人感慨深重。杜南所代表的人道主義運動，像耶穌在一世紀栽種下的一顆沉眠千年的種子，在經歷過十八個世紀的漫長歲月、尤其是中世紀的黑暗後，終於破土萌發而長成了可以庇蔭困苦世人的參天大樹。

　　當然，每一種長久流傳的信仰、每一個民族文化中都有同理心和同情心的表達，也都有自身的人道主義土壤。先秦時期，周公旦的「明德慎罰」、老子以慈儉為至寶、孔子的「己所不欲，勿施於人」和孟子的「惻隱之心，人皆有之」都是同理心和同情心的美好體現。而墨家不僅提倡兼愛和非攻，而且有強烈的社會實踐精神。在世界範圍內，墨家是博愛與和平主義的先驅之一，墨家赴湯蹈刃地守城止戰也確實是遠早於紅十字運動的有人道主義內涵的社會行動。在戰國之後，墨家在華夏逐漸衰落、近乎滅絕是促人深省的歷史遺憾。西漢以來，佛家以眾生平等的慈悲情懷繼續發揚了博愛與和平主義的精神，但入世踐行有所缺乏，因而並沒有形成普世的社會運動。而杜南和紅十字會的例證讓人期盼早在先秦時期就播下的真誠與善良的種子將來有望在東方的土地上蓬勃萌發、開花結果，促成廣泛持久的人道主義的運動。這樣期待既要基於同胞們對民族傳統文化的辨析揚棄與擇善固執，也要寄盼於能廣泛地學習領悟整個人類精神文明寶庫的精華。

　　正如作者本職是醫生卻激情澎湃地撰寫了這本傳世的人道主義作品，譯者身為理工科教授也為能有機會翻譯本書而深感榮幸。正值新冠疫情時期，眾多醫護人員冒著自身的健康風險無差別地救護病人的人道主義精神讓譯者深深感動。因此，為了深入了解人道主義精神，譯者找到了本書的英文版。一讀之下，感到字字珠璣，真是愛不釋手。但對於多數有英語能力的華人讀者而言，本書英文版的閱讀難度非常大，不僅因為文字高度文學化，更因為書中涉及了很多西方

歷史、哲學、宗教、文藝和科學內容。所以，適當的中文譯本
會對華人讀者理解本書很有幫助，也因此譯者決定翻譯本書。

為力求翻譯準確，譯者廣泛地查閱了背景資料，並逐句
推敲以確定譯文。譯者也為本書做了很多註釋，以輔助讀者
理解書中的諸多內容。由於作者思想深邃、全書內容廣博，
譯者雖殫思竭慮，囿於能力，疏失難免，譯者誠摯歡迎廣大
讀者以及專家學者的指正與評論。

譯註過程中有孩子的天天陪伴，她是一個來自星星的孩
子，她簡單的快樂和純真的笑容照亮了我的每一天。譯註本書
也是出於表達對需要人道關懷的特殊群體的關注。譯者衷心期
待能有機會與有意倡導人道主義的讀者朋友們交流討論。

程翀

美國紐約州水牛城

2022年2月

cheng8@buffalo.edu

目次 contents

第一章　日內瓦的青年時期

　　這本書講述的是亨利‧杜南的故事——一個專心於商業的銀行家卻誤入了血腥戰場，他由此沉迷於盡一切可能對抗戰爭慘無人道的恐怖。他竭盡全力與政治權力和官僚機構的激烈鬥爭以紅十字會的成立而告終，但與此同時，他的名譽和金錢也被犧牲了。他是歐洲最傑出的人物之一，但隨著財富的喪失，他也失去了資產階級地位。他隱姓埋名地過了多年悲慘的乞丐式生活。十幾年後，大家都認為已經死了的老人在瑞士村莊的濟貧院裡被發現。他被授予諾貝爾獎。他甚至沒有離開濟貧院就死了。他過世幾年後，世界大戰的血腥動盪席捲而來。

　　幾張杜南的照片可以幫助我們勾勒出了他的生活輪廓：孩童時期，他纖弱、被嬌養、沉默寡言、品行優良。青年時期，他更顯憂鬱、衝動、好鬥，雖然他的急躁被他從小遵循的那些虔誠傳統所緩和。很快，他就開始了命中注定的事業，成為一名正直而成功的銀行家。更廣泛的旅行

杜南照片（左：**27**歲；中：約**35**歲；右：約**75**歲）

喚醒了他的雄心壯志，尖銳了他的知覺，並強化了他奉獻自己和接納萍水相逢之人的自然本能。他穿著優雅，有地方風格和冒險家情調。在夏天，他穿上了讓殖民者也可以忍受非洲酷熱的白色亞麻西裝，他的外表隨之有些異域的獨特風采。他的目光敏銳深沉，飄忽中透著果斷。他的語音柔和動人，他也是一個很好的傾聽者，這讓他可以自由地思考其他事情。他的臉頰和雙鬢上留著在那個時代很時尚的整齊鬍鬚，這位瑞士銀行家已經變成歐洲紳士。然後，漸漸地他的臉上出現了悲傷、懷疑和孤獨的痕跡。他變得更加肩寬體重，但也更害羞矜持。在他職業生涯的巔峰時期，他似乎比應當的更像孩子；這造就了信心，但也難免會運用不當，他失去了控制自己和影響他人的能力。他不再能照顧自己，當他貧困潦倒時，他的境況迅速惡化，以至於熟人們震驚於他的外表，感到他似乎已經無可救藥。不再是紳士，不再是資產階級，他成了一個無關緊要的乞丐。他被認為不可靠，甚至有罪嫌；他感到被懷疑，也變得多疑和憤恨。然後，在他生命的盡頭，我們再次見到他，他坐在安樂椅上，留著長長的、象徵著智慧的白鬍子，帶著晚年的自豪高貴，以及清明寧靜心境中的自由尊嚴。

紅十字會是國際法的第一個實際表現形式，是人類有史以來第一個基本上不負眾望、得以遵守的國際公約。但是，促成這個重要成就的亨利・杜南的歷史卻是一個朦朧且鮮為人知的傳奇。

杜南逝於1910年，他的辭世並不遙遠，然而他的名字今天已被淡忘，好像必須從歷史廢墟中挖掘才能得見。沒有關

於他一生的全面記載，他的生平既被他的朋友們理想化，也被他的敵人們詆毀，而善意的紅十字會會史專家們有意無意地為他非凡職業生涯中的悲慘時期遮上一層面紗。縱觀杜南的一生不免感到悲暗和困惑，其中有過輝煌和載譽歐洲的時期，更有極端煎熬和痛苦的時期。從來沒有人費心去描述或解釋他生命的真正意義，但這個艱難的嘗試必須進行。

　　紅十字會是歷史上為數不多的被實現的人道主義理念之一。聳立於我們這個時代的野蠻之上，它像一座偉大但雙重性格的十九世紀悲劇紀念碑那樣醒目。它不完美、有缺陷，並且在意識形態上幾乎無法與當今困擾世界人民的不人道社會和政治妄想相協調。

　　最重要的是，任何對紅十字會的非浪漫描述都必須表明，一個並非英雄、有平凡的性格和優缺點的普通人，在理性和良心的驅使下，可以成為社會真正光榮的領導者。這是個民主的思想，它預設思想和心靈是正常人的特徵——那種反抗苦難和錯誤的心靈，那種從邪惡的魔力中掙脫以尋求庇護的清醒溫和的心靈。今天它是危險的，因為即使天真，革命性的想法可能會讓一個人失去家園和自由。亨利‧杜南偉大而悲慘的一生幫助我們了解了偉大而悲慘的十九世紀，以及生活在那時、常常被誤判和曲解的我們的父祖輩。

　　亨利‧杜南1828年生於日內瓦的一個富裕、受人尊敬的古老家族。表面上看，日內瓦那時仍然是一個貴族共和國，而杜南的父親讓‧雅克是其執政委員會成員。但1842年新的民主憲法首次限制了統治家族的特權。

　　杜南的母親，瑪麗‧安托瓦內特，是擔任過多年日內瓦

醫院院長和鄰近的阿武利市市長的科拉登議員的女兒。科拉登家族源自法國中部貝里地區的拉撒普鎮。宗教改革期間，日耳曼‧科拉登和萊昂‧科拉登兄弟同一天成為了日內瓦公民，而這裡之後誕生了偉大的啟蒙思想家讓－雅克‧盧梭[1]。杜南的舅舅讓－丹尼爾‧科拉登是著名的物理學家[2]，他做出過對交通隧道深具意義的重要技術改進。

　　日內瓦是一個歡快但內裡嚴肅的城市，帶有歐洲血跡斑斑的歷史上最奇異的印記之一。日內瓦在歐洲大陸的中心地域，坐落於大湖盡頭的天堂般的地方，湖對面聳立著歐洲最高的山脈。它飽受雨霧之苦，常常幽暗陰沉，但在陽光下卻光彩照人。阿爾卑斯山的嚴酷永遠近在眼前，而它的心中不乏拉丁精神的飽滿和生機。日內瓦的歷史面容頑固、冷酷、充滿活力，雖成功但不快樂，它的公民也是如此。魯道夫‧托普弗——歐洲最偉大的幽默家[3]、讓－雅克‧盧梭——歐洲最果斷的革命者、加爾文（又譯喀爾文）——歐洲最陰鬱的上帝使者[4]，都在日內瓦創作了他們的傑作。蔑視、反抗和無情的宗教熱情充斥著這片土地，而以此為總部的國際聯盟現在正在搖搖欲墜中試圖掌握著世界命運[5]。

　　日內瓦從未完全放棄加爾文的鐵律，這座城市是獨裁統治最發人深省的例子。在他離開日內瓦後，有志殉道的市民們跪地懇求虔誠的暴君回到他們身邊完成他的工作，即陰暗無望的宿命論和善惡預定論。結果怎樣呢？結果是這至今仍被教導和尊崇的成功神學——蒙神揀選的、悔改的罪人被獎賞世俗的好處，貧窮即不配——好一個被祝福和被詛咒兩極分化的世界！

　　加爾文的精神統治著日內瓦。而杜南，一個日內瓦貴族，注定要成為一個有價值的罪人。他在這個虔誠的財富世界中長大，然而這個世界已經開始質疑和鬥爭。因為小日內瓦共和國的貴族秩序受到激進和民主思想的困擾[6]，其中盧梭的自然法思想以及法國大革命的精神之父伏爾泰和狄德羅的啟蒙思想一經登場就引起了小規模的社會和政治紛爭[7]。

　　日內瓦當時商業繁榮，經過短暫而無血腥的內亂之後，瑞士安定下來，成為動盪歐洲的中立化中心的快樂角色。這座都會城市的日常生活像桃花源般平靜，幾乎感受不到這裡是東歐和西歐的對立趨勢匯聚的準確地理交點。然而，它卻是孕育著文明新紀元曙光的精神和政治鬥爭的舞台。

　　1830年的歐洲，法國大革命爆發以及其後的拿破崙時代都已是過眼雲煙。積極的理性主義統治了法國，對理性的崇拜超越了理性的界限！這場從盧梭開始的運動，被拿破崙宏大的帝國主義觀念轉變為諸如促進工業進步的技術學校和貿易自由等實際創舉，或旨在確保統一的歐洲的經濟實力，以歐洲大陸體系防範英格蘭競爭的泛歐資本主義計畫。

　　洛克是盧梭的英國前輩、英國古典自然法學派的創始人[8]。不僅個人自由，私有財產也在該學派思想中占據了神聖的地位。與此同時，清教主義雖然虔誠[9]，但在關注世俗利益時卻是完全現實的；它為英國的資本主義和自由主義發展奠定了精神基礎。

　　然而，在德國有兩種強大的傾向反對西方的理性主義。康德和黑格爾的唯心主義哲學縮小了個人的自由，使其服從於獨立於人類意志的形而上學統治[10]。起源於東歐的浪漫主

義運動則試圖將歐洲的靈魂從迫在眉睫的毀滅中拯救出來，這是孤獨的心靈為越來越隱身在理性教義迷霧中的上帝而進行的鬥爭。因此，對歐洲傳統和歷史過往最後一次瘋狂擁抱、對天主教的強烈偏見和復興中世紀神蹟奇事的徒勞努力就混雜在一起。

從哲學家到將軍有一條不可避免的漫漫長路：十九世紀幸運的資產階級只需要與意識形態做鬥爭，而在二十世紀，這些意識形態轉化成了手榴彈和轟炸機。浪漫主義運動是宗教改革以來的第一個德意志精神運動，其影響遍及整個歐洲。在其詩意的一面精緻、珍貴和夢幻，但正如詩人海因里希・海涅精準地預言的那樣[11]，這個運動將在即將到來的衝突中有角色。因為最重要的是，它掩飾了民族主義的萌芽，這也許是一種不可避免的先天問題，但對歐洲的生活卻是致命的。

對於一個安靜、沒有防人之心的資產者來說，杜南出生的時期遠非令人嚮往。這一時期有著乏味的鄉土生活方式，放眼望去都是些相對和平、與世隔絕的歐洲小國，政治氛圍讓人們不懷疑有可被容忍限度內的自由。

即將到來的動盪徵兆未被注意到，誰會在文學中尋找炸藥呢？司湯達小說中的心理問題，巴爾札克呈現出的尖銳社會問題，浪漫主義者的溫柔醉人的旋律，甚至英國人羅伯特・歐文的經濟烏托邦，或者像傅立葉這樣的早期法國社會主義者的著作、拜倫的革命情緒——所有這些的充其量不過是《辯論雜誌》的讀者進行客廳對話時的談資[12]。

資產階級被他們的財富蒙蔽了雙眼，他們沒有看到他們

致富的原因有朝一日會成為他們的滅亡威脅。資本主義的勝
利大行軍才剛剛開始，財富從千萬種資源中傾瀉而出。

由銀行家和將軍組成的利益集團於1830年推上台在法國
掌權的路易・菲利普發出「豐富自己！」的戰爭吶喊[13]，但
隨後就不了了之。然而，舊社會的革命性崩潰遺留著陰暗和
不確定性。在自由主義和政治反制之間開始了不安的搖擺，
舊封建種姓基礎上的保守主義表現多元。這個世界上的新篡
位者現在正從更低處爬上來要奪取權力。但有誰比擁有土地
的貴族更能感受到工業資本主義的進步力量的威脅呢？

只是逐漸地，資本主義的貪欲促成了統治階級和有產階
級之間形成了邪惡的聯盟。與新貴有產階層相比，受傳統和
文化約束的貴族階層總是對即將到來的社會衝突表現出更敏
感的本能和更大的責任感。即使沒有成功和不夠適當，貴族
階層一次又一次地尋求解決可怕困境的方法，但每次嘗試後
卻更加依賴資本主義的力量。

十九世紀人道主義的歷史，從農民解放、奴隸制廢除、
紅十字會成立、和平主義的第一次騷動，到可疑但善意的慈
善，這些都是開明的保守主義參與解決社會問題的證據。與
之相似，以華盛頓為代表的美國革命是一場沒有資產階級參
與的農業階級叛亂（當時美國只有百分之五的人口在城市居
住），旨在反對重商主義的英國的剝削。

但是，另一種革命者，新聞界很少關注，群眾也完全不
知道。他們在安靜的房間和科學研究實驗室裡執行著他們的
任務。人類思想和情感的所有推測，所有哲學、政治和經濟
學的基本原理在科學的基本力量面前都崩潰了，隨著科學的

發展，它以不容質疑的豐富性深刻地改變了人類的整體生物學圖景。

十九世紀的科學發現最有力地展現了人在自身所有的表達中都是一個生物體。出於新的幸福需求，他們對人類命運差異的改善卻首先導致了我們今天面臨的那些非常災難性的精神、社會和政治問題。第一台機器剝奪了工作，第一艘輪船縮小了海洋，第一台機車削減了距離（曼徹斯特－利物浦鐵路於1831年在英國開通）。工業生產開始瘋狂飆升，不斷創造新的需求。世界貿易的爆炸性發展加速了殖民化和最偏遠地區的開放，帶來了更充足的可被機械加工的原材料。

十八世紀三十年代，第一盞煤氣燈被點亮。高斯和韋伯在德國哥廷根的天文台和物理實驗室之間通過電線交換了第一個電報信號[14]。施萊登和施旺描述了植物和動物細胞[15]。貝爾分離出了人類卵子，而在同年維勒合成了尿素，創立了有機化學[16]。

創建衛生系統和社會抗擊疾病需要的巨大而富於奧妙的先決條件已經達成，結果是個人更健康、安全、有侵略性，但人類更加痛苦與充滿仇恨。

死亡率逐年下降，而平均壽命逐年增加。在十九世紀，歐洲人口幾乎增加了兩倍，從一億八千萬增加到四億七千萬；同期美國人口從五百三十萬增至七千六百萬。這麼多蟻民必須吃飽穿暖，也需要工作和娛樂。結果是令人眼花繚亂的惡性循環：資本和製成品從不斷擴大的工業中心流向原材料和農業地區，這些地區根據新的需求和更高的標準輸出天然產品作為交換。隨著輕而易舉獲得利潤的機會越來越多，

資產者剝削手無寸鐵但超級豐富的勞動力的欲望在增強。獲得權力的資產階級的這種剝削特權當然遭到貴族們的強烈反對。但是，貨幣經濟的魔力吸引了越來越多的投機者。冒險的企業家對投資的無限需求將勞動力轉化為羅列的代碼和餘額。在奴隸制仍然存在的年代，將人類分化成階級的風險遊戲並不可怕。

十年間的經濟進步和發現增加了這種無限的、令人興奮的樂觀情緒的爆發。哲學的影響在消退，行動和現實占據了舞台的中心。這種對文明進步堅定不移的原始信念被高聲唱和，以至於幻想破滅、在繁榮大潮中只惠及點滴的工人階級的第一個微弱的進步信號被淹沒在實證主義的喧囂中。

社會苦難延續著。1831年，里昂紡織工人爆發了起義，他們的戰鬥口號是：「邊幹活邊戰死！」1834年在唐斯諾南街的工人宿舍發生了屠殺，而杜米埃的藝術作品中記錄著工人們的苦難[17]。只有在英國（它是第一個在絕望的工人破壞機器時經歷工業發展陰暗面的國家）採取了嚴肅的實際措施保障了一項1825年通過的法律所規定的工人聯合權，工會的發展隨之而來。

歐洲其他國家則用慈善的非政治武器與各種人類苦難做鬥爭。我們絕不能嘲笑十九世紀的人道主義，我們無權這樣做；這是十八世紀末偉大的自由主義教義的延伸，它源於對人類尊嚴的誠實感受、對善的宗教信仰，和真正慷慨的對慈善的義務感，也許還有部分源於特權和自私種姓制度引起的良心不安。

那個時候還有良心可以觸動，那個時代天真輕信的樂

觀主義直接連接了助人者與被幫助者的內心。赤裸裸的事實是，即使在我們這個有成套的社會理論的時代，還沒有出現一個新的人道主義理念。在十九世紀，憑藉慈善女士、可憐巴巴的集市和委員會，成功而得體地解決了人類苦難中最嚴重的問題——農奴制、奴隸制和封建人身依附的廢除，農民的解放，保護工人階級的開始，對窮人的供給和照顧，以及最後言及但並非不重要的——通過《日內瓦公約》使戰爭人道化的嘗試。

十九世紀時，從哈麗特・比徹・斯托的《湯姆叔叔的小屋》和維克多・雨果的《悲慘世界》到左拉的〈我控訴！〉[18]，通過書籍或控訴來喚起了人們反對錯誤的運動。這樣的盛況今天能否再現？人道主義英雄當時的命運比1938年的今天好。在他們的一生中，他們受到了尊敬和欽佩，直到現在也被電影界充分禮遇。人們認為，苦難的陰影甚至是現代文明的最後一個該死的污點。

《湯姆叔叔的小屋》在觸發美國內戰和促進解放者的勝利方面有明確影響。

在英國政府支持下，弗洛倫斯・南丁格爾與一群勇敢的英國女性一起前往真正的戰場救死扶傷[19]，成為第一批自發上戰場從事慈善醫護服務的女性。在俄羅斯方面，大公夫人海倫娜・帕夫洛夫娜也組織婦女照顧傷員[20]。

英國貴格會女教友伊麗莎白・弗萊奉獻自己的生活和財富以改造英國監獄令人難以忍受的條件[21]。威廉・布斯和他的基督教傳教團開始為創立追求敬虔、反對罪惡的救世軍這一基督教慈善組織奠定基礎[22]。

十九世紀的戰爭，儘管技術、組織和衛生條件不足帶來了種種驚駭和恐怖，但還是以我們這個時代的野蠻所無法想像的騎士精神進行。雖然聽起來好像很褻瀆神明，但那時將軍們的和平主義讓戰爭中的毀滅意志服從良心所規定的公認界限。

1812年，奧地利將軍施瓦岑貝格親王從俄羅斯前線寫信給妻子[23]：「戰爭是可憎的。它每天向我們展示著多麼可怕的景象，各種煩惱、苦難、煎熬和墮落、不幸的輕蔑冷笑、非人的殘忍；簡而言之，一個誠實人的心每天會反抗十次……。」幾週後他又寫道：「當然，厭戰會被認為是一種弱點，但事實是，戰爭使我反感，因為它在人類可想像的每個方式中都傳播了各種無法估量的痛苦。」

在醫院裡親眼目睹到戰爭造成的痛苦後，俄國沙皇亞歷山大二世簽署了克里米亞戰爭的和平協議[24]。蒙泰貝洛戰役後[25]，拿破崙三世下令將所有受傷的敵人立即遣返回家，他說：「盡我所能減輕戰爭的痛苦，並以身作則地省察其中可避免的殘酷。」而在這方面最具代表性的是瑞士將軍杜福爾，他在紅十字會的創立中發揮了非常重要的作用。

可以說，對人類有組織的謀殺是如此可怕，以至於排除了任何人道的概念，但這並不能改變戰爭有類型和程度差別的事實。我們二十世紀的戰爭更加可怕、邪惡和混亂，因為它們否認理想主義的人性追求。然而，對於十九世紀的一些人來說，社會罪惡似乎可以避免、可以糾正。他們相信不公正的終結和人類的向上進化，而今天我們必須放棄這種信念。

* * *

在這樣宣揚讚美成功好人的氣氛中，杜南長大了。正如我們所知，日內瓦是無數令人不安症狀的焦點，然而，它的公民本著其虔誠和對世界的肯定和滿意的態度設法保持和諧平衡。

亨利・杜南是一個沒有童年的人。在他晚年漫無邊際的回憶中，我們沒有找到任何他對幼年的提及。不可避免地，在成長環境的魔咒中他所受的訓練將他塑造成了一個有價值的、有抱負的資產階級。民主勝利後，貴族們步履蹣跚地退出公共事務，但這絲毫沒有削弱他們的精神霸權，反而讓他們更自由地致力於自己的道德義務。

杜南的父親多年來一直擔任孤兒機構的負責人。杜南的母親允許日內瓦的女孤兒們使用她的地產，這樣她們就可以不時在女校長的監督下，在鮮花和灌木叢中度過幾小時的快樂時光。這種待人善意仁慈的感人情景經常出現在年輕的杜南眼前。很快，他自己就成為了一個慈善社團的成員，尋找著病殘和垂死的老婦人加以關懷。這位體弱多病的年輕人會在監獄裡度過週日下午，給囚犯們朗讀遊記或其他具有教育意義的作品。他平日向盧林先生和索特先生學習銀行業務。

但在這種對不幸的世俗關懷中，一個新的音符即將響起。源自虔誠的英格蘭，被稱為覺醒的宗教運動將在本世紀上半葉影響到基督教世界，它強調了聖經和行為作為歷史上生動的創造性因素的重要性，日內瓦社會深陷其中。尤其是路易斯・高森牧師根據聖經預言解釋普世歷史的著作，在

1839年至1849年間分三卷出版後，立即引起了宗教轟動。

　　毫無疑問，覺醒運動的呼聲對年輕而易受打動的亨利・杜南產生了決定性的影響。他所做所為的特點是使徒式的狂熱，他的預言性、非知性的訴求表述中存在著極端的大膽幻想與對實際和權宜的明確本能，完全表現了覺醒運動的精神。

　　杜南是首批具有現代維度的宣傳者之一，他精通以商人的方法塑造輿論的技巧，只是他推銷的是一個偉大而崇高的想法，他提高了人道的「銷量」。

　　一位信奉加爾文新教的瑞士商人發起了最偉大、最成功的人道主義事業，這絕非偶然。那些杜南試圖在其中發表自己的想法，這些想法也在其中被積極對待的圈子屬於我們所稱的保守主義者的社會類別，這同樣並非偶然。當時它是唯一能夠行動的社會類別。

　　由尊嚴和道德孕育出的超政治思想甚至能在保守主義者的土壤中也蓬勃發展令人欣慰。從歷史上看，它解釋了紅十字中特殊的封建時期印記；即使在今天也是如此，在其起源國尤然。

　　世紀之初的某個時刻，在人文主義和保守主義攜手合作的最幸福的加持下，聖經的理想主義和啟蒙運動的人類自由思想似乎即將融和。那個時代見證了早期浪漫主義者近乎革命性的自由和無偏見，以及來自受傳統等級制度約束的普魯士官場的洪堡兄弟和哈登貝格部長所顯明的真正進步精神[26]。美國革命的保守主義特徵則已經被引證過。

　　但是，技術發展的節奏太慢了，每一個新發現引起的社會衝突都迫在眉睫。生命脫離了人性。伴隨著樂觀主義的

衰退，舊社會無法勝任用自己的資源重新組織自己的任務。讓拿破崙統治垮台的維也納會議促成了號稱神聖同盟的並非神聖的國際聯盟原型[27]，這個歐洲體系陷入了政治陰謀和野心的泥沼中，用和平演化的方式實現進步的每一個想法在其中都注定要失敗。進步和改革的敵人，如梅特涅和根茨，或「王座上的浪漫主義者」弗雷德里克·威廉四世，都騎在戰馬上[28]。

　　但在工業擴張的時期，古老的歐洲感受到了充滿年輕活力的強勁脈搏，資本主義世界建設的整個宏偉前景正在展開。家庭、教堂、學校仍然是未受干擾的資產階級文化實驗室，並為之提供道義和精神上的支持。在被科技拓展的世界中，冒險熱潮有廣闊的行動空間、可以自由選擇為善為惡。

　　與時俱進的杜南發展並具備所有資產階級美德，他周圍聚集了一小群志同道合的朋友，他們常在日內瓦鄉間的山丘上散步。像杜南一樣，這些朋友也是商人的兒子，杜南新奇的衝動使他們感到驚訝和鼓舞。他們晚上在杜南家會面和討論，很快，就有一百多人參加，甚至包括幾名牧師。其中一位名叫麥克斯·佩羅的參與者後來回憶說：「我幾乎不認識杜南，他不是我朋友圈中的一員，但我欽佩他積極的虔誠。」

　　受過杜南鼓舞的佩羅後來成為日內瓦基督教青年會的第一任主席；基督教青年會是第一個國際青年組織，成立至今它變得非常重要，而且仍然在蓬勃發展。而在建立之時，杜南發揮了他作為宣傳部長的特長。

　　辦公室的軟座從來不適合他，他是一個脆弱、幾乎膽怯的演講者，人群讓他害怕。他的巨大成功是私人對話的結

果，他的藝術在於在正確的時間與正確的人進行這些對話。這些都是他以驚人的外交本能提前精心準備好的，他的計算幾乎總是合理。憑藉令人欽佩的適應能力，他為每種情況找到了合適的語氣。對他來說，歐洲並不存在無法逾越的國境線，國際主義是他不變的目標。

幾年間，杜南作為基督教青年會的正式代表周遊了法國、阿爾薩斯[29]、比利時和荷蘭。他第一次見識了西歐繁華的城市，感受到了偉大冒險世界的氣息。無論他走到哪裡，他都取得了成功，這個小小的社團很快就發展成為一個由許多分支組成的聯盟。

杜南在他二十四歲時（1852年）向法國新教部發出的通函非常具有特色：

> 親愛的朋友和兄弟們，
>
> 　一群基督徒青年聚集在日內瓦，向他們希望事奉和讚美的主耶穌敬奉崇拜。他們聽說在你們中間也有基督裡的兄弟，像他們一樣年輕和愛主，並在主的引領下聚集在一起，通過閱讀聖經來進一步教導自己。因著被深深地造就，他們希望與你們在基督徒的友誼中合一。因此，我們在基督裡親愛的兄弟們，儘管沒有親自認識你們的幸福，我們要盡快向你們確證我們深切的兄弟情誼。我們懇求你們與我們通信，以便能在同一個父親的孩子之間保全基督徒感情，使我們中的一些人可以受益於主的更大榮耀。我們接近你們，也作為對世界的見證，所有在上帝面前承認和愛耶穌

> 並以他為唯一的公義和避難所的耶穌門徒們都是一個
> 偉大精神家庭的成員，即使互為陌生人也彼此真誠相
> 愛，依著被敬愛的——我們的嚮導、朋友、上帝和主
> 的標誌⋯⋯

　　青年人之間多麼不同尋常的語言！即使我們將其中的思想匱乏主要歸因於一種顛倒和誇張的修辭（這也許潛藏著一些真實的宗教情感），我們仍然必須警惕地問自己，當時這些日內瓦資產階級青年的頭腦中可能會出現什麼？難道他們沒有聽說過憲章主義在英國的爆發，它使英國工業無產階級與資本主義進行了第一次有組織的鬥爭嗎？也沒有聽說第一次有組織的總罷工或縮短工時的要求嗎？難道他們從來沒有聽說過卡萊爾嗎[30]？他的社會保守主義應該能振奮這些青年的心——「邪惡的精神統治之下，處處是拜金主義、自私自利、疏忽責任。這種精神需要改變！社會情感，而不是個人主義，必須恢復到人們的心中！」（《過去和現在》，1843年）

　　他們是否對查爾斯・金斯萊、托馬斯・休斯、F.D.莫里斯這些努力用基督教基本教義使新的社會精神合法化的基督教社會主義者一無所知[31]？難道他們不知道，最近在瑞士，就在日內瓦附近的伊維爾登，裴斯泰洛齊和福祿貝爾準備了一場教育學革命[32]，而單純並有反叛精神的馬格德堡裁縫出生的魏特林在熱情好客的瑞士表達了自己的共產主義心聲就導致被捕[33]，隨及被打包送到紐約去體味早期移民生活的艱辛？難道他們沒有聽說過1844年西里西亞紡織工人起義[34]，當時家庭手工業者也飢腸轆轆，發出了絕望的吶喊嗎？此

時，卡爾·馬克思在布魯塞爾成立共產主義聯盟後已經是倫敦的流亡者[35]。〈共產黨宣言〉的口號「全世界無產者聯合起來！」振聾發聵，已經響徹世界。這種威脅性的新思想，即要求通過階級鬥爭實現生產資料社會化作為通往社會主義社會的道路，難道從未進入日內瓦嗎？然後，資產階級革命（實際上是工業對日益壓迫的金融勢力的反抗）也在接下來的幾年裡蔓延。1848年2月，在巴黎，工人代表路易·布朗和亞歷山大·阿爾伯特被納入政府[36]。面臨著馬志尼的燒炭黨、義大利青年黨和冒險家加里波第（又譯加里波底）的襲擊[37]，奧地利治下的義大利城鎮的崩潰；柏林王宮前的三月革命[38]；拿破崙三世的突然崛起[39]；甚至是在他們自己的瑞士爆發了政府與獨立聯盟的短暫戰爭[40]，這將使他們的祖國最終成為一個統一的聯邦制國家。所有這些難道不是富有戲劇性的轉折能讓閱讀報紙、關心時事的年輕人激動不已嗎？

我們如今在訊息更暢通的世界也時常受到政治眼界和觀點局限，所以幾乎不需要對當時這個日內瓦青年的懵懂無知感到驚訝。人們傾向於從所有歷史角度低估在特定歷史時刻的種姓精神。

到1851年，革命已經走到了盡頭。社會主義者的警訊已被解除，這一開始也受到對進步的樂觀主義所鼓舞。（「我們希望像空中的鳥兒一樣自由，喜歡牠們在快樂的飛行和甜蜜的和諧中，無憂無慮地度過一生。」——魏特林）最黑暗的反應和對自由的政治否定都在控制之中。卡萊爾夢寐以求的社會精神，其道德力量可以馴服資本主義和社會主義，在很長一段時間內都沒有顯山露水。

在維多利亞家長式政府的統治下[41]，英國確實有一個社會和平的時代，但這只是因為合理精明的商業節制可以在資本主義制度下為無產階級提供更好的條件。英國行業工會的發展幾乎沒有遭到反對。這甚至並不是太難。因為幾乎是一夜之間，一個新的黃金時代開始了。

歷史上最大的諷刺之一是，就在法國無產階級用鮮血浸透巴黎的人行道卻被迫在很長時間內放棄擴大其權利的所有希望的那個歷史時刻，加利福尼亞巨大金礦的發現正在以一場神話般的黃金雨澆淋人類。黃金的大量增加首先使英格蘭受益，因為它將世界上的財富引導到它已經準備好的快速發展的商業渠道中。1851年，第一屆國際博覽會在倫敦舉行，英國在世界市場上的壟斷地位已經牢固確立。

不僅在英國，而且在整個文明世界，都感受到了繁榮的壯麗景象。迅速而輕鬆地獲得巨額財富的敗壞影響使覺醒的社會良知發出的所有警告被置若罔聞，衝突被推遲到以後的危機中。投機暴富讓資產階級喪失了智慧和理性。

當時在鐵路股票、外國問題債券發行、建立夢幻般的新殖民地等方面被騙的金額，即使按照我們當代的標準也難以計數。

倫敦博覽會給世界留下了宏大的印象，它在新水晶宮的開幕式出自維多利亞女王的德國丈夫阿爾伯特親王的鼓動。伴隨著喇叭轟鳴和合唱團的放聲歌唱，一個新的、幸運的歐洲宣告成立，這個歐洲已經戰勝了危害商業的野蠻戰爭。這是一個充滿辛勞和逐利智慧的歐洲，這是一個商人、工業大亨、銀行家和大律師的世界。

　　沒有什麼比金錢的銅臭味傳播得更快或滲透得更遠了，它的作用是麻醉：只有在醒來時才會意識到疼痛。

　　甚至像日內瓦這樣的田園詩般的地方也積聚了大量誘人的資本，儘管這裡的資產階級青年熱衷於上帝的福音，但蔓延著的黃金熱並沒有放過有抱負的他們。事實上，要想在商業的鼎盛時期不獲利，就需要具有不同尋常的教條主義般的頑固和對世界的蔑視。並且，難道杜南不是一個訓練有素、雄心勃勃的年輕銀行家嗎？

　　因此，他於1854年就職於在北非有廣泛利益的瑞士殖民地公司。他在該公司任職近五年（直至1858年），期間旅行過阿爾及爾、卡比利亞[42]、突尼斯和西西里島。接觸古老的海盜式浪漫主義，並生活在伊斯蘭世界的輝煌中，對年輕的杜南來說一定是影響深遠的冒險。

　　在即將被費力瓜分為歐洲勢力範圍的非洲大陸的最難以靠近的海岸上，中世紀和現代之間最後的鬥爭正在以最明確的方式在十九世紀中葉展開。因為像義大利那樣缺乏政治統一，或者像法國那樣政治動盪，歐洲的地中海沿岸地區沒有中央強權的興起，所以地中海是職業海盜的領地。除非有特別條約保障生命和財產，否則無論誰如果沒有武裝而冒險進入蘇丹的勢力範圍，就可以期待悲慘的奴隸制遭遇。

　　直到十九世紀後期，成群的基督徒（主要是科西嘉人、拉古斯人和那不勒斯人）都被關押在非洲的一個名為豐杜克的集中營。遲至1741年，貝阿里帕夏還讓他的兒子侯賽因縮減塔巴拉島人口並奴役全島[43]，該島後來被法國接管成為皇家非洲公司的資產。奴隸制造成奴隸的悲慘命運，但並不是

洪水猛獸。例如，伏爾泰在一個黑人奴隸販子身上投資了五千法郎。他吹噓說這「很棒」，他真是個語言天才，讓人不清楚他是在稱讚販奴還是投資。

人的自由權在實際事務中早已得到承認，而相應的前提條件一定程度上在減少。1814年，英國海軍上將的妻子威廉・本廷克夫人登陸突尼斯，自掏腰包以三百銀幣的價格讓三十名義大利奴隸獲得自由。1816年復活節週期間，英國卡羅琳王后委託埃克斯茅斯勳爵執行一項任務，通過突尼斯統治者馬哈茂德・貝成功廢除了當地對基督徒的奴役。在阿爾及爾，1830年法國的占領首先開始破壞奴隸貿易。在大英帝國，八十萬名奴隸於1834年8月1日獲得了自由，奴隸主被承諾得到兩千萬英鎊的賠償。1861年5月19日，歐洲的奴隸制最終被俄國亞歷山大二世的一項法令廢除，該法令解放了大約兩千萬名農奴。

1858年，日內瓦的出版商菲克出版了杜南的遊記——《攝政時期的突尼斯觀察》[44]。這是一份翔實可靠的報告，對突尼斯的地理和民族學情況進行了充分的觀察。可能是因為他由此獲得的一些認可，他在1859年被列名成為巴黎民族志協會的通訊成員。

但即使在這本書的一處，他的使徒熱情也驚人激烈地影響到了他作為旅行者和業餘探險家的公正性。這是關於奴隸制的一章，後來在1863年美國內戰期間單獨出版，標題為《穆斯林和美利堅合眾國的奴隸制》。杜南大量引用古蘭經和聖經，試圖證明與美國奴隸制的慘無人道相比，伊斯蘭教的奴隸制算得上無害和慈善。他列舉的事實令人印象深刻，

他引用來自《里士滿審查家》、《奧爾良日報》、《達德維爾旗幟》、《孟菲斯鷹報》和《彭薩科拉民主》等報紙的奴隸拍賣、令人毛骨悚然的私刑審判、獵犬追捕等等報導來支持論點。他指明，根據美國弗吉尼亞州（又譯維吉尼亞州）、南卡羅來納州、阿拉巴馬州和喬治亞州的州法，黑人完全沒有權利。他引用了伊利諾伊州（又譯伊利諾州）於1853年2月12日通過的一項法律，該州反對奴隸制，但殘酷地禁止被釋放的黑人或混血兒移民定居，甚至連過境都不容許，並規定每一個因此被捕的人都將公開拍賣，而混血兒被進一步定義為任何有四分之一黑人血統的人。

這樣，在美國內戰前夜，杜南描繪了一幅實在令人震驚的人類冷酷無情的圖景，並以預言式的爆發性評論結束，這比他年輕時那些動人的長篇大論更具實質內容：

　　　　踐踏基督精神、違反人類和現代文明基本原則的人必遭天譴！他們是否想酣睡不醒，直到有一天他們的奴隸制在天打雷劈中消失？……1801年美國總統托馬斯·傑斐遜在一次關於奴隸制的演講中說：「當我想起上帝是公正的，我為我的國家顫抖。」主說：「伸冤在我，我必報應。」[45]

這裡混雜了日內瓦式虔誠和清教徒人性的所有成分——反映了哈麗特·比徹·斯托的精神。女作家在日內瓦短暫逗留期間，杜南和她見過面。

但除了加深他的人道主義衝動之外，杜南還從他的非洲

之旅中收穫了其他東西，他第一次結識了當時歐洲的一些真正的統治者。通過家族友人布德伯爵（他住在日內瓦附近的費內），杜南與伯爵的外甥德博福特將軍建立了密切的聯繫[46]。作為拿破崙三世的參謀長，德博福特是法國軍隊中重要人物，而他又以令人印象深刻的方式向當時的阿爾及爾總督麥克馬洪將軍介紹了杜南[47]。

這個故事接下來的發展對杜南的人生至關重要，因為經歷過非常曲折的歲月，這些發展直接導致了紅十字會的成立，但同時也是杜南完成這項工作不久後悲劇性的人生轉變的根源。

在早年，杜南有足夠的可用資金，因此算得上是一位認真的金融家。危險的烏托邦氛圍罩著他的商業計畫——當烏托邦每天都趨近現實時，人們被吸引而不是被嚇跑。然而，現在他要構思一個遠遠超出年輕商人的投資限制的計畫——他讓自己成為「阿爾及利亞蒙斯－傑米拉磨坊場金融和工業公司」的董事兼總裁，該公司以一百萬法郎的資本試圖開發七公頃的土地。

這個夢幻般冒險的企業是當時世上眾多揭幕營業的風險企業中的一個，但以杜南瑞士人的堅韌、在政府中的良好關係、他在日內瓦的資金和對當地透徹的了解，沒有理由會覺得它不該成功。1858年，杜南在沒有失去瑞士公民身份的情況下歸化成為法國公民。在與官僚和放債人的無窮盡的瑣細鬥爭中，他寫了一篇又一篇的請願書，充分展現了他個人外交才能的方方面面。

他連續的生意失敗只能用心理因素來解釋——他的能力

和他甘心受苦的意願。有如此容易被感動、被激發的心靈，這個人不會成為身家百萬的成功投機者。在這個日內瓦商人的靈魂中，先知的精神重生了並欣喜若狂地和惡魔鬥爭，最終摧毀了投機者，而成就了一個純粹的人的靈魂。杜南陷入了那些制訂投機計畫和有建設性投機想法的可鄙者行列，但他缺乏將這些變成金錢的無情和自私。幾乎違背他自己的意願，杜南是個撒馬利亞人[48]，那張如此痴念塵世虛榮的臉，轉而直面塵世的陰霾去經歷一切滄桑與磨難。

註釋：

[1] 讓－雅克・盧梭（1712-1778）：出身於日內瓦，是啟蒙時代的法國與日內瓦思想家、文學家和音樂家。重要著作有《社會契約論》、《論人類不平等的起源與基礎》、《論科學與藝術》、《愛彌兒》和《懺悔錄》等。他主張人生而自由，理想社會建立於人與人之間的契約關係，人民是國家的主人，以及私有財產不可侵犯。他崇尚情感，認為理性使人冷漠，知識令人自大虛偽。他認為教育應該根據人的自然本性。

[2] 讓－丹尼爾・科拉登（1802-1893）：瑞士物理學家。他證明聲音在水中的傳播速度是空氣中的四倍，並設想過水下聲波傳輸信息的新方法。他發明過漂動的水力發電機。他的研究還對光纖通訊有促進。

[3] 魯道夫・托普佛（1799-1846）：日內瓦畫家，他在1830年代創作的連環漫畫開啟了連環漫畫的藝術形式。

[4] 約翰・加爾文（1509-1564）：宗教改革時代神學家，新教重要派別加爾文派（歸正宗）的創始人。加爾文生於法國，早年是虔誠的天主教徒。他於1533年放棄天主教，1536年發表《基督教要義》並定居日內瓦。之後因和市政當局衝突而被驅逐出境。日內瓦宗教改革派重新掌權後，又於1541年應邀重返，並領導當地教會直至去世。加爾文主張預選說：人得救與否完全是神所預定的。加爾文缺乏耶穌倡導的愛人如己的精神，在領導日內瓦教會期間，當地有大量宗教異見者受迫害（包括發現肺循環的科學家米格爾・塞爾韋特被火刑燒死）。

[5] 國際聯盟，簡稱「國聯」，是一戰結束後於1920年成立的跨政府組織，

也是世界上第一個旨在維護世界和平的跨政府組織。但是，國聯未能阻止1930年代納粹德國、義大利和日本在歐洲及東亞的侵略行為以及第二次世界大戰的爆發。國聯於1945年被剛成立的聯合國所取代。

[6] 日內瓦曾經是個存在於在法國和瑞士聯邦之間的城市共和國，但通常與瑞士聯邦保持同盟關係。拿破崙時代，日內瓦被法軍占領，曾短暫地成為法國的一個外省。1815年，日內瓦以「日內瓦共和國與州」的名義加入瑞士聯邦。

[7] 伏爾泰（1694-1778）：原名弗朗索瓦－馬里·阿魯埃，法國啟蒙思想家，啟蒙運動公認的領袖。重要著作有《哲學通信》、《路易十四時代》和《老實人》等，並創作《俄狄浦斯王》等劇本。他反對君主制，批判天主教會，提倡自然神論，主張天賦人權、人人平等和言論自由。

德尼·狄德羅（1713-1784）：法國啟蒙思想家。他的最大成就是主編了代表十八世紀啟蒙運動的最高成就之一的《百科全書，或科學、藝術和工藝詳解詞典》（簡稱為《百科全書》）。他提倡科學，反對封建專制、宗教神學和經院哲學。

[8] 約翰·洛克（1632-1704）：英國哲學家，自由主義代表人物。重要著作有《論宗教寬容》、《人類理解論》、《政府論》等。他主張政府只有在取得人民的同意，並且保障人民擁有生命、自由、財產等自然權利時，才有統治正當性，否則人民有推翻政府的權利。洛克的思想影響了後世的啟蒙哲學家和美國的開國元勳。他也是第一個以連續的「意識」來定義自我的哲學家，他並認為人生下來不帶有任何記憶和思想。

[9] 清教主義是始於十六世紀後期英國的一個基督教宗教改革運動。其最初目標是在英格蘭教會內消除與天主教的關聯，因此清教徒試圖依據他們強烈的信念改變教會的結構和儀式，以及當地的生活方式。一些清教徒移民到美洲建立了殖民地及適合這些信仰的教堂，廣泛影響了美國殖民地的發展。

[10] 伊曼努爾·康德（1724-1804）：啟蒙時代唯心主義哲學家、德國古典哲學創始人。重要著作有《純粹理性批判》、《實踐理性批判》、《判斷力批判》、《自然通史和天體理論》、《論永久和平》和《哲學通信》等。康德認為理性和意志與生俱來，因果律是人類理性的結果；知識的形成需要時間、空間和理性三要件；上帝無法通過理性或經驗證明，但為了維護道德，必須相信上帝與靈魂的存在；道德準則有普遍性，只有在遵守時，人才是自由的。

格奧爾格·威廉·弗里德里希·黑格爾（1770-1831）：德國古典哲學家、客觀唯心主義代表人物之一。重要著作有《哲學全書》、《邏輯學》、《精神現象學》和《法哲學原理》等。黑格爾試圖在絕對唯心主義的體系中，通過辯證法的輔助將現實還原為一個更加綜合的統一體。他認為個人對知識與真理的貢獻是間接且片面的，人的自我意識不同而且與原則性的

意識有偏移，偏移程度與人對上帝的虔誠程度相關。

[11] 海因里希・海涅（1797-1856）：猶太裔德國詩人和新聞業者。重要作品有《青春的苦惱》、《抒情插曲》、《還鄉集》、《北海集》等。他的早期作品有浪漫主義風格，但之後諷刺地運用浪漫主義於含政治內容的詩歌。他比同時代多數人更早地意識到德意志民族主義沒有跟民主和人民主權意識結合在一起，因此具有破壞性特徵。

[12] 司湯達，本名為馬利－亨利・貝爾（1783-1842），法國十九世紀的著名作家。他筆法凝練、擅長人物心理分析。著有《紅與黑》、《帕爾馬修道院》等作品。

奧諾雷・德・巴爾札克（1799-1850）：法國十九世紀著名作家。他創作的《人間喜劇》共包含九十一部小說，描寫了幾乎涵蓋了社會各個階層的兩千四百多個人物，被稱為法國社會的「百科全書」。

羅伯特・歐文（1771-1858）：英國的企業家、慈善家、烏托邦社會主義者。歐文在自己的工廠採取多種措施改善工人生活。1824年歐文在美國印第安納州買下大片土地開始進行共產主義「勞動公社」的實驗，但不到兩年便宣告失敗。

夏爾・傅立葉（1772-1837）：法國著名哲學家和空想社會主義者。他希望建立一種個人和集體利益一致、人人勞動、男女平等、免費教育、工農結合，沒有城鄉差別、腦力和體力勞動差別的社會主義社會。

喬治・戈登・拜倫（1788-1824）：英國詩人、革命家。重要詩作有《唐璜》、《恰爾德・哈羅爾德遊記》等。1816年離開英國，參加義大利和希臘的民族解放運動，最後病逝世於希臘。

《辯論雜誌》：一份於1789年至1944年間出版的法國報紙。它對法國大革命爆發後國民議會辯論有準確記錄，它是十九世紀上半葉閱讀量最大的法國報紙，對法國文化，尤其是當時法國文學發展有重大影響。

[13] 路易－菲利普一世（1773-1850）：法國七月王朝唯一的國王（1830-1848），在位期間在政治上採取中間路線。

[14] 卡爾・弗里德里希・高斯（1777-1855）：德國數學家、物理學家、天文學家。他發現了最小二乘法、猜測了質數定理、推斷了正態分布（高斯分布）。他還證明了二次互反律，以及每一個n階的代數方程必有n個實數或者複數解，並在歐式幾何和微分幾何上有重要貢獻。他開拓性地運用數學於天體運動研究和大地測量。他發明了日光反射儀、鏡式六分儀、磁強計。他和同事、物理學家威廉・韋伯（1804-1891）於1833年構建了第一台電磁電報機，成功進行了世界首次電報實驗；兩人還畫出了世界第一張地球磁場圖。韋伯之後在電磁學上有重要的獨立貢獻，包括提出電磁作用的基本定律以及電流強度和電磁力的絕對單位、提出物質的電磁結構理論、發明了許多電磁儀器（雙線電流表、電功率表、地磁感應器等）。國

際單位制中磁通量的單位「韋伯」以他的名字命名。

[15] 馬蒂亞斯・雅各布・施萊登（1804-1881）：德國植物學家、細胞學說的建立者之一。通過用顯微鏡來觀察植物的結構，他記錄了植物不同部位是由細胞所構成的現象。

西奧多・施旺（1810-1882）：德國動物學家、現代細胞學的創始人之一。他包括發展了細胞學說，發現了神經膜細胞，發現並研究了施旺胃蛋白酶。他也發現動物細胞內的細胞核的存在。

[16] 卡爾・恩斯特・馮・貝爾（1792-1876）：德裔俄國生物學家、人類學家和地理學家。他是胚胎學創始人，發現了哺乳類的卵細胞，對脊椎動物的胚胎發育有深入的研究。他在人類學的研究為物種的變異和進化提供了證據，他主張人種統一起源。他在地質學上提出了有關河流侵蝕的理論。

弗里德里希・維勒（1800-1882）：德國化學家。他的重要貢獻有尿素的首次人工合成、發現同分異構體、發現元素鈹和釔、發現對苯二酚、製備鋁單質和碳化鈣等。

[17] 奧諾雷・杜米埃（1808-1879）：法國十九世紀著名藝術家。他出生於工人家庭，了解並同情下層人民的生活。1834年里昂工人再次起義失敗，他發表了《唐斯諾南街的屠殺》等大型石版畫表達了對統治者血腥鎮壓的抗議。

[18] 哈里特・比徹・斯托（1811-1896）：美國女作家，她於1852年發表的反奴隸制小說《湯姆叔叔的小屋》是十九世紀最暢銷的小說，該小說刺激了1850年代廢奴主義在美國的興起。

維克多・馬里・雨果（1802-1885）：法國著名作家。代表作有《悲慘世界》、《巴黎聖母院》和《九三年》等。《悲慘世界》圍繞因為偷一條麵包救濟外甥而最終坐牢十九年的冉阿讓獲釋後試圖贖罪的歷程展開，該小說表現了人類與邪惡的不懈鬥爭、強烈地控訴了社會不公。

埃米爾・左拉（1840-1902）：法國十九世紀法國重要的作家，著有《盧貢・馬卡爾家族》、《三城記》等小說。他也是法國自由主義政治運動的要角。〈我控訴！〉是他於1898年發表在《震旦報》上的一封公開信。在信中，左拉向法國總統控訴了政府的反猶太主義及其對猶太裔法國軍官德雷福斯的迫害。左拉在信中直言德雷福斯被認定間諜而判處終身監禁的判決缺乏切實證據。這封信發表後引起法國國內外極大的反響。1906年德雷福斯被平反、判決被撤銷。

[19] 弗洛倫斯・南丁格爾（1820-1910）：英國護士和統計學家。她出生於義大利的英裔上流社會家庭，年輕時優渥的生活反而讓她感到活得毫無意義，不顧家人反對，她決心成為服務大眾、但當時地位卑微的護士。她在德國學習護理，之後在倫敦的醫院工作，於1853年成為倫敦慈善醫院的護士長。克里米亞戰爭時，她組織領導了為英軍的志願醫護。戰爭後，她通過分析大量的軍事檔案指出這場戰爭中英軍主要的死亡原因是在戰場外染

病，以及在受傷後缺乏適當護理，並創製圓形圖以說明這些資料。南丁格爾的貢獻促使護士的社會地位與形象大為提高。「南丁格爾」也成為護士救護助人精神的代名詞。

[20] 海倫娜・帕夫洛夫娜（1807-1873）是俄羅斯大公邁克爾・帕夫洛維奇的妻子。在克里米亞戰爭期間，她於1854年11月成立了在野戰醫院從事醫護工作的婦女十字慈悲修女會，並每天去醫院、親手為傷員包紮傷口。1860年，她開設醫院免費為窮人醫療、並提供簡單的衛生教育。

[21] 伊麗莎白・弗萊（1780-1845）：英國監獄改革者、社會改革者、慈善家。她在1823年英國監獄法案的立法中發揮了重要作用，該法案規定監獄對女性囚犯實行性別隔離，並由女性看守，以保護她們免受性剝削。她還幫助無家可歸者，在倫敦建立了一個「夜間收容所」，並組織志願者走訪貧困戶，為他們提供幫助和安慰。她還開設了一所護士培訓學校，對南丁格爾的人道主義生涯有啟發。

[22] 威廉・布斯（也譯為卜威廉，1829-1912）：原為衛斯理會的牧師，為了將基督教傳給當時的教會都不歡迎的窮人，他就辭去了牧師工作，成立「基督徒會」為窮人傳教。「基督徒會」後改名為「救世軍」，在傳播信仰同時，也並為窮人提供房舍、食物等慈善救助。

[23] 卡爾・菲利普（1771-1820）：奧地利軍事家和外交家，於1804年受封為施瓦岑貝格親王。1812年他被任命為奧地利後援軍團司令參加了拿破崙的侵俄戰爭，但觀望避戰，保存實力。

[24] 亞歷山大二世・尼古拉耶維奇（1818-1881）：1855年至1881年在位為俄羅斯沙皇。任內有較多改革措施，包括解放農奴、設立地方議會、改進司法制度、加強初等教育等。因鐵腕手段鎮壓國內革命，他最終被刺殺。克里米亞戰爭，是1853年至1856年間在黑海沿岸的克里米亞半島爆發的一場戰爭。本書第二章有詳述。

[25] 蒙泰貝洛戰役發生於1859年5月20日的蒙泰貝洛（位於今日北義大利的倫巴底），是義大利獨立戰爭中的一場小戰役，交戰雙方為法國與薩丁聯軍（勝方）和奧地利軍（負方）。

[26] 洪堡兄弟：哥哥威廉・馮・洪堡（1767-1835）是德國著名學者、政治家和柏林洪堡大學的創始者，在普魯士教育改革上有建樹，在國家理論和語言學上有深入研究；弟弟亞歷山大・馮・洪堡（1769-1859）是德國著名科學家，在地理學、生物學與地質學上有深入研究，被譽為現代地理學之父。
卡爾・奧古斯特・馮・哈登貝格（1750-1822）：普魯士政治家、行政官，曾在拿破崙戰爭期間維護普魯士的完整。他促使了普魯士的財政、經濟和農業政策實現自由化。

[27] 神聖同盟是拿破崙帝國瓦解後，由俄羅斯沙皇1815年發起，歐洲大多數國家後來參加了的一個鬆散的政治組織。本書第十三章有詳述。

[28] 克萊門斯・馮・梅特涅（1773-1859）：奧地利外相（1809-1848）和首相
（1822-1848）。他是維也納會議主席，會後歐洲政治的「梅特涅體系」持
續了十數年。他立場保守，在國內推行檢查制度，在歐洲竭力維持舊秩序。
弗里德里希・根茨（1764-1832）：梅特涅的謀士和親信。1815年，參與
組織維也納會議，任會議祕書長，後主持起草《維也納會議總決議》。他
積極支持組織神聖同盟，並在以後同盟所召開的歷次重要會議上，竭力主
張鎮壓歐洲各國的革命運動。
腓特烈・威廉四世（1795-1861）：1840年至1861年在位為普魯士國
王。他熱愛浪漫主義，喜愛文學、懂藝術。他厭惡自由主義，有君權神授
觀念。

[29] 阿爾薩斯，現為法國東部的一個地區。古代它是法蘭克王國的一部分，在
十七世紀以前歸屬神聖羅馬帝國，隨後被法國吞併。普法戰爭後又被割讓
給普魯士，一戰結束後重新被法國吞併，二戰初期被納粹德國占領，二戰
結束後再次被法國吞併。

[30] 托馬斯・卡萊爾（1795-1881）：英國著名文學家、歷史學家，曾任愛丁
堡大學校長。重要著作有《英雄與英雄崇拜》、《法國革命史》、《衣裳
哲學》、《過去與現在》等。他的作品有英雄崇拜傾向和浪漫主義風格。
若干流傳甚廣的名言源自卡萊爾，如：「沒有在深夜痛哭過的人，不足以
談人生。」「雄辯是銀，沉默是金。」「生命不止，奮鬥不息。」「書籍
——當代真正的大學。」

[31] 基督教社會主義流行於十九世紀四十年代的西歐。信仰者認為人類追求物
質和肉體的欲望是罪惡和痛苦的根源，為擺脫災禍，必須克制這種欲望。
他們強烈反對資本主義和國家強權。他們認為社會主義是基督教的工作，
主張在基督教基礎上建立一個互愛、合作和一切物資公有的社會。

[32] 約翰・海因里希・裴斯泰洛齊（1746-1827）：瑞士教育家和教育改革者，
要素教育思想的代表人物，被尊為歐洲「平民教育之父」。他一生奉獻在
平民教育，辦過孤兒院和貧民學校。他的教育原則注重發展觀察力和循序
漸進，並以同情的方式對待學生。
弗里德里希・威廉・奧古斯特・福祿貝爾（1782-1852）：德國教育家，現
代學前教育的鼻祖。他創辦了第一所學前教育的「幼稚園」。他認為遊戲
是兒童的內在活動本能的自發表現，而活動本能將來會逐漸發展成創造本
能。他曾學習過裴斯泰洛齊的教育理念和方式。

[33] 威廉・克里斯蒂安・魏特林（1808-1871）：裁縫、發明家、十九世紀歐洲
重要的激進工人運動領導者。他被認為是空想社會主義者，同時也是德國
共產主義運動創始者。1844年他被捕後由普魯士政府放逐到美國。十九世
紀五十年代中葉後他專心縫紉業的技術發明及天文學研究，最終脫離工人
運動。

[34] 西里西亞是十九世紀初德意志的麻紡織工業中心，當地工人卻長期過著低薪生活。1844年6月4日，工人們和資本家爆發衝突。隨後起義工人多至三千人，起義者破壞機器和廠房，燒毀票據、賬簿以及倉庫。6月6日，起義遭到鎮壓。

[35] 卡爾・馬克思（1818-1883）：猶太裔哲學家、經濟學家、社會學家、政治學家和社會主義者。他出生於德國，1843年後移居法國巴黎、比利時布魯塞爾等地，1849年遭流放遷居英國倫敦。他一生出版過大量理論著作，包括1848年發表的〈共產黨宣言〉和1867年至1894年陸續出版的《資本論》。他在哲學上主張唯物主義。他的社會、經濟與政治的理論被統稱為馬克思主義，對後世影響巨大。他認為資本家通過榨取剩餘價值剝削工人，主張工人階級應該革命以推翻資本主義、改變社會經濟體制並最終建立共產主義。他參與並領導了第一國際。

[36] 路易・布朗（1811-1882）：法國政治學家、歷史學家，和法蘭西第二共和國時期的社會主義政治家。1848年法國二月革命後，他曾短暫進入臨時政府，致力於建立縮短勞動時間的的國立工廠。
亞歷山大・馬丁（1815-1895）：綽號「工人阿爾伯特」（所以書中稱他為亞歷山大・阿爾伯特），是法蘭西第二共和國時期的法國社會主義政治家。他與路易・布朗同時進入臨時政府，是第一個進入法國政府的工人階級成員。

[37] 拿破崙戰敗後，1815年的維也納會議重新劃定歐洲大陸，義大利半島出現多個國家，東北部由奧地利占領。義大利統一運動由此開始。燒炭黨是十九世紀初開始活躍在義大利半島各國的祕密民族主義政黨，追求成立統一、自由的義大利，在義大利統一的過程中發揮了重要作用。
朱塞佩・馬志尼（1805-1872）是義大利政治家、作家，1830年參加燒炭黨，並於1831年發起青年義大利運動。該運動的目標是通過在義大利反動國家和被奧地利帝國占領的土地上推動全面起義，建立一個統一的義大利共和國。他有堅定的共和主義信念，因此在義大利統一之後繼續為建立共和制的民主國家而努力。
朱塞佩・加里波第（1807-1882）是一位義大利愛國者、將領與政治家。加里波第是青年義大利運動成員。他參加並領導過很多義大利統一運動和歐洲其他地方及南美的軍事行動，本書後面章節還會有所提及。

[38] 1848年3月，普魯士民眾聚集在柏林示威，要求「向國王致詞」、爭取政治權利。當月中旬，示威民眾和軍警爆發衝突，導致數百人死亡。當月下旬，國王腓特烈・威廉四世做出政治妥協後民眾示威平息。

[39] 本書後面的章節有關於拿破崙三世的詳細敘述。

[40] 因為反對瑞士中央政府的自由主義政策，瑞士天主教各州於1847年建立了獨立聯盟。激進自由主義派通過所控制的中央政府命令獨立聯盟解散。被

拒絕後，小規模的內戰爆發。獨立聯盟在一個月內被輕易地擊敗。之後瑞士於1848年通過了一部自由主義色彩更濃、確立瑞士聯邦制的新憲法。

[41] 維多利亞女王（1819-1901）：1837年至1901年在位為英國女王（這一時期被稱為維多利亞時代）。通過多個女兒的政治婚姻，她的孫輩散布到歐洲王室，使她被稱為「歐洲祖母」。

[42] 卡比利亞是在當今阿爾及利亞北部的一個文化、自然和歷史區域。

[43] 塔巴拉島在地中海南側，臨近突尼斯。「帕夏」是敬語，用於稱呼土耳其（奧斯曼帝國）的高級官員，如總督、將軍等。貝阿里當時在突尼斯執政。

[44] 突尼斯在很長一段時間（1534-1881）內受到土耳其統治，而這一時期被稱為突尼斯攝政時期。在1881年時，隨著法國對殖民地的開拓，突尼斯轉而成為法國的保護國，即法屬突尼斯。

[45] 引自聖經《申命記》32章35節、《羅馬書》12章19節。

[46] 查爾斯－瑪麗－拿破崙‧德博福特‧豪特波爾（1804-1890）：十九世紀的法國將軍。1830年，他參加了阿爾及爾遠征。1834年至1837年，他是法國出生的冒險家蘇萊曼帕夏的副官。後在埃及征戰敘利亞和黎巴嫩期間任埃及蘇丹的參謀長。

[47] 帕特里斯‧麥克馬洪（1808-1893）：法國元帥，法蘭西第三共和國第二任總統（1873-1879），曾任阿爾及利亞總督（1864-1870）。後續章節對他有更多提及。

[48] 撒馬利亞人特指心懷仁慈、見義勇為、救人於難的人。典出聖經《路加福音》10章25-37節中耶穌解釋愛人如己時講的寓言：一個猶太人被打劫，受重傷、躺在路邊。同為猶太人的祭司和利未人路過但不聞不問。唯有一個撒馬利亞人路過，不顧族群隔閡，動了慈心照顧他、帶他住客店。自己需要離開時還出錢委託店家繼續照顧。

第二章　歐洲：1850-1859

　　事實證明倫敦博覽會的宣傳具有欺騙性，兩年後歐洲列強就彼此咬牙切齒。永恆的和平無法在一個被對權力的激情和渴望所撕裂的大陸安定下來。戰爭簡化了不那麼血腥的外交所無法執行的決定。

　　沙皇尼古拉一世夢想建立一個泛斯拉夫帝國[1]，他希望從土耳其（奧斯曼）手中奪取羅馬尼亞的摩爾達維亞和瓦拉幾亞省，將巴爾幹斯拉夫人、保加利亞人和塞爾維亞人置於俄羅斯的影響之下，並在土耳其帝國內建立對東正教基督徒的保護。他的最後通牒被土耳其拒絕了。1853年7月，俄軍將領戈爾沙科夫率軍入侵土耳其在多瑙河地區的藩屬國，土耳其隨即宣戰。

　　土耳其人的情況迅速變得危急，但西方列強不會容忍北極熊現身在地中海。因此，1854年3月，法國和英國派兵前往土耳其援助。盟軍艦隊運送了大量的軍隊，大約有十七萬五千人，然後他們在黑海西岸多布魯賈的田野中因挨餓與疾病而消瘦。他們被命令入侵克里米亞，隨後艦隊橫渡黑海，1854年秋開始圍攻港口城市塞瓦斯托波爾。俄國人鑿沉了自己們的軍艦並封鎖了港口，但俄軍在附近的因克曼的一場血腥交戰中遭受重擊。1855年秋天，塞瓦斯托波爾被聯軍攻

陷。在戰役的最後幾個月，撒丁王國執政
的加富爾派出幾個皮埃蒙特軍團為土耳
其方面作戰[2]，而這些義大利人突然出現
的恐俄症因素有待澄清。

弗洛倫斯‧南丁格爾

　　這是一場野蠻的戰爭，疾病比大砲更
致命——即使是在斯庫塔里的軍隊醫院有
南丁格爾小姐的傾力幫助，也無力對抗疾
病。1854年11月，應英國戰爭大臣赫伯特勳爵的請求，她帶
著三十七名助手抵達君士坦丁堡。雖然在短時間該醫院的死
亡率從百分之四十二下降到百分之二，這場戰爭中英軍仍有
一萬六千多人死於疾病。但南丁格爾作為第一位撒馬利亞婦
人的名字幾乎成了世界的神聖象徵。在公眾的心目中，她是
第二位英國女王。

　　俄羅斯在戰爭中遭受沉重打擊。為了避免更多的犧牲，
在戰爭結束前不久接替他父親即位的沙皇亞歷山大二世同意
了一項和平方案，將俄羅斯在歐洲的影響幾乎降到了零。

　　本著友好協約的精神，英國與法國的關係更加發展深
化：英國維多利亞女王和夫君阿爾伯特親王訪問了巴黎。他
們被巴黎的獨特魔力所吸引和征服，這裡文化之繁榮，福利
之豐富，像煙火般令人眼花繚亂。那時繆塞、戈蒂埃、聖伯
夫、加瓦爾尼這些文藝家們正坐在精英匯聚的托托尼咖啡館
的露台上[3]。建築師豪斯曼成街區地拆遷了房屋[4]，新的林蔭
大道縱橫連續、寬闊明亮。1856年3月中立化黑海的《巴黎
和約》簽署了。伴隨著國際博覽會，在進步的明燈下，展現
歐洲兄弟情誼的絢麗喧囂景象再次上演了。節日期間，法國

皇位繼承人小路易誕生了。法國皇帝拿破崙三世成為了勝利者和英雄，他是十九世紀最具冒險精神、迷人，也最讓人做琢磨不透的君主。

1815年，作為拿破崙家族被追捕和放逐的成員，七歲的路易・拿破崙和他的母親霍滕斯來到日內瓦。他在奧格斯堡上學，然後住在瑞士圖爾高，並在那裡獲得了公民身份。二十二歲時，他與哥哥一起參加了義大利羅馬涅的叛亂，他哥哥死了。路易・拿破崙回到瑞士，師從砲兵上尉杜福爾。拿破崙一世的兒子萊希施塔特公爵（拿破崙二世）死後，身為拿破崙一世侄子的路易・拿破崙認為自己是拿破崙家族的權力繼承者。他野心勃勃、滿腔憤恨，於1836年在斯特拉斯堡發動了第一次政變。他被捕並被放逐到美國，之後他又到了瑞士。法國要求驅逐他，他逃到倫敦，寫了浪漫情調的政治書籍，編輯了一份報紙——《拿破崙思想》。1840年，他的第二次政變在布洛涅失敗。這一次，他被判處無期徒刑，關押在漢姆要塞。1844年，他的著作《消滅貧窮》出現了——這是個國有社會主義和民族帝國主義思想的奇特大雜燴。1846年，他喬裝穿上泥瓦匠巴丁格的破爛衣服逃到了倫敦。他沒有等待多久，時機就來了。1848年的法國二月革命迫使中庸的國王路易・菲利普退位。法蘭西民族希望立即實現路易・拿破崙的工作國有化思想，因為正如當時的詩人和政治家拉馬丁所說：「法國感到無聊了。」[5]向失業者提供工作的國有工廠成立了，但旋即被解散，由此引發的六月起義被卡芬雅克將軍以鐵腕迅速鎮壓[6]。隨後的總統選舉中，回到法國的路易・拿破崙・波拿巴擊敗了卡芬雅克，當選為

總統。1851年12月，他通過政變中止了選舉法，逮捕了卡芬雅克和梯也爾等政敵[7]，通過全民公決為自己獲得了專制君主的權力，並於1852年12月2日成為法國皇帝。

拿破崙三世從未能擺脫暴力活動，可能還有篡位者的壞良心，他從未能克服多年移民生活中形成的不安全感。他想成為一個超級拿破崙，新的政治緊急情況不斷出現，他需要不斷地以新的奇蹟向國家和世界證明自己的合法性。他在全國來回巡遊，發表演講，做皇帝的同時也是政治寫手。他不得不放棄他早期的政治自由主義，他開始依賴法國的神職人員。1849年，他派烏迪諾將軍率軍到羅馬，從共和派加里波第手中救出教皇庇護九世。沒有王室希望他成為女婿，因此，1853年他與美麗的西班牙女伯爵歐仁妮‧德‧蒙提荷結婚[8]。

克里米亞戰爭的幸運結果極大地提升了拿破崙三世的聲望和法國的實力。在這個背景下，法國殖民地正在增長，阿爾及利亞和塞內加爾在擴大，安南戰爭確立了法屬印度支那。

普魯士在腓特烈‧威廉四世的虔誠嚴格的信仰統治之下，但他的精神疾病正在迅速發展，戲劇般的為期三天的諾因堡戰爭就是個例證。在這場戰爭中瑞士納沙泰爾州不得不在1856年9月2日至9月4日自衛以反對根據舊的世襲條約加入普魯士。拿破崙三世以權威的宣言拯救了瑞士，也拯救了普魯士。拿破崙帝國因為有持續不斷的豐功偉績迅速從輪廓化為現實，難怪拿破崙三世會更加野心勃勃。命運介入了。

1858年1月14日，因為法國的一場革命被認為將有助於促成義大利解放，義大利人費利克斯‧奧爾西尼和三名同夥在歌劇《威廉‧泰爾》開幕前幾分鐘向皇帝夫婦前往歌劇院

的馬車投擲了炸彈[9]。皇帝、皇后都沒有受傷，但人群中有十人被炸死，一百五十人受傷。

奧爾西尼被處決，但他的遺言卻由拿破崙三世親自交給他的辯護律師朱爾·法夫爾出版了。在獄中寫的最後一封信裡，被判決的奧爾西尼懇求皇帝解放他的祖國，「兩千五百萬義大利人的祝福追隨陛下進入永生」。

無論拿破崙三世對自己命運的信念大小如何，有一件事確定無疑，從那一刻起，他就對義大利局勢的發展產生了積極的興趣，而且意圖與之前完全相反[10]。義大利的加富爾的外交遊戲很順利，他是十九世紀極具機智的外交官之一，能與奧地利的梅特涅、英國的迪斯雷利和德國的俾斯麥相提並論[11]。

矮胖、戴著眼鏡、職業化的加富爾是義大利民族統一復興運動的無可爭議的領袖，從1852年起他是撒丁國王維克多·伊曼紐爾二世領導下的皮埃蒙特主要政治家之一。幾年前，伊曼紐爾的父親卡爾·阿爾伯特被奧地利拉德茨基元帥輕鬆擊敗。這一失敗對義大利民族統一是個沉重的打擊，正如梅特涅譏誚地指出的那樣，統一的義大利「只是一種地理表達」。現在，卡富爾贏得強大盟友的時機似乎已經到來。

通過參加克里米亞戰爭，他獲得了參加巴黎和平會議的機會。1858年7月，在普隆比耶與拿破崙三世的祕密會議上，以法國獲得薩伏依和尼斯作為補償條件，他們締結了對奧地利的進攻聯盟。撒丁王國的小皮埃蒙特人開始武裝對抗奧地利哈布斯堡巨人[12]。1859年4月，維也納發出了最後通牒，要求撒丁王國立即解除武裝，在加富爾拒絕後，奧地利宣戰——時機來了。

　　歐洲中心爆發的這場短暫但異常血腥的戰爭具有其歷史意義。除了革命、懲罰性的政治遠征和殖民鬥爭（其中可包括在「遙遠的土耳其」進行的克里米亞戰爭），歐洲強權間的軍事衝突已經平息了近半個世紀。這是第一次有鐵路、電報和戰地記者的現代戰爭，每小時也都有公眾輿論參與。事實上，這還是有史以來最業餘的戰爭之一。

　　直到它爆發的那一天，在法國只有一個人夢想過這樣一場戰爭——拿破崙三世。但是，「熱情」被以驚人的速度創造出來。諷刺奧地利敵人的漫畫家和皇帝的熾熱呼籲發揮了作用，——「士兵們，我將自己置身於你們，帶領你們參加戰鬥。我們正在幫助一個要求獨立的民族爭取自由。我們將把它從外國壓迫中拯救出來。我們正在為一個受到全世界同情的神聖事業而戰。」

　　梅里美寫道[13]，士兵們出發「就像去參加舞會：馬車上有他們塗寫的『遊覽義大利和維也納』字樣。當他們行進到車站時，人群送他們滿懷的鮮花，給他們帶來葡萄美酒，擁抱他們，並懇求他們殺死盡可能多的奧地利人」。

　　就這樣，十三萬法軍一下子就扎進了這場戰爭。如果敵人更有能力，這場戰爭顯然就會是他們的災難，精神疾病也會與日俱增。

　　法國戰爭部長蘭登說：「除了勇氣，我們什麼都缺。」

　　但奧地利指揮官朱萊連勇氣都沒有，1849年匈牙利起義期間，他表現出了射殺手無寸鐵的農民的才能，但他無法領導軍隊。他浪費了寶貴的幾週時間，而他唯一的策略就是避開敵人。當他被二十八歲的奧地利皇帝弗朗茨·約瑟夫和更

有經驗的將軍取代時[14]，已經為時晚矣。法國人與義大利人已經會師，他們搶在了奧地利人的前面。奧地利人擁堵在從米蘭到維羅納的狹窄行軍路上，因為長途跋涉和飢餓而筋疲力盡。

在蒙特貝羅附近，奧地利人遭遇了第一次大敗。接下來，6月4日在馬真塔附近發生了一場戰役——這是場唐吉訶德之戰，雙方忽然遭遇，沒有戰略，也沒有指揮官。只有當奧地利人放棄倫巴第並從他們的威尼斯堡壘線撤退時，盟軍才意識到他們已經贏了。拿破崙三世凱旋進入解放後的米蘭。

「在1859年，法國人使用1809年的方法戰勝了具有1757年戰略思想的對手。」菲利普·格達拉寫道[15]。幾週後，即6月24日，又發生了一場沒有預先謀劃的戰鬥——蘇法利諾的血腥災難，十九世紀最凶殘的血洗。不斷收到戰報的拿破崙三世坐鎮臨近戰場的卡斯蒂廖內，他騎在白馬上抽了五十多支煙。他的精神快崩潰了，不停地喃喃自語：「可憐的人民，可憐的人民，可怕的戰爭！」令人不安的消息也正從法國傳來，普魯士人正在萊茵河地區動員集結。

7月11日，拿破崙三世在維拉弗蘭卡會見了奧地利皇帝弗朗茨·約瑟夫。初步和平協議匆忙間達成了，奧地利人由此保住了義大利北部的威尼斯地區。在這場戰爭中獲勝之後，志在統一義大利的卡富爾面對著半途而廢的困境，之後他用了自己的資源實現了義大利的統一。

註釋：

[1] 斯拉夫人是歐洲重要的民族和語言集團之一，現有約三億四千萬人。斯拉夫人通常分為東斯拉夫人（主要在俄羅斯、白俄羅斯、烏克蘭等地區）、西斯拉夫人（主要在波蘭、捷克、斯洛伐克等地區），及南斯拉夫人（主要在巴爾幹地區）。斯拉夫人中的基督教徒大多數屬於東正教。

尼古拉一世（1796-1855）：1825年至1855年在位為俄羅斯沙皇。

[2] 撒丁王國，也稱為撒丁－皮埃蒙特王國，存在於1720年至1861年，統治區域包括撒丁島和義大利西北部的皮埃蒙特地區。它是義大利統一運動的主導國，在1861年基本統一義大利半島，成立義大利王國。

卡米洛·奔索（加富爾伯爵，1810-1861）：義大利政治家，義大利統一運動的重要領導人，曾任撒丁王國首相（1852-1861），並於1861年病逝前短暫出任義大利王國第一任首相。

[3] 阿爾弗雷德·德·繆塞（1810-1857）：法國浪漫主義文學家。

皮埃爾·儒爾·特奧菲爾·戈蒂埃（1811-1872）：法國文學家和文藝批評家。

沙爾－奧古斯丁·聖伯夫（1804-1869）：法國文學家和文藝批評家。

保羅·加瓦爾尼（1804-1866）：法國插畫家、文藝家。

[4] 喬治－歐仁·奧斯曼男爵（1809-1891）：法國城市規劃師，1852年至1870年巴黎城市規劃的主持者。

[5] 阿爾方斯·德·拉馬丁（1790-1869）：法國文學家和政治家。重要作品有詩集《沉思集》和《新沉思集》，小說《格拉齊耶拉》等。他是支持民主和平主義的政治理想主義者，在1848年法蘭西第二共和國的建立過程中發揮了重要作用，但隨後競選總統失敗。

[6] 路易－歐仁·卡芬雅克（1802-1857）：法國將軍，出身於政治世家。法蘭西第二共和國臨時政府成立後，他任陸軍部長。同年6月他鎮壓巴黎工人起義後，雖成為「法蘭西共和國政府首腦」（最高行政官），但民意大跌，在之後的總統選舉中失敗。

[7] 阿道夫·梯也爾（1797-1877）：法國政治家、歷史學家。路易·菲利普時期擔任過首相。在第二帝國滅亡後他掌權鎮壓了巴黎公社。法蘭西第三共和國初期（1871-1873），他擔任國家首腦和總統。

[8] 歐仁妮·德·蒙提荷（1826-1920）：法國末代皇后，拿破崙三世的妻子。她以美麗優雅著稱，在藝術時尚領域很有才華。她對法蘭西第二帝國的政府事務中有較強的影響力，本書後續章節有所描述。

[9] 菲利斯・奧爾西尼（1819-1858）：出生於羅馬涅，是義大利革命家和燒炭黨領袖。他因為確信拿破崙三世是整個歐洲反自由主義的主力和義大利獨立的主要障礙，所以試圖暗殺。

[10]拿破崙三世在義大利統一的問題上有著政治利益和個人情感的衝突。義大利統一並不符合他的政治利益，這不僅會使法國增添一個強大的鄰國，而且法國國內的天主教勢力因為這必然會損害位於亞平寧半島的教皇國利益而強烈反對。但拿破崙家族出自原屬於義大利的科西嘉島，有義大利血統，在情感上支持義大利統一。拿破崙三世青年時期曾和哥哥支持推動義大利統一的燒炭黨活動、參加了羅馬涅的叛亂，他哥哥還因此在逃亡途中染病身亡。出生於羅馬涅的燒炭黨人奧爾西尼的行刺本身失敗了，但成功地激發了拿破崙三世的個人感情。

[11]本傑明・迪斯雷利（1804-1881）：猶太裔英國政治家、作家，曾兩次擔任首相（1868、1874-1880）；本書第十七章對他有更多描述。

奧托・馮・俾斯麥（1815-1898）：普魯士及德國政治家，曾任普魯士王國首相兼外相（1862-1890）、北德意志邦聯首相（1867-1871）、德意志帝國首相（1871-1890），本書後面章節對他有很多描述。

[12]哈布斯堡王朝，是歐洲歷史上最為顯赫、統治地域最廣的跨國王朝之一。奧地利王室屬於哈布斯堡王族。

[13]普羅斯佩・梅里美（1803-1870）：法國作家和歷史學家。重要作品有《卡門》、《馬鐵奧・法爾科內》等。其中《卡門》因被法國音樂家比才改編成同名歌劇而享譽世界。

[14]弗朗茨・約瑟夫一世（1830-1916）：奧地利皇帝（1848-1916）兼任匈牙利國王（1867-1916）、德意志邦聯主席（1850-1866）。他一生儉樸勤奮，溫和虔誠，風格保守，獲得大多數國民的敬愛。他能熟練運用他的國民的八種語言，也非常善待猶太人。他的妻子是著名的茜茜公主——伊麗莎白・阿馬利亞・歐根妮（1837-1898）。

[15]菲利普・格達拉（1889-1944）：猶太裔英國律師，也是位歷史、遊記和傳記作家。

第三章　蘇法利諾

　　杜南突然現身在蘇法利諾戰場上。是什麼讓這位銀行家和實業家去分擔戰爭的危險？他本人後來一直堅稱，他只是一個遊客，在偶然中被捲入這個巨大的戰爭漩渦；但現有的文件卻表明了另一事實。蒙斯－傑米拉的磨坊場，這個他多年來雄心勃勃一直在努力的百萬法郎項目，不斷受到官僚阻撓，正是因此他有了冒著槍林彈雨向皇帝解釋他的財務困難的奇思怪想。杜南的狂妄自大使他完全忽視真實的死亡恐懼，這僅是這個資本家頭腦單純和盲目地以自我為中心的一個表現。

　　然而，就像上帝的憤怒一樣，蘇法利諾戰場的恐怖將他的資產階級靈魂從黃金白日夢中驚醒，讓它的主人跪在鮮血和腐肉中。

　　當他於6月20日抵達名為蓬特雷莫利的亞平寧小村莊時，他的手提箱裡有兩本非常特別的書卷，上面印有優雅的帝國紋章，由之前為杜南精心出版過他第一本書的日內瓦出版商菲克最近印製。一本書高調的標題是《查理曼帝國的復興，或拿破崙三世陛下重建的神聖羅馬帝國》，作者是亨利・杜南、蒙斯－傑米拉磨坊場金融和工業公司的董事兼總裁（阿爾及爾）、巴黎亞洲學會會員、法國東方學會會員、

巴黎和日內瓦地理學會會員、阿爾及爾歷史學會會員等。另一本書的標題為《關於一百萬法朗資本的阿爾及利亞蒙斯－傑米拉磨坊場金融和工業公司的備忘錄》，作者是公司總裁亨利·杜南；這是一份報告，描述了該公司從1853年至1859年持續採取的措施以開發阿爾及利亞一塊面積超過七公頃的區域。

在蓬特雷莫利廣場上的但丁酒店前，杜南遇到了他的保護人——有些驚詫的德博福特將軍。杜南向將軍透露了他的意圖。我們知道將軍很熟悉杜南的事情，而且他對戰爭和商業混在一起也沒有特別驚訝。他們談到了那個時代的恐怖，將軍的觀點是：「你能期望什麼呢？你不可能不打破雞蛋就做成煎蛋捲。如果你想看一場真正的戰鬥，就應該立刻穿越亞平寧山脈。」

杜南一刻也沒有耽誤，揣著封將軍寫給法軍前線指揮官麥克馬洪元帥的介紹信，他日夜兼程地趕路。途經布雷西亞時，他就能聽到遠處大砲的轟鳴聲。橋被炸毀了，他涉過小溪。所有的馬車都被徵用了，他找到了一輛舊的手推車和一個背棄奧地利人而且了解鄉情的當地年輕人。6月24日，也就是蘇法利諾戰役打響的那一天，杜南到達了卡斯蒂廖內：他身處戰役的前沿地帶。

拿破崙三世兩天前從布雷西亞開拔，撒丁國王維克多·伊曼紐爾二世則從德森札諾出發。法軍巴拉傑·迪里埃元帥已兵臨蘇法利諾。馬真塔戰役的勝利者麥克馬洪元帥正在向臨近的卡夫里亞納推進。帝國衛隊占領了蘇法利諾西側的卡斯蒂廖內。盟軍人數為十五萬人，擁有四百門大砲。

　　奧地利皇帝弗朗茨・約瑟夫集結了九個軍團，十七萬人，擁有五百門大砲。奧地利人越過芒西奧河，占領了蘇法利諾東側的波佐倫戈的高地，直到吉迪佐洛。部署的大砲受到溫普芬伯爵和施里克伯爵指揮的兩支軍隊之間的防禦工程的保護，它們的位置似乎堅不可摧。

　　沒有人預料到戰局會發生如此突然和戲劇性的轉變。每一方都完成了部署，幾乎沒有被對方發現，黎明時分，超過三十萬名士兵在一條十英里長的戰線上相互對峙，等待加入戰鬥的信號。奧地利人以緊密的陣形行進，皇家鷹旗在空中飛舞。法軍（步兵、胸甲騎兵、槍騎兵和龍騎兵）身著各式色彩斑斕的制服[1]，在陽光下熠熠生輝。號角聲和鼓聲撕裂著空氣，火槍發出尖銳的射擊聲，與大砲沉悶的轟鳴聲交織在一起。砲彈爆炸激起了白色煙霧，疾馳的中隊也揚起塵土。這一切看起來不說歡樂，但至少親切自然，就像我們青年人的歷史書中的充滿同袍情誼照片所展示的那樣。這是場為了毀滅而展開的巨大士兵遊戲，但它開場爆發出的勃勃生機和節日般的絢爛消除了毀滅的恐怖感。數十萬男人向前衝彷彿為了要擁抱在一起，杜南的心被那迷人的喧囂和魔力深深地震撼了。

　　天一亮就起床的法國人，只喝了幾口可憐的咖啡。對於被迫夜間行軍而筋疲力盡的奧地利人，杜松子酒的配給量是雙倍的。

　　熱度分分秒秒地變得難以忍受，大地似乎在冒著熱氣。彷彿置身磁場中，飢餓的雙方對抗著。

　　扔掉了自己裝著點可憐的財物和緊急口糧的背包，迎著

會扎進肋骨的刺刀,他們繼續前進。馬蹄和砲車的輪子壓斷了無助的傷員的四肢。當彈藥耗盡和槍管爆裂時,戰鬥繼續用拳頭、石頭和刺刀進行。每一個農家都變成了一座堡壘,每一個沙堆都是一個被血河浸滿的戰利品。軍事編隊,在部署策劃時有遊戲玩偶般的整齊和圖示式的精度,如今已經失去了所有秩序。參謀部的戰略在戰場上就成為了赤裸裸的殺戮。

一次又一次,法國人試圖衝上高地以使奧地利人的大砲沉默。奧地利人固守在美多樂、蘇法利諾和卡夫里亞納這些村莊的房屋和教堂後面,用一場場彈雨將襲擊者趕了回來。羅科洛附近一個名為麥當娜・德拉・斯科佩塔的山岡六度易手。

奧地利人像發瘋的動物一樣在殊死戰鬥,猛烈的火力對準了他們的預備隊,成群的士兵都被擊散。但每當他們再次重新集結時,總有士兵不斷地要衝出去,他們渴望赴死,因為這樣才能從等待的可怕懸念中解脫出來。

臨近中午時分,天陰沉沉的,不一會兒就驚雷炸響、暴雨滂沱。閃電掠過黑暗可怕的地貌,殘破並燃燒的村莊升騰著煙霧,哭喊聲和詛咒聲伴隨響起。

拿破崙三世命令軍隊同時攻打蘇法利諾和聖卡薩諾要塞。在烏雲密布之下,巴拉傑元帥的部隊強突進入了該鎮。奧地利人的戰線被打破,撤退開始了。弗朗茨・約瑟夫皇帝帶著他的幕僚們撤到了沃爾特。吉迪佐洛一直被堅守到當晚十點。在臨時搭建的橋樑上,逃離的奧地利人湧向後方。道路被破碎的馬車、大砲和死馬堵住了。衣衫襤褸、流血不止的傷員們開始抵達維拉弗蘭卡。蘇法利諾戰役已經打完了。

　　鑽出了洞穴和地窖，熏黑了面孔的農民們開始出現。就像生病的老鼠一樣，他們不知道該做什麼，只能彎腰駝背地看著他們被毀壞的財產。他們無法辨認這個面目全非的世界，他們的家鄉在十五小時前還保持著繁榮和秩序，而如今在災難之後，它看起來就像一個巨大的化膿傷口。

　　即使在戰鬥中，以三角旗為標誌的野戰醫院也被匆忙地建立在高處。但由於每個國家使用了不同的顏色，醫院不被承認並被轟炸。醫生和傷員被攻擊，不可替代的物資被摧毀。

　　水變得越來越珍貴，拿著槍的糾察隊站在每個正在乾枯的泉井邊，守護著每一滴水。男人們把臉埋在骯髒和受感染的水坑裡飲水，像牛一樣噴著濕氣。

　　成群的士兵和倫巴第農民收集傷員，也將橫臥戰場的軀體一排一排地積在一個大墓穴裡，並記下每個軍裝上的編號。沒有人停下來檢查某個倒下的身體的心臟是否還在跳動，這些正腐爛發臭的垃圾必須無影無蹤。

　　漸漸地，混亂中出現了某種秩序：卡斯蒂廖內成為傷員的集中點。很快，這座小鎮就擠滿了六千名傷員和其他受難者，兩名不知道該怎麼辦的醫生站在其中。牛車和騾車的長隊無休止地載來呻吟著的傷員。

　　長長的戰俘隊伍在列隊行進，導致了奧地利人要打回來的傳言。一時間，房屋被設置了路障，法國三色旗和撒丁王國的旗幟被推倒，駕車人紛紛解開他們的馬具，騎馬飛馳而去。漸漸地，騷動平息了。家家戶戶都變成了醫院，人們不知道把傷員放在哪裡才能讓他們離開自己的家。

　　小醫務室、迴廊、聖路易吉的軍營、嘉布遣會的教堂幾乎都遭到咒罵和哀號著的士兵的襲擊[2]。每個拳頭還能動的人都拚命地確保自己的地盤，每個人都在無情地捍衛他受到威脅的生命。被解除武裝的戰俘們的命運最糟糕，他們被聚集成群，手無寸鐵，像痲瘋病人一樣被遺棄了。

　　帶著通行證，杜南急忙趕往鎮上受災最嚴重的地方。五百人在基耶薩馬焦雷教堂避難，數不清的人躺在石階上和前面的草地上。杜南趕到時，正值在教堂裡發現了兩個無法站立的戰俘，士兵們正咒罵著要把他們扔下台階。

　　「住手！」他叫道，「不能這樣！他們是兄弟！我們都是兄弟！」

　　士兵們難以置信地看著這位白衣紳士，他似乎是從地裡蹦出來的，在用平靜而清晰的聲音在發出人道的命令。遲疑了一下，士兵們放開了受害者。

　　他們是兄弟！新的口號像野火一樣在鎮上蔓延開來。一絲微笑中的幸福和善良，在威脅著要吞噬所有靈魂的精神陰鬱不安中浮現了。

　　一場持續的基耶薩馬焦雷教堂朝聖之旅熱烈開始了，婦女們頭上頂著大捆做繃帶用的白色麻布，男孩們拿來成桶的水和成壺的湯。杜南給了義大利隨從一個裝滿錢的錢包，讓他拉著手推車去布雷西亞，那人帶回了海綿、麻布、煙草、錦葵、洋甘菊、糖、橙子和檸檬。

　　稻草鋪成床位排成排。在聖器室設立了一個包紮間，傷口可以清洗，繃帶可以更換。四名奧地利醫生不知疲倦地在一個個床位前忙碌，同樣忙碌的還有一名偶然來到的德國醫

生和幾個義大利學生。助理隊伍不斷壯大：一位特別的老海
軍軍官出現了，他的外套上有過往的戰鬥飾品，還有一位來
自納沙泰爾的蘇查爾先生、一位義大利牧師、一位法國記者
和一對好奇的英國人。這對英國人強行闖入教堂，幾乎因此
要被抓捕，但他們很快就自願地幫助其他人。事實證明，最
熱心的是一名留著鬍子的法軍下士，他在馬真塔受傷而且傷
口還幾乎沒有癒合；他帶著一種感人的欽佩中夾雜抱怨的情
緒，跟隨杜南邁出的每一步。

　　從布雷西亞收到了一批氯仿，一種神奇的止痛新藥。但
是，由於太多的傷員從未從麻醉中甦醒（沒有人有使用氯仿
的經驗），醫生不得不在沒有藥物的情況下用鋸子和手術刀
重新開始工作，手術室裡隨即傳來刺耳的尖叫聲，整個教堂
都在顫抖。

　　杜南像做夢一樣辛苦了三天三夜，這是一場但丁式的
[3]、充溢著怪誕和墮落幻想、展現著地獄般力量的噩夢。從
他的被金錢和虔誠包裝的資產階級生活的夢幻世界，來到現
實的恐怖中，這是多麼可怕的覺醒！這裡沒有盡頭，一處傷
口閉合，另一處裂開，流血根本無法停止。當他讓一個可憐
的靈魂復活時，另一個靈魂卻在消耗殆盡中墜入了死亡的懷
抱。他的幫助就像命運本身一樣盲目和不公正，助人的能力
反而使他有負罪感。

　　疲憊和回憶的時刻帶來了異樣的反思。杜南記得他旅行
的初衷嗎？還是他自己天生的充沛精力迫使他活動，以免帶
著無法忍受的恐怖陷入昏睡？

　　已經是晚上六點了，他吩咐馬車夫把馬車準備好。在最

後一刻，大鬍子下士堅持要和他一起去。他們在暮色中乘上馬車，九點鐘他們到了卡夫里亞納；這個小鎮已被奧地利人夷為平地，居民們不得不向軍營廚房求食。

為了打聽麥克馬洪元帥的總部，杜南在皇帝自週五起曾住過的房子前停了下來。馬車的到來引起了相當大的關注，幾名軍官好奇地詢問下士。他給出了恭敬但含糊不清的回答。杜南隨即下令驅車前往博爾蓋托去見麥克馬洪元帥，這讓他們對這位平民的不詳而神祕的使命印象深刻。

那是一個漆黑的夜晚，不了解路況的義大利馬車夫迷失了方向，直到一個路標告訴他們正在前往沃爾特的路上、很快就會進入奧地利人的地盤時，才發覺迷路。

這時，馬車夫驚慌失措；在路上的每一個轉彎處，他都感到會遇到敵人。短暫地接近敵占區讓他完全失去了理智，杜南不得不讓下士駕車。到處都是殘骸，成群的烏鴉在戰場廢墟上狼吞虎嚥，鬼火時隱時現，這一切都增加了義大利人的恐懼，他嚇到靈魂出竅了。一個黑色的怪物出現在他們面前，他發出了一聲驚恐的叫聲。那是一把被射穿又被風吹破的大傘。他們走得更遠了，一個前哨命令他們停下。「第一工兵團第七連下士。」「通行！」他們隨即疾馳而過，馬車有崩裂成碎片的危險。午夜前不久，博爾蓋托的黑暗房屋出現了，他們在微弱的燈光下停了下來——這是麥克馬洪元帥的總部。

這輛不同尋常馬車的夜間造訪引起了最大的震驚。但是，一位友好的勤務兵為杜南取來了一袋稻草以便他就地睡下，下士和司機則在馬車的角落睡覺。

　　第二天早上六點，杜南就站在麥克馬洪面前。空蕩蕩的房間讓杜南想起他在日內瓦的銀行，地上有成堆的文件，牆上掛滿了數字標記的地圖和圖表。元帥坐在寫字台前，鼻子上戴著夾鼻眼鏡，他外套的幾顆釦子都解開了，他看起來像一個穿著制服的銀行家。事實上，這裡是戰爭的結算所，這裡計算和分配人的性命。

　　麥克馬洪說：「看在上帝的份上，杜南先生，你是怎麼到這裡的？」杜南後來描述了他的談話。「我用幾句話向這位著名將軍報告了我在卡斯蒂廖內的三天裡的見聞，以及大量傷員得不到救護的情況。其中，我提到了我發現奧地利傷員的可怕處境，以及需要讓被俘醫生投入救護服務的緊迫性。我以人類的名義讓元帥起誓，為我爭取一個合適的機會，與皇帝討論惡劣的情況。」

　　麥克馬洪很認真地對待杜南，他把杜南送到卡夫里亞納的總司令部，並給皇帝的文職武官查爾斯・羅伯特寫了一張簡短的便條。杜南大約中午被召入，他沒能覲見皇帝，他向接待人員陳述了他的事務。不久之後就發布了釋放被俘醫生的命令，這大概是他代求的結果。

　　他還送出了他的書。他此後對此一直閉口不談，這書本身是一個錯誤。1859年6月29日，有一封來自總司令部的信：

　　　　尊敬的先生：
　　　　　　皇帝考慮了您提議以「羅馬帝國」為標題出版的書。陛下命令我通知您，雖然他感謝您提交此書，但您不能使用這個進獻品。陛下並進一步表示，鑑於當

前的政治環境，希望您不要出版此書以避免可能導致
的不便。

皇帝內閣的請願代表，

查爾斯‧羅伯特

這封信透露出一種明顯的煩惱。拿破崙三世雖然通常
極易受到歌功頌德的影響，但他即將通過締結和平來結束戰
爭。此刻，杜南的日內瓦式預言中，頌揚他是羅馬皇帝和查
理大帝唯一合法的繼承人[4]，對他來說似乎非常不合時宜。

當時的杜南是多麼特別的混合體！天真的痴迷、聖經狂
熱、拜占庭主義[5]、銀行家的精神、近乎傲慢的大膽、愛管
閒事和熱烈同情的能力。這種已經滅絕的早期資本家類型在
今天是一個謎，如果我們不知道塑造他的歷史環境，這個角
色在心理上無法理解。他多麼像他的榜樣拿破崙三世，後者
在更大範圍內統一了投機者的思想、文明意識和神祕主義。
兩人都被帶到了他們那個時代的巔峰，然後一無所有。但時
間不會完全拋棄他們，當我們也面臨不幸的那一刻，我們會
意識他們的偉大。

杜南是虛榮的，但誰不是？他很天真，基本上不是知識
分子。即使當他沉默或憎恨時，他也是誠實、利己的罪人，
這使他的敵人很容易攻擊和譴責他。但他真正的虔誠從未離
棄他。從童年到聖徒式的老年，他帶著無數考驗走出了勇敢
的人生征程。他是投機者，但不怕破產。他富有，但不怕貧
窮。如果他是虛榮的，他就不怕被澈底遺忘。如果他是傳統
並帶有偏見的，他並沒有從最激進的征途中退縮。上帝嚴屬

地對待這個飽受世俗錯誤困擾的人，但幫助他完成了一項偉大的工作，真正淨化了他飽受折磨的心靈。

註釋：

[1] 胸甲騎兵、槍騎兵和龍騎兵都是當時的騎兵兵種。胸甲騎兵是裝備胸甲、頭盔、馬刀和火器的騎兵。槍騎兵是使用長矛衝鋒、不裝備鎧甲的騎兵。龍騎兵是騎馬步兵，不裝備鎧甲，騎馬到目的地後就下馬進行步戰。

[2] 嘉布遣會，也稱嘉布遣兄弟會，是天主教內提倡過清貧生活的方濟會的分支修會，成立於1520年。

[3] 但丁‧阿利吉耶里（1265-1321）：著名的義大利中世紀詩人、現代義大利語的奠基者、文藝復興的先驅者。他的代表作史詩《神曲》描述自己在有各種嚴酷刑罰的地獄、靈魂懺悔滌罪的煉獄及幸福靈魂歸宿的天堂的遊歷經過。作者此處引用但丁也隱喻杜南要經歷巨大的痛苦和深刻的反思才能最終獲得內心平靜的人生歷程。

[4] 根據杜南的書名，這裡的羅馬皇帝指的是神聖羅馬皇帝，而歷史上的神聖羅馬帝國在中歐、以德意志地區為核心；歷史上的查理大帝（742-814）則幾乎統一了西歐和中歐，他768年至814年在位為法蘭克國王，800年至814年有羅馬人皇帝的頭銜。

[5] 拜占庭帝國（東羅馬帝國）以基督教為國教，同時皇權被認為來自神授，皇帝是整個帝國的象徵及最高軍政和宗教領袖。拜占庭主義在此指國家基督教化、君權神授和君王對國家有絕對領導權的理念。

第四章　新的戰爭藝術

　　1859年的短暫戰爭在世界歷史上具有從未被正確評價過的意義。作為第一次現代戰爭，它揭示了先前戰略方法的不足以及科技進步對優化軍隊指揮有毋庸置疑的可能性。

　　細心的觀察者可以發現了這場戰爭中雙方明顯混亂的原因。所有先前的軍事經驗並不適用於現代大規模運動戰，必須建立新的組織方式來進行戰爭。

　　在普魯士，1858年威廉一世開始統治[1]。俾斯麥、毛奇元帥和羅恩元帥的三重星座出現在地平線上——他們像士兵一樣思考，像外交官一樣行動[2]。普魯士作為世界強國的崛起拉開帷幕。普魯士發現了科技對於破壞性戰爭的價值，而普魯士人在萊茵河地區的動員則暴露了普魯士軍隊不如人意的狀態。必須建立一支新的軍隊，而它也確實被創建了。

　　奧地利已經被削弱，在德意志邦國中的霸權由奧地利交給普魯士的歷史時機已趨成熟。法國勝利了，而且太強大了，但其軍事虛榮心阻止了它對自身弱點做出痛苦但必要的洞察。

　　義大利民族主義的興起引發了其他歐洲民族的騷動。不久，波蘭人號召發動了徒勞的起義。巴爾幹人民也開始了民族運動。德意志統一的日子近在眼前。

　　但問題重重、悲劇性的拿破崙三世，在他職業生涯的頂峰獲得了勝利的桂冠，卻絲毫沒有感受到失敗即將到來的任何預兆。拿破崙三世是一個民主的獨裁者，他自己喚起了一個要毀滅他的敵人。正如後來的德國威廉二世那樣，他在凱撒主義妄想和社會政治改良主義之間搖擺不定[3]。他既是一個反叛者但也是一個壓迫者，既是一個外交陰謀者但也是一個立憲君主者，既是一個投機者但也是一個關注文明的烏托邦主義者。實際上，他是那個世紀聰明活潑的資本主義者，他的大腦中匯集了歐洲所有當下和未來發展的元素。他發現了民族主義，將其公之於眾，並為此犧牲了重要的政治優勢。他對會議和公民投票充滿熱情。即使在他最後的日子裡，這位被推翻的君主還向一位來自倫敦的訪客描繪了一個絕妙的計畫——消弭戰爭。一個國際理事會將通過例會協調世界事務，而一個國家聯合會將根據國際法做出決定。在1872年，這只是一個身患絕症、流放中的獨裁者的妄想，而他的耳朵裡仍然迴響著自己在色當的恐怖吶喊：「必須堅決停止射擊！必須停止射擊！會停止的！……流了太多的血！」

　　銀行家杜南只是一個沒有權力的人，他一直是活在歷史事件邊緣的自私、沒有意義、多餘的存在，直到蘇法利諾的鮮血喚醒了他的責任。

　　與他們的先輩相比，二十世紀的人處於更危險、更受威脅、更脆弱的境地。在病態社會、戰爭、經濟危機和瘋狂意識形態的災難中，他們遭受的苦難更為直接和普遍。我們今天活著的每個人都曾經或即將被命運的可怕利爪抓住，這

個命運讓人站立不穩，甚至危及生存。今天，我們每個人都直接分擔了公眾的不幸。這不再是它會不會襲擊誰的機率問題。對抗和避免災難是一個公眾關注的問題，是每個人的權利和義務——我們已經有了這樣的認知。但是，當個人將人類幸福的責任交給社區和群眾時，政治變革有一個可怕的中間階段。而那些對責任漠不關心、不習慣思考、厭倦感情的群眾，讓冒險家、狂熱分子和政客從他們身上奪走了他們應該肩負的責任。這些無法無天的陰險力量沉迷於自己的宣傳，正將人類推向災難。而善意得體的人類行為卻缺乏強有力的組織支持。國家混亂狀態和民族精神錯亂被當作政治現實來縱容。擁有明確前提、在生物學和倫理基礎上建立起來的人道主義卻被鄙視和憎恨。十九世紀後，人道主義高貴地宣布生命神聖，並明確提出將無意義的生命轉化為有價值和能力的生命的任務後，罪惡口號「空洞的人道主義」被創造了。而在這個口號下，個人的生命權和自由權被污名化為社會毒瘤，從而被肆無忌憚地無恥攻擊摧毀。

　　在我們認為十九世紀的仁慈是荒謬或令人反感之前，我們必須不抱幻想地面對事態。當然，慈善對我們來說是令人厭惡的，它太像是為了自己靈魂的安息而從有保障的生計中放棄一丁點。但是，人類的想像力永遠不足以設想他自己沒有經歷過的痛苦。更切實的是人們害怕痛苦的蔓延，希望與危險的爆發保持安全距離。發明了衛生學的十九世紀也以一種公平的方式為社會疾病發明了成功的衛生學。馴服世界末日的黑暗騎士似乎指日可待。人權的不可侵犯性似乎是所有人安全的先決條件，也是鼓勵自願奉獻金錢和勞動的先決

條件。只有盎格魯－撒克遜國家和法國今天還殘留這些傳統[4]。貧窮是一種危險，但可望能通過科學方法剷除。人道主義不是內心的情感氾濫，也不是宗教信仰，而是智慧的需求。現在這些話聽起來有多麼陳詞濫調，彷彿它們源自上世紀末積極的唯物主義。而實際上，人道主義本身就是目的。當然，生活太複雜，太受精神束縛，無法用如此簡單的公式來處理生活中的衝突。個人命運的塑造將永遠是謎。但如何防止造成可以避免的痛苦，如何阻止人類的命運落入罪犯之手是技術問題。十九世紀的衰落始於將技術問題變成意識形態的定罪條款的那一刻。

　　杜南的情況就是一個例子。杜南出現在蘇法利諾戰場時，因受到了日內瓦虔誠的影響，內心已經做好了準備。在那之前，他一直是無數漫無目的的施捨者之一，他的恐怖經歷不可避免地使他成為了一個龐大的人道主義計畫的積極倡導者。跟進這種轉換的各個階段是重要的。

　　戰爭爆發後，日內瓦的世俗和虔誠圈子立即提出了一項行動計畫。一個委員會在阿德里安・納維爾－里戈女士的倡議下成立了，該委員會要求杜南提供協助。其實，這個委員會與其他滋養資產階級虛榮心和野心的組織沒有什麼不同，這些組織在名譽會長、副會長和祕書的支持下會出於社會情感而為社會事業服務。可能該委員會或多或少只存在於日內瓦沙龍之內。杜南直言拒絕合作，問道：「為什麼要在一個人受傷之前就撕開做繃帶用的麻布呢？」他的經歷很快就回答了他傲慢的問題。

　　6月28日，也就是那筋疲力竭的一天，杜南從總司令部

返回苦難中的卡斯蒂廖內的教堂後，他向加斯帕林伯爵夫人
發出求助請求：

　　尊敬的伯爵夫人，

　　　　請允許我在如此特殊的境況下求助於您。三天
來，我一直在照顧蘇法利諾的傷員，我負責照顧的這
些不幸者的人數超過一千。共有四萬多奧地利人和法
撒盟軍在這場可怕的戰鬥中受傷。沒有足夠的醫生，
無論好壞，我不得不同幾位農婦和戰俘一起來補充醫
護。戰爭之初，我從布雷西亞趕往戰場。這場戰役的
可怕後果無以言表。人們必須回憶拿破崙第一帝國的
大型戰役才能找到任何可比的東西。相比之下，克里
米亞戰爭就不算什麼了（這是經歷過非洲和克里米亞
戰爭的將軍、官兵的意見）。

　　　　我無法開始描述我親眼目睹的事況。但是，因為
我必須對不幸的傷者和垂死者說幾句安慰話，也由此
被他們的祝福所激勵，我向您求助，請求您像在克里
米亞戰爭中所做的那樣向這些傷兵提供煙草和香煙。
我沒有時間詳細說明我的建議，但如果我能將心比心
地向您表達出我內心所經歷的一切，那麼您會毫不猶
豫地在法國為這項真正的基督教工作組織一次偉大的
會議。有些士兵寧可不吃不喝，只要有煙抽……

　　　　我在戰場寫信。人無法選擇自己腦海中的印象。
戰場上滿是死者和垂死之人，但與一座堆積著五百名
傷員的教堂相比，簡直是小巫見大巫。……這三天裡

每十五分鐘，我就看到一個人在難以想像的痛苦中死去。一杯水，一支雪茄，一個友善的微笑——由此他們就改變了性情，而勇敢平靜地忍受死亡的時刻。對不起，我寫的時候一直在哭。我必須結束寫信。他們在喊我。

　　附言：我們必須努力在布雷西亞找到最基本的必需品。在這裡，除了做繃帶用的麻布之外，我們什麼都沒有。倫巴第煙草很差，但這裡連這個也缺乏。一百支香煙，在躺著數百名傷員的教堂裡，能淨化空氣並減輕可怕的惡臭。

我們可以一步步跟隨杜南的變化。現在他完全處在震驚他內心的恐怖中，他大聲喊叫——這是為煙草的吶喊。他仍然看不到出路，面對無法形容的需要，他只能先尋求最急需的東西。他看到士兵們像野獸一樣撲向兩位英國遊客提供給他們的雪茄，煙草的煙霧好像可以消毒清潔。

杜南向出生於日內瓦、嫁給一位虔誠的法國貴族的加斯帕林伯爵夫人提出請求，因為她在克里米亞戰爭期間成功地組織了一次類似的會議。他的請求被聽取了。很快，他的信件摘要出現在《插圖》和《日內瓦期刊》上。

幾天前，福音協會主席麥爾·從奧比在當地的栗樹下向日內瓦社會描述了法國人、義大利人和奧地利人的殘酷痛苦，他們流血致死，但沒有多少安慰之語。做繃帶用的麻布還不夠。「需要更好的麻布——愛不幸之人的心……誰會向他們低語主的名字？難道沒有口舌可以向他們說出偉大的保

惠師的話嗎[5]？需要祈禱，需要人，需要錢。」

　　和平的日內瓦人進入湖邊陰涼的公園，祈禱的光芒比煙草更耀眼，幾千人宣布他們已準備好執行任務。幾天後，杜南的信出現了。精力充沛的加斯帕林伯爵夫人的虔誠帶有更現實的印記，實現了精神和物質的妥協。7月9日，杜南收到阿德里安・納維爾夫人的一封信，通知他「三位來自禱告團的年輕學生」──禱告團被稱為福音協會的免費神學院──「在收到有關繃帶的簡短說明後，在夏皮奧牧師的指導下開始前往義大利。」他們將支援缺乏幫助的醫院。

　　杜南從未預見過自己的這次遠行可能開啟了日內瓦的一場公益衛生運動。年輕學生們面臨著相當冒險的命運，他們於7月11日抵達義大利，走訪了所有重要醫院，協助包紮傷員，分發橙子、薄荷、糖、檸檬、香煙和宗教小冊子。但正是這些宗教著作令當局不滿[6]。他們審問了這些年輕人，將他們作為間諜和無政府主義者逮捕，最後將他們投入監獄，米蘭銀行家布羅特費了九牛二虎之力才使他們被釋放。阿皮亞醫生，另一位後來在紅十字會的成立中發揮了重要作用的日內瓦人，從戰爭開始就一直在義大利；他在為傷員收集繃帶和做繃帶用麻布的「都靈女士」委員會做義工、接受調遣。關於他，後面會有更多敘述。

　　在此期間，杜南於6月30日前往布雷西亞繼續在那裡的醫院展開活動。從這個時期開始，我們擁有另一份文件，這顯示杜南從施捨者到人道倡導者的演變過程中的又一步。7月3日，他寫信給他的保護人德博福特將軍：

將軍先生，

請允許我感謝您對我的善意，並簡要地向您介紹我旅途中的經歷。

我在戰鬥的那一刻到達了蘇法利諾，這使我整整兩天都忘記了我的書和信。我盡我所能照顧那些躺在教堂裡幾乎沒有得到任何幫助的傷員，並在卡斯蒂廖內當地婦女的幫助下為這些可憐的不幸者提供了有組織的援助。

在布雷西亞，我收集了卡斯蒂廖內完全缺乏的做繃帶用麻布、襯衫、清洗傷口用的洋甘菊、檸檬、糖、煙草等物資。我把我的總部設在兩個比其他教堂更殘破的教堂。然後我為自己組織了援助人員：遊客（甚至有英國人）、奧地利戰俘、受輕傷的士兵，也感謝卡斯蒂廖內美麗善良的婦女，我們從死亡邊緣解救了一些不幸的人。

我永遠無法忘記這些想親吻我手的受難者的眼睛。這太令人震驚了。可憐的法國士兵，在危險中勇敢，在苦難中忍耐，感恩一杯水！

戰場的殘酷景象，同一堆堆地躺在那裡卻在一兩天甚至三天沒有受到照顧、沒有得到幫助、認為自己被遺棄的可憐蟲的絕望相比，簡直不值一提。我見過老兵們——一些勇敢的輕裝步兵——他們哭得像孩子一樣。這些會讓您心碎。在教堂的角落裡，我發現許多人就是被遺忘了，有些人好幾天都沒有人給他們食物和水。許多人，儘管傷勢嚴重，卻從未包紮過繃

帶，他們本可以通過稍快一點的救護來挽救。還有一些人好幾天都沒有換繃帶，因為沒有人關注過。幾乎所有人都赤身裸體，仍然滿身是血，到處都是蒼蠅和蛆。他們躺在石頭上或稻草上，這些的碎片卡在他們的傷口上，周圍是可怕的污穢和惡臭。而且日復一日。

　　醫生們已經盡其所能。但是，他們的數量遠遠不夠，很多想要幫忙的健全人都無法忍受教堂裡可怕的景象……

　　我們所知的這封信的片段到此結束，但杜南在他的回憶錄中寫道，最後他懇求將軍利用他對皇帝的全部影響力，以防止這種可怕的混亂再次發生。

　　他的良心現在幾乎晶瑩剔透。一個敢於向幫自己謀求商業利益的將軍描述他軍隊的失敗，並且如此實事求是、毫不留情的人，將永遠無法重獲內心的寧靜。

　　杜南從恐懼中完成了從可悲和受牽連的糊塗蛋到冷靜無情的控訴者的轉變，了解這種近乎刻意的轉變方式對於理解這個非凡的人及其生平極為重要。

　　杜南從小就被訓練去審視苦難，他一定料想過實際戰爭的恐怖。但迄今為止他所發現的現實恐怖遠超乎想像，這深入骨髓的震驚把他所有井井有條的虔誠計畫都擊打得灰飛煙滅，他有生以來第一次淪落到那種無助和急需幫助的狀態，而這種狀態原本是在他例常的慈善活動中接受救濟的悲慘對象才具有的。在這種困惑的狀態中，他的精神存在依託的所有支柱和傳統都讓他失望，這注定對這個日內瓦商人內心的

利己主義產生了無法忍受的差辱。他太虔誠了，除了抗議和控告之外，無法尋求任何其他出路。修復墮落人性的被毀壞的形像中對他自己的生活意義重大。

於是這件事就成了他的事，他作為旁觀者偶然捲入的戰爭的錯誤和邪惡就加在了他的身上，使他成了有罪的夥伴——作為一個手無寸鐵的從犯，而被迫捲入了戰場的每一個罪行。他的罪孽必須得到救贖。受害者的哭聲肯定被消音了，杜南就接了起來，和他們一起哭，而且哭得更響，直到社會準備用行動來救贖他……

在蘇法利諾之後，杜南去了布雷西亞，然後從那裡去了米蘭。由於酷熱，運送傷員幾乎只在夜間進行。在米蘭的車站前站著身穿黑衣的沉默人群，等待接收數以千計的傷員；幾週前這群人還在此歡呼雀躍、灑滿鮮花送別士兵們。在閃爍的松木火炬下，筋疲力竭的士兵被裝上米蘭貴族的豪華馬車。貴族們已經打開了自己宅邸的大門，僅博羅梅奧一家就收留了三百名傷殘者。烏爾蘇拉教團的修道院被改建為醫院，瑪切薩・帕拉維奇尼領導了收集禮物和用品的中心機構。一小群受輕傷的法國人穿著破爛的制服在回家的路上蹣跚而行，米蘭的女士們用華麗的亞麻布衣服換下了他們染血的襯衫。這場歐洲的大災難像一場不可預見的突發地震那樣讓這座城市深感震驚，沒有人準備好面對如此大量的血腥和苦難。在沙龍裡，人們對此進行了熱烈的討論。

杜南在需要他的地方伸出了援助之手，但他也沒有錯過在米蘭建立社交關係的機會。在米蘭社會，在維里－博羅梅奧伯爵夫人的沙龍中，他討論了用某種受到各方尊重的標誌

來標明戰爭中的醫生和醫院的必要性。女士們贊成，但先生們認為這樣的計畫是烏托邦、不可能實現。

在《維拉弗蘭卡和約》簽訂的7月中旬，杜南返回瑞士。「為了恢復我被卡斯蒂廖內的痛苦刺激所擊垮的健康，我不得不再次呼吸高山的空氣。」

戰後歸來，在寧靜祥和的家中，杜南的反應就像一個普通公民──他想忘記，而且快點忘記。他生命中短暫的、可以說是無意中發生的英雄插曲似乎結束了。

難道我們沒有看到很多人在最可怕的經歷之後，體面地悄悄恢復他們的私人生活嗎？雖然士兵舍生忘死、蔑視敵人殺戮的英雄主義在一時間能夠激發無個性的資產者做出超人的努力，但這不能持久。戰爭的混亂狀態與有序世界的生活之間的鴻溝太大了，戰壕中飽經風霜和滿身泥濘的英雄以一種奇怪的精確度再次變成了無害的鞋匠和裁縫。一旦平息了無法無天的巨大誘惑，他們激動的心就會再次如童話般沉睡並受到健忘的祝福。只有在多年的休眠之後，暴行和恐怖的畫面才會作為一種淨化和非常變異的記憶再次浮現在腦海中。然後戰爭被回憶成具有男子漢氣概、快樂、誘人的冒險，它如此令人難忘地打破了他們短暫生命的輪迴。而他們的孩子現在也夢想著這些冒險，直到有一天他們也成為流著鮮血、衣衫襤褸的英雄從夢想中醒來，從此進入無法想像的現實。

只有極少數人，冒險家、罪犯或聖徒，無法忘記戰爭的可怕面貌，也永遠無法找到內心的寧靜。創造價值和荒廢生命的人性雙重性使他們無法安寧，被祝福的死亡和被譴責的

死亡在他們的良心中找不到等式。他們要麼必須繼續殺人，要麼必須詛咒戰爭。

杜南不再是資產者，但還不是先知。從一個小插曲就可以清楚地看出他內心的矛盾：回到日內瓦後，他對加斯帕林伯爵夫人大加指責，因為她發表了他的戰場來信。他是在「完全忘記自我的時刻」寫下的，最後他要求歸還信件。加斯帕林伯爵夫人在此事上完全沒有個人動機，這時被深深地冒犯了。她向杜南指出他本人曾明確要求出版，幾天後杜南懊悔地回應說：「我唯一的藉口是我的精神崩潰了，讓我忘記了我向您寫了什麼，讓我陷入了一種幾乎無法恢復的混亂和痛苦的激動狀態。在我所經歷的可怕時刻裡，我無法理解自己行為的全部意義。」

杜南希望康復，他不想再要別人更多地提醒自己。在清醒的日內瓦，他只為自己作為一位銀行家的不專業行為——準備做大生意，卻在戰爭的墮落景象中迷失到了幾乎瘋狂——感到羞恥。

商人再次成為最重要的人。杜南康復了，他去巴黎出差。

註釋：

[1] 威廉一世（1797-1888）：普魯士國王（1861-1888）和德意志帝國第一任皇帝（1871-1888）。他早在1858年就出任攝政，開始執掌普魯士政權。他在任內對普魯士實施軍事改革，普魯士隨之在一系列戰爭中獲勝，實現了德意志統一。

[2] 赫爾穆特·卡爾·貝恩哈特·馮·毛奇（1800-1891）：普魯士和德國軍人，德國陸軍元帥，曾任普魯士和德國總參謀長（1857-1888）。領導軍隊在普奧戰爭（1866）和普法戰爭（1870-1871）中獲勝。

阿爾布雷希特・馮・羅恩（1803-1879）：普魯士和德國政治家，德國陸軍元帥，曾任普魯士和德國戰爭部長（1859-1873）。領導了軍隊在與丹麥、奧地利和法國的一系列戰爭中獲勝。

[3] 凱撒主義指有軍國主義傾向的君主獨裁。改良主義則主張階級調和及合作，在現有政治經濟架構和基礎上逐步演變進步以實現社會改良。

[4] 盎格魯－撒克遜是五世紀初到1066年諾曼征服之間在大不列顛東部和南部地區的語言和種族相近的民族統稱。盎格魯－撒克遜國家指盎格魯－撒克遜人為主體的國家，在本書的寫作年代特指英國、美國、加拿大和澳大利亞。

[5] 保惠師指基督信仰中的聖靈（也稱為神的靈、主的靈）。

[6] 義大利是天主教地區，而日內瓦是加爾文新教地區。因為基督教不同宗派間長期互指為異端，所以日內瓦的宗教書籍在義大利引發緊張。

第五章　巴黎的輝煌

「巴黎是偉大的世界中心，思想從這裡輻射到世界的每一個角落。有些東西起源於巴黎的事實是對它永久的認可。」杜南寫道。

他為這座注定要與他的命運緊緊相連的城市的魅力所著迷。這位瑞士銀行家雖然已過三十一歲，但終其一生都沒有擺脫某種地方性的幼稚，他正確地察覺到巴黎擁有他所缺乏的東西。迄今為止，他對成功的背信棄義或金融動脈硬化的社會的道貌岸然還一無所知。

義大利軍隊在林蔭大道上遊行的聲音幾乎沒有消失過，他們頭戴象徵勝利的月桂花環，並大聲宣告他們對法國勝利支援的感激之情。巴黎似乎在權力頂峰，但實際上正處於其命運的轉折點。令人難以置信的是，當拿破崙帝國徽章上的金蜜蜂再次盤旋時[1]，它也暗示著法國光榮的上升之路有一天可能會結束。杜伊勒里宮裡那個沉默的人，個頭矮小，蒼白的長臉上留著打蠟的小鬍子，總是不停地抽著香煙，疲憊的眼睛不時向內轉動，腦子裡裝滿了關於歐洲未來版圖的明確而獨特的想法。各國政府或焦急或滿懷信心地注視著這個穿著灰色褲子、白色背心、淺黑上衣、頭戴高禮帽的溫和而神祕的政治怪獸，他正在接受奇妙的現代意識形態，並以不

可思議的能量將它們引入世界歷史。只是，在巴黎的普魯士
大使館裡坐著俾斯麥，一個冷靜的、偉大的觀察者；他的頭
腦從來沒有被酒精影響過，他享受著奧芬巴赫的音樂帶來的
悠遠快樂。俾斯麥寫過這樣的筆記：「法國有兩個有趣的女
人：皇后，我所知道的最美麗的女人；還有瓦萊夫斯卡伯爵
夫人──但沒有男人。」[2]他只用了一句話簡潔地描述了法
國皇帝的臉：「遠看，像是什麼；近看，什麼都不是。」

　　拿破崙三世的浪漫現實主義本質上不過是對《凡爾賽
條約》和歐洲會議時代的期待[3]。他本可以出色地融入日內
瓦的國際聯盟，但這在1860年為時過早，在1938年則為時已
晚。在1815年《維也納條約》的傳統中成長的外交官無法想
像少數族裔的權利：奧地利會不復存在[4]。即使是改革的沙
皇亞歷山大二世，雖然為農奴識字做好了準備，但在波蘭民
族主義的壓力下，卻越來越反動。英國首相帕默斯頓勳爵無
法想像，「半個世紀以來一直占據土地、擁有相應權利的國
家會非常有興趣與善意的鄰國討論他們關於修正邊界的所有
願望」。在義大利，拿破崙三世的軍隊正在那裡保護著教皇
反對自己的盟友皮埃蒙特民族主義者，這一直是令人擔憂的
根本性問題。不適時的自由主義的悲劇在於，它代表這樣的
權利──實現反而意味著自身的毀滅。

　　當拿破崙三世提議召開會議以「限制相互不信任造成的
歐洲過度軍備化」，並在政治緊張局勢明顯加劇的時刻開始推
動該提議時，他在朋友和敵人中都失去了務實政治家的聲譽。

　　拿破崙三世是孤獨的、懷有渺茫希望的歐洲人，因為他
憧憬著一種歐洲意識；將近八十年後的今天，這仍然是一個

渺茫的希望。他坐在波旁宮那總是過熱的房間裡，仔細推敲他對凱撒大帝偉大工作的初步研究。他請梅里美向他講授古羅馬人的宗教信仰，並派遣考古專家到德意志地區考察。而在柏林，將軍們正在仔細研究法國邊境的人員地圖。在1860年，推行普魯士政策比推行歐洲政策更容易。在阿爾卑斯山之外，德意志復興正在以普魯士風格、按照巧妙而無情的政治設計進行準備。

拿破崙三世，哈布斯堡王朝的敵人和民族原則的擁護者，以毫不掩飾的善意看待普魯士的這些準備工作；他絲毫沒有意識到德意志帝國新結構的頂點將是他的垮台。

巴黎在三十年間經歷了四種政治制度。所涉及的波旁派、奧爾良派、波拿巴派和共和派，其政治色彩各不相同[5]。此外，利用政治意見多樣性為羅馬利益服務的神職人員也有著巨大權力。到處都是感情和物質利益團體因著歷史或願景而聚集在一起。不再希望成為獨裁者的拿破崙三世也注定無法再成為獨裁者，因為他必須將自由主義的外交政策建立在自由主義的國內政策的基礎上，他樂於妥協，但搞砸了與每個人相處的場合。

他疏遠了很多人，包括那些將教皇失去世俗權力歸咎於他的神職人員、徒勞捍衛他們在那不勒斯的政治立足點以對抗加里波第的革命者的波旁派[6]、懷念逝去的路易·菲利普時代的奧爾良主義者梯也爾，以及從未原諒他政變改制的共和派。還有那些指責他的工業家，因為他與商務部長福爾德和英國人科布登簽訂了自由貿易協定，甚至連議會也未諮詢過。

他仍然有機會成功地滿足法國公眾輿論。根據與加富

爾條約的條款，尼斯和薩伏依被併入法國版圖。在敘利亞發生的殖民戰爭以及和英國人共同進軍北京的第二次鴉片戰爭中，歐洲步槍在與亞洲弓箭的對壘中取得了輝煌的勝利。但是，接下來呢？

皇帝的顧問是三流的，他們以瘋狂的審查制度與迅猛發展的知識分子反對派做鬥爭。英格蘭青年有一種捍衛他人自由權利的危險傾向。流放在澤西島的流亡者維克多・雨果一直在英吉利海峽兩岸傳播著強烈的仇恨情緒，《小拿破崙》一書出版了；它開啟了一種流行的文學時尚，在拜倫崇拜和羅塞蒂崇拜之外[7]，鼓吹了反對拿破崙的鬥爭。拿破崙三世這位義大利的解放者卻在熱愛義大利的布朗寧和欽佩義大利共和派領袖馬志尼的斯溫伯恩的詩句中成為了叛徒[8]，一大批人加入了這個文學時尚——還有鮑文、奧傑、巴克斯特等等[9]。在法國，共和派從早期領袖奧利維耶到當時尚在職業生涯之初的牛脖子甘必大[10]，越來越得勢。保皇派都德和自由派左拉寫下了他們的政治諷刺[11]。福樓拜的《包法利夫人》被起訴[12]。拿破崙在與知識分子反對派的鬥爭中敗北。1860年11月24日，他簽署了一項法令，承諾引入幾乎有英國規模的議會制。

巴黎並沒有因為左轉而變得乏趣。皇帝似乎鬆了口氣，因為這個永遠無法擺脫過去陰影的篡位者越來越向一廂情願的民主夢境投降。冉冉升起的政治明星奧利維耶是李斯特的女婿[13]。1861年3月，在巴黎歌劇院，這座柏遼茲（又譯白遼士）、羅西尼和梅耶貝爾的神廟[14]，因理查德・瓦格納（又譯華格納）的歌劇《唐懷瑟》而沸騰著野蠻的不和諧[15]：皇

帝鼓掌，梅特涅公主在激怒中折斷了她的扇子[16]，公眾一片
譁然。但巴黎曾經並且仍然是世界的中心。

對於初來乍到、試圖在這裡生活並取得成功的外來者，
巴黎困難重重，剛剛歸化入法國國籍的杜南將感受到這一
點。他重新開始為蒙斯－傑米拉的磨坊場而鬥爭，但他對迷
宮般的接待廳和沙龍感到惶惑，那裡的鏡子可疑地反射著懇
求者的不同側面。沒有什麼比感覺自己受到威脅並且人人彼
此為敵的統治階級的機制更不透明，高層權力相互抵消，祕
書和低層官員掌握著實際的權力運作，決定常常在下達之前
即被撤回。

杜南竭盡全力，他認真地學習那些在法蘭西第二帝國取
得成功所需的間接祕法：他從不錯過每一個晚宴或派對，他
努力結識每一個重要人物。他與天主教徒、知識分子、猶太
人、俱樂部和學術團體都保持著良好的關係。1859年11月7
日，在民族志學會上，他描述了一名年輕的奧地利戰俘在蘇
法利諾戰役中頭髮變白的案例，地理學家科騰貝爾在他關於
各民族頭髮特徵的專著中立即引用了這個難以置信的事實。

然而，所有這些雄心勃勃的努力收效甚微，他被禁止
建造那些穀物磨坊場運轉所需要的瀑布。事實上，一個競爭
對手突然出現了，威脅要從他手中奪走整個計畫。1859年11
月，他向皇帝呈送了一份新的備忘錄，但皇帝在巴黎似乎在
比蘇法利諾更遙不可及。

為什麼杜南沒有走得更遠？他比其他人更聰明、年輕、
冷靜、有活力。但是，當與重要人物坐在林蔭大道旁裝有暖
氣的豪華餐廳裡共進午餐時，他經常會透過酒氣和滾燙的食

物，凝視著來自卡斯蒂廖內教堂的飢渴面孔。他會談論蘇法
利諾，而不是蒙斯－傑米拉。卡斯蒂廖內的法國軍需官因為
就餐時間被杜南尋求幫助所擾亂而漲紅的臉，這時會在杜南
記憶中變得更加清晰。在這種時候，杜南會說一些令人不快
的、非常不友好的話。坐在對面的法國紳士們的愛國心會被
這個年輕人如此粗暴地攻擊政府的不理性態度所震驚。談話
將禮貌、不置可否地繼續，但杜南的市值開始下降了。

　　失望的杜南返回日內瓦。他還沒有看到只有反叛者才
能跨越的巨大鴻溝，這鴻溝隔開了創造歷史的人和被歷史折
磨的人。誰愛看傷殘者展示他的傷殘呢？他背負著自己的經
歷，就像痲瘋病人擺脫不了病症一樣。慷慨寬厚的人會想：
「他誇大其詞了。」心懷惡意的人會說：「他談的都是莫須
有的危險暴行。」但是，蘇法利諾的駭人真相變成了存在於

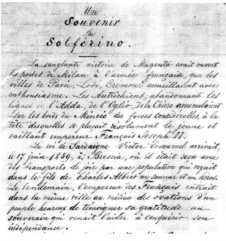

《蘇法利諾回憶錄》手稿（左）和該書初版封面（右）

年輕的杜南先生頭腦中的精神痛苦。

　　他就像一個遇難的水手，漸漸遠離了他定居的資產階級安全海岸，他竭盡全力對抗那些驅使他越來越遠離的力量。他對自己的世界感到陌生和懷疑，因為他永遠無法明瞭或理解自己所經歷的一切。但他無法忘記，他不想完全放棄，所以他必須努力讓自己明白。他決定寫下自己的可怕經歷。

　　杜南開始工作，彷彿通過這種坦白，他的良心會得到安慰。他把自己關了起來，他保守著自己的計畫像堅守祕密一樣。「我猶豫了很久，才決定寫一篇簡短的紀錄，描述那些我不幸目睹的絕望場景。」起初，他的本意並不是「把公眾帶入恐怖的蘇法利諾戰役之後他目睹的痛苦可怕的場景」。即使寫作時，他也沒有想過讓自己成為大眾宣傳工具。這本書是為他的「家人和眾多朋友」私下印刷的，他想解釋這個似乎成為他自己人生災難的事件，而這一任務高於他自身。

　　　　當我祕密寫下《蘇法利諾回憶錄》時，我似乎被一種更高的力量所支配，被一種神聖的氣息所鼓舞。在內心充滿被壓抑的亢奮中，我被一種不明確但根本的直覺所征服，將我的工作轉化為更高意志的工具。我應該幫助完成一項神聖的工作，它在未來將有不可估量的發展以造福人類。這種預感驅使著我，好像我是被迫的……。這種能量來自天堂，因為，真的，我不再想自己了。這些回憶必須寫下來，我不能用任何其他方式表達。蘇法利諾深沉而痛苦的震撼必須通過這份如實描述我親眼所見的簡短記錄傳播開來、讓其

他人感同身受。這樣，令我心潮澎湃的人道主義理念
就能夠開花結果、發揚光大。

當閱讀《蘇法利諾回憶錄》時，尤其是將它與杜南以
前的文學寫作進行比較時，人們不能不承認他在神聖的靈感
下創作的感覺是真實的。沒有冗長的的語言，也沒有可疑的
悲情。這本書是一本涵蓋戰役中諸多事件的誠實、簡潔的文
件，它分為三個部分：戰略描述、杜南的個人經歷以及他對
未來的訴求。

杜南是一個令人震驚的現實主義者，在現實和回憶之間
是漫長的三年，但蘇法利諾的地獄卻無法磨滅地銘刻在他的
腦海裡。無數形式的悲痛，絕望的、被消聲的長久吶喊，被
他無情的筆重新賦予了生命。他力求最大的準確性，匯集了
豐富的材料。他讓瑞士人本傑明・穆勒上尉準備了一張蘇法
利諾附近的地圖，上面專業地標註了三支軍隊的位置。勒孔
特中尉向杜南提供了他的戰術數據。杜南也引用了貝特朗醫
生和波利蒙醫生已發表的文章，但與路易斯・阿皮亞博士的
接觸對他特別有幫助。

阿皮亞來自皮埃蒙特家庭，他的父親是一名牧師；他
本人出生於美因河畔的法蘭克福，並在1848年革命時離開德
國、定居日內瓦並成為日內瓦公民。他是福音協會成員，這
個德意志－義大利裔新教徒是一個獨特的、尚武的撒馬利亞
人。作為一名醫生和前普魯士人，他對軍人和戰爭涉及的精
湛工藝並不像杜南那樣陌生。戰爭爆發時，他忙於創作他的
作品《救護車醫生及火器傷痕的實踐研究》。帶著他的書的

校樣和他發明的傷員運送裝置，他立即趕往蘇法利諾和各戰區。他擔任過醫學觀察員和人道主義援助人員，他在皮埃蒙特和倫巴第的醫院分發了從日內瓦寄給他的兩千公斤做繃帶用麻布。在德森札諾，他向著名的法國外科醫生拉雷展示了他的儀器。他似乎是第一位為外國軍隊提供服務的中立平民醫生。在給他的朋友、日內瓦醫生莫努瓦博士的無數信中，以及在《日內瓦期刊》的文章中，他描述了他作為醫生的各種觀察，包括截肢、傷口的破傷風、新藥氯化鐵和植物毒素，以及麻醉效果在這次戰爭的軍事手術中得到了首次測試的氯仿。他缺乏杜南的感性和人情味，但他的證詞因其高超的專業知識而格外有價值。但無論是有經驗的外科醫生，還是沒有經驗的平民，都充滿了無力感和無助感。1859年，阿皮亞用十六世紀偉大的外科醫生安布羅斯・帕雷的話結束了給莫努瓦博士的一封信[17]：「我給他包紮了，上帝治癒了他。」

杜南和阿皮亞顯然沒有在義大利會面。1860年1月，撒丁國王維克多・伊曼紐爾二世授予兩人聖莫里茨和拉撒路勳章，以表彰他們的服務。回國後，他們能在日內瓦交流經驗。

阿皮亞視戰爭為命中注定的事，所以從來不會認真質疑戰爭，但杜南則是一個憎恨戰爭的人。他的貢獻並不在於他首先提出了為傷員提供中立救助的想法；因為對人類的必要性和迫切性，這個想法不可避免會出現。與杜南沒有關聯，同時期的義大利人帕拉夏諾和法國人阿羅也在推動這一想法[18]。杜南的功績在於《蘇法利諾回憶錄》，這本書以細緻的刻畫和深厚的精神力量向冷漠的人類揭示了戰爭的真實

面目，給了不情願的商人杜南另一種人生選擇——奉獻餘生來抗爭戰爭的恐怖。

　　在戰爭開始時以及在蘇法利諾當天，勇敢的士兵充滿了對光榮的熱愛究竟成就了什麼，以至於蔑視自己的生命，英勇地殺戮自己的同胞，肆無忌憚地讓他們流血？不可抗拒的感染性熱情被火藥味、喇叭聲、行軍號、大砲轟鳴和子彈呼嘯所強化，這早期戰鬥中使他忘記了危險、痛苦和死亡的勇氣在哪裡？在倫巴第的許多醫院裡，人們可以看到為這一切付出了多少代價，人們所說的「光榮」這個驕傲的詞是什麼意思，以及這種光榮來得多麼寶貴。

　　但是，為何要重溫那麼多讓人煎熬和悲傷的記憶，喚醒如此痛苦的感情？如此坦然地描述這麼可怕的細節並在讀者面前展開如此絕望的畫面有什麼益處？

　　這個很自然的問題必須由另一個問題來回答。

　　難道不能在和平時期在所有國家建立救護協會，讓有充分準備的志願者在戰時不分國籍地照顧傷員嗎？既然在未來人們將毫不內疚地繼續互相殘殺，既然最大的軍事榮耀將在於摧毀盡可能多的生命，既然人們總是與約瑟夫・德・邁斯特一起斷言戰爭如同神蹟[19]，既然人們每一天都以一種不可理喻的毅力去設計出更可怕的破壞手段，而這些謀殺工具的發明者將被歐洲國家的軍備競爭更多地煽動，為什麼不利用一個相對和平與寧靜時期來解決我們提出的這個從人類

和基督教的角度來看有最大的意義的問題？……

這就是本書的目標。

這類協會，一旦永久建立，在宣戰的那一刻就完全準備好了。在每個國家，它們都必須包括最受尊敬和最傑出的人作為其領導委員會的成員。它們會向所有在真正人道情感感召下願意立即投身於這項福利工作的人發出呼籲。該工作將包括在戰爭爆發後立即在戰場上提供急救和護理，與軍事當局達成友好協議並在他們的指導下在後方醫院照顧傷員，直到傷員康復……為此，我們需要志願護士。她們經過預先培訓並熟悉任務。交戰雙方軍隊的指揮官將公開承認她們，並在她們履行職責時以各種方式提供支持……

必須向所有國家和所有階級的人民、世界上最偉大的人物和最卑微的勞動者發出的呼籲，敦促他們以自己的方式，在自己的領域，依照自己的能力，參與這個良善的工作。這一呼籲應該發給男人和女人，在寶座上擁有權力的公主、（神的）忠實的僕人、可憐的孤獨寡婦，以及每一位願意為減輕同胞痛苦而獻出最後一絲力量的人。它也應該發給將軍、元帥、慈善家、作家，他們的命令、捐贈或作品可以為一項涉及全人類、每個國家、每個民族、每個家庭的事業服務。因為沒有人可以確知他將永遠免於戰爭的苦難。

必須召開代表大會，制訂一項國際認定的神聖原則，一旦被接受和批准，就可以作為歐洲不同國家傷員救護聯盟的基礎。

　　人類和文明迫切需要這樣的行動。哪個王子、哪
個統治者會拒絕支持這些聯盟？……在自己的子弟們
為保衛國家而戰時，任何國家都不能無動於衷……

　　這些聯盟一旦永久成立，也可以在發生瘟疫、洪
水、火災和其他不可預見的災難發生時提供出色的服
務。人類的同胞之愛這一個共同精神源泉將使創建這些
聯盟成為可能，也將促使這些聯盟在需要時做出反應。

　　即使各國現在擁有的可怕的破壞性手段似乎可以
縮短未來的戰爭，但戰鬥將更加凶殘。在我們這個被
不可預見性深刻影響著的世紀裡，這樣的戰爭會不會
出乎意料地突然爆發？

　　這樣的考慮難道不是讓我們有充分基礎對戰爭忽
然爆發不至於驚慌失措嗎？

　　很少有任何烏托邦構想能像亨利・杜南的夢想那樣以驚
人的速度實現。呼喚人道，並呼籲建立聯盟以對抗世世代代
的邪惡，這是無害的理想主義者的特權。但對於一個普通公
民來說，抓住最直接體現國家權力血腥現實的龐大戰爭機器
的車輪似乎是難以置信的大膽。

　　《蘇法利諾回憶錄》的精妙部分體現了通俗的智慧，這
一獨特風格源於作者的天然能力。即使普通人也可以充分明
白達成作者期望的成就是完全可能的。這是一個並非只是天
馬行空的烏托邦構想，它開放給每個人的想像。杜南的外交
技巧力求切實工作，戰爭的敵對雙方和軍國主義者都無法不
同意這些實際建議。事實上，紅十字會的所有基本理念都包

含在幾個方面——提前準備的理念、醫生和護士的中立化、統一的標誌、將其活動範圍擴大到包括自然災害。一次又一次反駁這一事實的努力注定徒勞無功——《蘇法利諾回憶錄》的內容毋庸置疑地表明杜南是紅十字會的精神之父。

他的書取得的成功超出了所有人的預期。即使在他寫這本書的時候，杜南也很清楚，他原計劃的親友圈太窄了。他將完成的手稿寄給了杜福爾將軍。同一天，這位傑出並且很有影響力的瑞士將軍就寫給他一封信，用作第一版的序言。

> 人們必然能從像您描述的這些駭人聽聞的事例中了解戰場的榮耀是在苦難和眼淚中付出代價。人們太傾向於只看到戰爭光輝的一面，而對戰爭的悲劇性後果視而不見⋯⋯
>
> 最好直接關注人道主義問題。在我看來，這本書非常適合這樣的目的。通過所有國家的人道主義者的合作，對這本書進行認真澈底的研究，可以找到解決方案（1862年10月19日）。

1862年11月，杜南自費出版了一千六百冊《蘇法利諾回憶錄》，由菲克在日內瓦印刷。在巴黎、都靈、聖彼得堡和萊比錫，人們瘋狂搶購這本書。一個月後又需要再印一千本，1863年3月又印刷了第三版的三千本。

杜南知道如何將他的書送到合適的人手中——這進一步證明了他的宣傳天賦。這本書被送到了戰爭部長的辦公桌上、主要報紙的編輯部以及王后的寢宮中。

　　杜南的號召力一夜之間轟動了歐洲，《蘇法利諾回憶錄》被譯為德文、英文、義大利文和瑞典文。1863年2月15日，當時仍然是歐洲社會主流刊物的《辯論雜誌》上出現了一篇連普魯士王后都印象深刻的聖馬克・吉拉爾丹教授的長篇文章。突然間，杜南成了沙龍裡的話題。

　　龔古爾兄弟是巴黎當代事件的聰明但迂執的編年史家[20]，在他們1863年6月8日發行的期刊中指出：「這本書以詛咒戰爭結尾。」維克多・雨果後來在給杜南的一封信中寫道：「我以最大的興趣閱讀了您的書。您在武裝人類，為自由服務……。我熱情地支持您的崇高努力，並向您致以最衷心的祝福。」在研究所的一次聚會上，杜南遇到了歐內斯特・勒南[21]，這位舉世聞名的哲學家向他致意：「您創造了本世紀最偉大的作品，歐洲可能會非常需要它。」蘇伊士運河的建造者斐迪南・德・雷賽布遇到了杜南，當時他自己龐大而尚未完成的工程正經歷著最嚴重的危機和敵意，他說：「關於您的成功，我知道很多，這也鼓勵我堅持下去。」1863年初，查爾斯・狄更斯在他的被英語世界人們虔誠閱讀的週刊《一年四季》中詳細地分析了這本「旅行愛好者」的書籍以及杜南為減輕戰爭苦難而進行的勇敢艱難的嘗試[22]，他稱杜南的嘗試是代表神意的英雄拯救。

　　只有長期以來對年輕的杜南先生持有懷疑態度的法國軍事當局毫無熱情。當海軍上將富里雄將一本《蘇法利諾回憶錄》交給戰爭部長蘭登元帥時，蘭登憤而歸還，他說：「這本書是為反對法國而寫的！」

　　當維蘭特元帥被要求支持杜南的努力時，他正式回答

說他不想聽到任何關於此事的消息，他遺憾焚毀被攻陷的城市、屠殺戰俘和傷員的戰爭歲月已經過去；他喜歡重複這個觀點，因為他覺得這反映了自己的豐功偉績。至少，老將軍的坦率儘管殘暴，仍是對軍人信條的真誠表白，這與故作憐憫的軍事政客的道貌岸然形成鮮明對比。軍事衛生局局長勒格斯特在一次關於該領域衛生服務的講座中說，杜南的建議誇大其詞，這同樣會妨礙所有軍事力量履行職責。

註釋：

[1] 拿破崙一世選擇蜜蜂圖案的王朝徽章。蜜蜂象徵著實幹與秩序，但壽命短暫。

[2] 瑪麗－安妮・瓦萊夫斯卡（1823-1912）：法國朝臣和貴族。她是拿破崙一世的私生子，曾任法蘭西第二帝國外交部長的亞歷山大・科洛納・瓦萊夫斯基（1810-1868）的妻子。她在1868年至1870年期間擔任歐仁妮皇后的榮譽女勳爵。她以優雅聰明與人為善而聞名。她曾是拿破崙三世的情婦。

[3] 《凡爾賽條約》是第一次世界大戰後協約國（勝方）和同盟國（負方）於1919在巴黎的凡爾賽宮簽署的和約。作為主要協約國之一的法國對《凡爾賽條約》的達成有重大影響。

[4] 奧地利在十九世紀是德意志為主導民族的多民族、地域遼闊的歐洲大國（之前為奧地利帝國，1867年改制為奧匈帝國），第一次世界大戰後被分割成多個小國。形成的奧地利第一共和國僅保有原帝國的德意志民族聚居區，在1938年至1945年間被納粹德國吞併，第二次世界大戰後重新獨立。本書1938年首次出版時奧地利剛剛被吞併。

[5] 波旁派支持法國波旁王朝查理十世（1824年至1830年在位）及其後代。奧爾良派是擁護波旁家族奧爾良系的君主立憲主義分子，在路易・菲利普（1830年至1848年在位為法國國王；之前為奧爾良公爵）的七月王朝時期，該派達到權勢的頂峰。波拿巴派支持拿破崙家族。以上政治派別為支持對象不同的保皇派。共和派則主張共和體制，法國在1792年至1804年及1848年至1852年為共和體制。

[6] 波旁王朝是歐洲歷史上的跨國王朝，它在那不勒斯的統治於1860年告終。

[7] 拜倫：見第一章註12。

加百利・羅塞蒂（1828-1882）：英國畫家、詩人和翻譯家，是藝術團體前拉斐爾派的創始人之一。

[8] 羅伯特・勃朗寧（1812-1889）：英國詩人、劇作家。

阿爾加儂・斯溫伯恩（1837-1909）：英國詩人、劇作家、文學評論家。

[9] 弗朗西斯・鮑恩（1811-1890）：美國哲學家、作家和教育家。

喬治・奧傑（1813-1877）：英國工會領袖，參與領導過倫敦行業協會和國際工人協會（也稱第一國際）。

威廉・愛德華・巴克斯特（1825-1890）：英國政治家、遊記作家和商人。

[10]埃米勒・奧利維耶（1825-1913）：法國政治家，在法蘭西第二帝國由專制帝國過渡到開明帝國中發揮了重要作用，他也是1870年向普魯士宣戰的法國總理。

萊昂・甘必大（1838-1882）：性格強悍的法國共和派政治家。法蘭西第三共和國成立後曾任眾議院議長（1879-1881）和總理兼外交部長（1881-1882）。

[11]阿爾封斯・都德（1840-1897）：法國小說家。代表作有《最後一課》、《柏林之圍》。

[12]古斯塔夫・福樓拜（1821-1880）：法國文學家，著有《包法利夫人》、《薩朗波》、《情感教育》等小說。1856年他的作品《包法利夫人》在《巴黎雜誌》上連載，因內容敏感而被指控為淫穢之作；後來經法院審判無罪，開始聲名大噪。

[13]費倫茨・李斯特（1811-1886）：匈牙利作曲家、鋼琴家。重要作品有《匈牙利狂想曲》、《愛之夢》、《浮士德交響曲》等。他創造了交響詩作為新的音樂形式。李斯特有兩個女兒，他的另一個女婿是下文提及的瓦格納。

[14]埃克托・路易・柏遼茲（1803-1869）：法國作曲家，以1830年寫的《幻想交響曲》聞名。

焦阿基諾・安東尼奧・羅西尼（1792-1868）：義大利作曲家，創作過大量歌劇以及其他音樂作品，在法國生活多年。

賈科莫・梅耶貝爾（1791-1864）：猶太裔德國作曲家，創作過大量歌劇，長期在法國生活。

[15]威廉・理查德・瓦格納（1813-1883）：德國作曲家、劇作家，以其歌劇聞名。重要作品有《尼伯龍根的指環》、《帕西法爾》、《唐懷瑟》等。他的浪漫主義歌劇中有強烈的民族主義情緒，對德意志民族主義的發展有推動之功。《唐懷瑟》的歌劇結構不符合當時巴黎歌劇在第二幕中加入芭蕾舞劇的行規，所以被貴族觀眾們鬧場。

[16]寶琳・馮・梅特涅（1836-1921）：活躍於維也納和巴黎的奧地利著名社交名媛。她的丈夫理查德・馮・梅特涅親王（著名首相梅特涅的兒子）在1859年至1870年出使法國，她出入法國宮廷，成為歐仁妮皇后的密友。她

是德國作曲家理查德・瓦格納作品的重要宣傳者，她向拿破崙三世推薦在巴黎歌劇院上演《唐懷瑟》。

[17] 安布羅斯・帕雷（約1510-1590）：法國外科醫生，外科和現代法醫病理學奠基人之一，也是外科技術和戰場醫學的先驅。他還是手術器械發明家。

[18] 費迪南德・帕拉夏諾（1815-1891）：義大利醫生和人道主義者。他曾在義大利統一前的那不勒斯王國的波旁軍隊擔任醫生。1848年，他在政府打擊反叛者的運動中發表了一句話：「傷員，無論他們屬於哪支軍隊，對我來說都是神聖的，不能被視為敵人。」當時的波旁軍事指揮官命令他們的醫務人員不要治療叛亂分子。帕拉夏諾因不服從命令被判處死刑，但被國王斐迪南二世減刑，在獄中度過了一年。1861年在義大利統一的幾週後，帕拉夏諾在一次學者會議中宣布：當各國相互宣戰時，他們需要遵從傷員中立化原則；各國需要進一步承諾在敵對行動期間無限制增加醫務人員。

亨利・阿羅（1799-1887）：法國藥劑師和人道主義者，也是法軍外科和藥物材料供應商。他在1861年出版了一本小冊子提出了改進戰場傷員救援的新計畫，他呼籲法國當局促成並批准一項特定的國際公約，以確保傷員和醫務人員在戰爭中的中立地位。由於阿羅政治上傾向共和派，法蘭西第二帝國政權對他的呼籲不予考慮。

[19] 約瑟夫・德・邁斯特（1753-1821）：是薩丁王國的哲學家、作家、律師及外交官。他曾為階級社會與君主制辯護。他擔任過薩丁王國的議員、駐俄羅斯大使和宮廷國務大臣。

[20] 龔古爾兄弟：法國作家愛德蒙・德・龔古爾（1822-1896）和他弟弟朱爾・德・龔古爾（1830-1870）。兄弟倆合作寫作，重要作品有《翟米尼・拉賽特》、《少女艾爾莎》、《親愛的》等。另外，他們堅持數十年寫作的多達二十二卷《龔古爾日記》是研究法蘭西第二帝國和第三共和國時期文藝界情況的重要史料。

[21] 歐內斯特・勒南（1823-1892）：法國的中東古代語言文明專家、哲學家、作家。他以有關早期基督教及其政治理論的歷史著作而著名。

[22] 查爾斯・狄更斯（1812-1870）：英國著名作家、評論家。他的作品常常表達出他對社會的看法和批判，揭示階級與貧窮問題，直指英國的社會不公。重要作品有《霧都孤兒》、《雙城記》、《大衛・科波菲爾》等。他創辦了文藝月刊《家常話》和文藝週刊《一年四季》。

第六章　風靡沙龍

　　不能說一場群眾運動因應執行杜南的籲求而興起。在和平時期，戰爭太不真實，因此不能成為大眾宣傳的主題。只有軍火商、外交官和少數知識分子清楚地了解他們正在助長或努力阻止的戰爭的邪惡。因為其雙重方面，杜南的提議受到那些認為可以因此提高軍隊效率與戰鬥力的人的歡迎，如同厭惡戰爭恐怖的人也歡迎這些提議一樣。一種緩解良心不安的實用方法被找到了，各色人等，包括牧師、士兵、政治家、社會女性和真誠的和平之友等等，都本能地理解了《蘇法利諾回憶錄》的含義。

　　在郊區的奧爾良派圈子裡，在第二帝國的沙龍裡，在研究所和學院裡，有很多關於杜南的討論；參與的有紅衣主教和主教、參議員和部長、巴薩諾公爵、費岑薩克公爵、羅漢公爵，克里永公爵、德布羅意公爵，以及諸如奧爾良派「第一夫人」聖奧拉里爾伯爵夫人等有影響力的女士，還有著名的德・斯塔爾夫人的孫女德・斯塔爾女男爵[1]。陶醉在這些對他來說意義非凡、如童話般顯赫的名字中，杜南搖搖晃晃地登上了這個塵世等級的階梯。每一個民主國家都會發展出社會性排斥的永恆弱點，而這個1860年代的日內瓦貴族通過巴黎的迂迴小路成為了一個真正的歐洲人。

　　但在日內瓦發生的事件對杜南的事業更為重要，如果沒有幾個勇敢但務實的公民幫助他，巴黎的杜南風潮會迅速銷聲匿跡。

　　在他的書出版後不久，準確地說在1862年底，以前只是泛泛之交的古斯塔夫・莫瓦尼埃先生出現在杜南的客廳。莫瓦尼埃先生回憶說：「我一讀完《蘇法利諾回憶錄》，就趕緊去找杜南先生祝賀他。」

　　這是一次宿命性的相遇，因為莫瓦尼埃作為對手出現了，而他的理性的頭腦是杜南永遠無法匹敵的。兩人都為紅十字事業做出了巨大的貢獻，但他們之間肯定從一開始就產生了根深柢固的本能抵觸：他們屬於對立的兩極。

　　「當杜南向我證實他沒有將靈感變為現實的計畫時，我的反應讓他驚訝。」

　　莫瓦尼埃是一名律師、一名官員，他也是一位虔誠的新教徒、一本使徒保羅傳記的作者[2]，但他確實與覺醒運動的「開明」圈子相去甚遠。「好作品」在他看來是一門社會科學，直覺和想像力是他敵視的概念，時尚社會對他來說是陌生的。統治莫瓦尼埃世界的不是外交官或人類脆弱的關係網，而是邏輯法則和理性道德，一個沒有組織的想法對他來說是空洞不實的。他思考解決問題的途徑，他堅信只有以冷靜的方式才能戰勝災難。對他而言，用過度感性的悲情訴求打動群眾的心靈似乎有害。他是日內瓦公益協會的主席，他曾代表該協會出席在布魯塞爾（1856年）、法蘭克福（1857年）和倫敦（1862年）舉行的國際會議。在倫敦，他聆聽過弗洛倫斯・南丁格爾的〈軍隊中的衛生服務及其在赫伯特

創立紅十字會的五人委員會：古斯塔夫・莫瓦尼埃（左上，1826-1910），路易斯・阿皮亞（左下，1818-1898），吉勒姆姆・亨利・杜福爾（中，1787-1875），亨利・杜南（右上，1828-1910），西奧多・莫努瓦（右下，1806-1869）。

勳爵領導下的改革〉這一令人難忘的演講，他很熟悉這個問題。在杜南的書中，他發現了建設性解決方案的可能性。作為議會、各種會議和決議的參與者，他發現很難理解這個強大的計畫只有一個簡單的簽名：亨利・杜南。這已經接近於空想了。

莫瓦尼埃向杜南承諾日內瓦公益協會的支持，該協會於1863年2月7日舉行會議，一切都還很模糊。會議中報告和討論了《蘇格利諾回憶錄》的片段。勞姆先生懷疑一個幫助傷員的組織能否「激發人們的活力或熱情」，他的意見似乎是即將在柏林舉行的慈善大會應該專注於這個問題。最後，當天的會議一致決定委託一個委員會進一步研究此事。

十天後，這個委員會召開了會議，它由五個人組成：杜福爾將軍、兩位醫生——莫努瓦博士和阿皮亞博士、古斯塔

夫‧莫瓦尼埃和亨利‧杜南。

這五人實現了杜南的偉大計畫，他們創立了紅十字會。

即使在第一次會議上，杜南和莫瓦尼埃之間的觀點分歧也很明顯。莫瓦尼埃堅持走法律路線——9月的柏林慈善大會應該就傷員救護協會的權宜方案做出裁決。

杜南想要的遠不止這些，正如日內瓦公益協會1863年2月17日的會議紀錄所表明的那樣：

> 必須讓公眾明白，我們正在考慮的工作不僅僅是將志願護士送往戰場的問題。杜南想讓公眾明白我們的計畫要走得更遠。它包括改進傷員運送方法、改進醫院服務、普遍引入和應用治療傷病士兵的創新發明、為這項工作創建一個真正的博物館（這對平民也將是有益的）。根據他的建議，委員會必須是常設的，必須不斷受到國際聖潔之愛的真正精神鼓舞。它必須促進各種物資的運送、免除關稅、防止物資浪費等。也期望各主權國家都會支持這項工作。最後，杜南先生特別堅持他在書中提出的要求——文明國家必須承認一項國際性、神聖的原則，由政府之間的某種公約來確定和保證。此外，它還可以保護每一個致力於戰爭醫務服務的官方或非官方人員。

莫瓦尼埃討厭誇張——杜南的要求將超出任何國家內閣的權力，這讓他不禁要輕蔑地淺笑這位視一切都是如此簡單的年輕同胞。但是，只有日內瓦公益協會一百八十名成員支

持的委員會不這麼認為。可敬的杜福爾將軍可稱為歷史上最
人道的戰爭製造者，他認為整體方案必須「首先強調獲得歐
洲帝王和國家一致同意的必要性」。阿皮亞是穆夫提的軍
醫，他希望「獲得所有可能對我們有用的文件，並立即與各
國最高軍事當局建立聯繫」。莫努瓦博士是所有人中最不明
確的，他的個性在很大程度上反映了他的同事們對他的尊
重，他建議：「讓鼓動——如果有人要這樣表達的話——開
始吧，這將在全世界範圍內——無論是上層還是下層，包括
歐洲的君主和廣大民眾——拓展對我們觀點的認可。」

　　頓時，他們似乎都被落到自己頭上的使命牢牢抓住了。
莫瓦尼埃本人提議「該委員會將自己構成一個『常設國際委
員會』」，這一自我提名獲得一致通過。仍然沒有一個參與者
完全預見到他們剛剛開始的工作終將具有的巨大規模。杜福
爾將軍在第二次會議上說：「我們必須明確範圍，然後其他
人就會來加入並開闢道路。」儘管對於持懷疑態度的觀察者
來說最初的決議似乎是誇大妄想，它奠定了三個重要的基礎
——運動的國際主義、運動在日內瓦的集中化以及不受黨派
或宗教束縛的自由。

　　五個人，沒有職位或權力，可以發起一項具有世界歷史
意義的事業，他們可以成功地完成這項事業，而沒有立即陷
入政治傾向或政府侵占的羅網中，這將永遠是證實十九世紀
之偉大的最有力證據之一。1918年的國際聯盟，這個龐大、
混亂、耗資高昂的機構，從來沒有做過任何事情可與這個人
道的平民行動相比。

註釋：

[1] 德・斯塔爾夫人：傑曼・德・斯戴爾（1766-1817），祖籍瑞士法語區的法國文學家和傳奇女性。她的重要作品有《戴爾芬》、《科林娜》、《關於德意志》以及若干政治哲學評論。她交遊廣泛，對政治涉入很深，以致拿破崙視她為女陰謀家，執政期間將她從法國驅逐出境。本書此句涉及的其他人是當時法國上層社會的知名人物。

[2] 使徒保羅是西元一世紀至關重要的基督福音傳播者，新約聖經諸書卷約有一半是由他所寫，包括著名的《羅馬書》、《哥林多前書》、《加拉太書》等。保羅出身猶太民族的便雅憫支派，但專門向非猶太人傳播福音，一生中進行了至少三次漫長的宣教之旅，建立了很多教會，所以被奉為外邦人的使徒。約在西元67年，保羅於羅馬殉道。

第七章 美國內戰

　　莫努瓦博士關於鼓動的提議一定像閃電一樣擊中了杜南，從那一刻起，他進入了一種近乎狂喜的躁動狀態，這種狀態驅使他從歐洲的一端到另一端。這個本質上膽小、在公共場合幾乎無助的人失去了所有的克制感，沒有不向他敞開的門，沒有他邁不過的門檻，也沒有任何偉大的地球人能夠逃脫他的大使館的熱情。毫無疑問，他是一個痴迷的人。他的小個子形像很有風格——臉被黑色的鬍鬚框住，下巴乾淨。他溫和而銳利的目光總是專注於目標。他穿著黑色禮服，上面有交叉的真絲領結，襯衫前襟很硬，背心上繫著長長的錶鍊，鈕釦孔裡繫著勳章緞帶，看起來像一位法國地方學校的校長。這張臉上沒有刻著思想、痛苦或命運的線條，這是一張和善、開朗和稚氣的臉龐，帶著聰明商人的協商表情。只有敏銳的觀察者會非常緩慢地懷疑這也是一張孤獨的臉，杜南沒有快樂。他是一個永遠在尋找人脈，用真正的收藏家的熱情追蹤人脈，並知道如何管理他們的人，他沒有任何真正的知己。他不知道友誼的親密，他沒有被人愛過，他也沒有愛過誰，或者看起來如此。在他老年時的回憶裡，他寫著老人的閒言碎語，提到了幾十個名字，卻沒有一個已知的名字深深打動他的依戀，沒有不堪回首的離別，也沒有難

以忘懷的幸福。

他擁有幸福的所有要素，但他從未成功地將它們結合在一起。在蘇法利諾之後，他再也無法區分自己和世界的生活界線。他要的是全世界的幸福，而不是他自己的幸福。他感受到世界的需要，而不是他自己的痛苦。於是，他成為了一個有遠見的人，一個改革者，不滿足感使他有越來越強烈的夢想。他的虛榮心非常特別，這是一次幾乎絕望的拯救和證明自己有靈魂的嘗試，因為他自己的生活越來越不堪重負，越來越被他對世界的關注所碾滅。

在那些日子裡，他的樂觀席捲了前面的一切，也席捲了他自己。因為他的願景如此，所以他詮釋了現在。他的思辨和想像力不依賴任何人，甚至幾乎不依賴他自己，他根據自己的願望塑造和著色事實，並經歷了它們符合自己意願的奇蹟。金錢在他的心目中同時扮演了極其重要和極其不重要的角色。在日內瓦，虔誠與利益密不可分，財富是上帝的獎賞。但和所有銀行家一樣，他失去了對這些東西的標準。他的神聖事業越繁榮，他的生意就越糟。利潤意味著要以此貢獻事業，他無所顧忌地把錢投入到他的計畫中，事業在他的手中蓬勃發展。他不再知道塵世和天國的利益有不同的市場評級，慈善不能擾亂財務平衡。

在委員會首次會議後的第二天，杜南前往巴黎，這是他頻繁去巴黎旅行中的一次。他隨身攜帶了發表在《辯論雜誌》上對他的回憶錄的評論文章。最終他希望玩轉巴黎，最重要的是要翻越那道自蘇法利諾以來就將他與拿破崙三世隔開的無形高牆。得失相半，他沒有機會覲見皇帝，但他找

到了新的有影響力的朋友和熱情的追隨者，特別是將成為最熱心的傳播者之一的瑞士籍上校胡貝爾・薩拉丁，以及阿道夫・德・賽爾伯爵。上校開始與杜南長期通信，並於1863年11月23日寫給他這封高貴的預言信：

> 東西兩半球目前的情況證明您的努力非常合理。經過很長一段時間，至少在表面上，各國似乎已經達到了共同的文明程度，願意通過和平談判解決分歧，並且只使用武器來征服不那麼先進的種族。在經歷了這個永恆和平的幻影欺騙了這麼多傑出人士的時期之後，我們再次面臨普遍化的訴諸武力，這可能會導致法律和外交都無法影響的決定。很可能會爆發一系列龐大的戰爭，因此在歐亞非大陸和美洲大陸所有的地方，依照人道的需要來達成這些問題的解決方案將永遠是對正義忠實的追隨。所以您來得正是時候，沒有哪個國家不需要您的關注和支持。我相信您的名字可能屬於值得人類永遠銘記的少數之列。

　　拿破崙三世沒有說話，他坐在位於維希的新宮殿裡為他的士兵設計熱帶制服，這些士兵正死於瘧疾和黃熱病；他開始了他職業生涯中最無聊的戰爭——墨西哥戰爭，這是一個冒險的投機，有著悲慘可怕的結局。法蘭西第二帝國的正義幃幕又一次拉開了，卻是介於虛空妄想和輕率陰謀之間的平庸。這一次，它更像是一個正在衰老的人越來越急迫地尋求政治出路的絕望行為。自從他早年住過紐約百老匯的華盛頓

酒店以來，美洲的問題就一直困擾著他。當他在漢姆要塞坐牢時，他勾勒出拿破崙運河的計畫，這是對巴拿馬運河的預言。盎格魯－撒克遜人越來越排擠法國在美洲大陸的影響，而這個大陸的新羅馬化設想在他腦海裡暗流湧動。與此同時，他感覺到一個機會，可以通過建立一個新的哈布斯堡王朝來安撫他的老對手弗朗茨·約瑟夫。新的桂冠似乎很容易贏得，並有助於掩蓋他內心的政治衝突；因此，他非常樂意讓一群為墨西哥政府債券的價值而顫抖的陰謀家、代理人和銀行家將他帶入這場熱帶揮霍[1]。

腐敗似乎在任何政治制度下都能通行，靠君主制民主的新式政治昏暗來賺取便士的銀行家傑克有陰森的形象，有權勢的法國部長德·莫尼對能分到高利貸者傑克預期從「解放」的墨西哥獲得的利潤的三分之一深感興趣。西班牙和英格蘭出現了，因為它們也涉入墨西哥債券這個大項目。於是，在1861年的冬天，烏合而成的聯合遠征隊開始了征程，而這條征程的盡頭卻呈現一個處決被誤導和背叛的馬西米連諾皇帝的行刑隊，還有一個收留楚楚可憐的被逐的卡洛塔皇后的瘋人院[2]。

在墨西哥維拉克魯斯的路邊，醫院人滿為患。貪婪的傑克想要他的錢。意識到冒險將困難重重但無利可圖後，盟友的興趣很快冷卻下來；他們揚帆遠航，留下法國人單獨面對困局。墨西哥總統貝尼托·胡亞雷斯為長期游擊戰做好了準備，法國人不得不繼續派遣更多軍隊。接替普里姆將軍指揮法軍的洛倫斯將軍在普埃布拉遭遇慘敗，福雷將軍隨即取而代之。

圍困普埃布拉九週後，法軍攻占該地。從海岸到首都的

一百英里是一條漫長而痛苦的征程，1863年6月初，巴贊將軍的先遣隊抵達墨西哥城。福雷將軍向巴黎報告：「這個國家渴望秩序、正義和真正的自由。」一個國民議會被召集起來，議會的兩百名議員向當時正在的里雅斯特附近的米拉馬雷城堡培育鮮花的馬西米連諾大公獻上了皇冠。該劇的第一幕結束。

如果美國提出強烈的反對意見，法軍在墨西哥的行動根本就不可能進行，但美國拒絕干涉。決定整個大陸命運的美國內戰開始了偉大而血腥的清算，約翰・布朗在哈珀斯費里起義失敗後於1859年在查爾斯頓被絞死[3]，而這一事件點燃了美國內亂的烽火。

1860年，南方各州大致處於法西斯主義狀態；對奴隸制的質疑讓他們感到自身的經濟安全受到威脅，這其實是讓人困惑、有更深背景因素的種族錯覺。隨著1848年吞併了新墨西哥州和加利福尼亞州，美國的領土擴張實際上已經完成；在西海岸的定居進展迅速，美國的主軸從北部向西部延伸。南方在美國的精神生活和經濟生活中失去了自己的位置，感到自己越來越孤立，孤立主義精神病的所有症狀都不受控制地發展。

在北方，工廠越來越多，鐵路深入內地。1848年之後，為了逃避歐洲的壓迫者，移民源源而來；甚至在他們登陸之前，他們就是世界上最自由憲法的熱心擁護者，這樣的憲法對他們來說比破碎的生活更重要，他們比美洲原住民更認真地對待憲法。

與這些革命性的新移民相比，南方的棉花種植者越來

越認為自己是貴族。「定居南方的騎士、雅各布派和胡格諾派[4]，就其本性而言，憎恨、譴責和鄙視定居北方的清教徒。前者是貴族種族，其他是奴隸種族，撒克遜奴隸的後代。」諾曼征服者的血液在南方的血管中流動[5]。「基督教世界的其餘部分結盟反對我們。」歸根結柢，1938年納粹主義的腔調不也是源於對孤立的恐懼嗎？

　　1860年的總統選舉比以往任何時候都更加激烈，當成立僅六年、要求廢除奴隸制的共和黨的候選人亞伯拉罕·林肯當選時，意味著毀滅來臨了，災難無法再推遲了。里士滿的一家報紙寫道：「林肯的當選帶來了比俚語、粗暴、殘忍和道德污穢更糟糕的醜惡；帶了比西部威士忌酒館和洋基工廠裡的社會垃圾更敗壞的渣滓……，帶來了傲慢、肆無忌憚的廢奴主義領導人。」

　　南卡羅來納州於1860年率先脫離聯邦，密西西比州、佛羅里達州、阿拉巴馬州、喬治亞州、路易斯安那州、德克薩斯州緊隨其後，接下來的是弗吉尼亞州、北卡羅來納州、阿肯色州和田納西州；它們聯合成立了美利堅聯盟國，選舉傑斐遜·戴維斯為總統，升起星槓旗代替星條旗，並在阿拉巴馬州的蒙哥馬利擁有自己的白宮。與此同時，安德森少校帶領著八十四名忠於政府的士兵控制著位於南卡羅來納州的薩姆特堡，他拒絕投降南方。1861年4月19日，在一次轟炸之後，薩姆特堡陷落，戰爭開始了。

　　在長達四年的時間裡，南方邦聯和北方聯邦的軍隊交錯著成功、失敗，在日益增長的痛苦中進行戰鬥。南軍的領袖李將軍和北軍的指揮官格蘭特將軍都是天才的戰略家，1863

年7月3日的葛底斯堡戰役對戰爭勝負有決定性影響。1863年
1月1日，林肯宣布奴隸獲得自由，兩年後憲法修正案確認了
解放奴隸。林肯於1864年再次當選為總統。1865年4月9日，
在阿波馬托克斯縣府，李將軍率軍向格蘭特將軍投降，戰爭
結束了；五天後，林肯在華盛頓遇刺身亡。

美國內戰將整個大陸從種族仇恨和政治對抗的瘟疫中解
放出來。此外，兩件在美國歷史上具有持久重要性的標誌在
美國內戰中應運而生：美國衛生委員會和克拉拉・巴頓。

令人驚訝，當適當的時機來臨，事物總是同時在世界的
不同地方一次次地獨立出現。

美國內戰就像一場可怕的風暴，席捲了一個似乎為永
恆和平而誕生的國家，衛生委員會取得了空前的勝利[6]。即
使由於戰爭的持久、氣候、涉及人數眾多、軍事裝備不足而
造成了各種困難，它還是首次嘗試統一地按照衛生原則組織
對傷病員的護理。杜南對歐洲的呼籲中許多看似烏托邦的內
容在他不知情的情況下在美國內戰戰場上變成了事實，近兩
千名婦女在內戰中擔任護士，她們的撒馬利亞人精神為勝利
做出了重大貢獻。此前有很長時間，慈善醫護一直是天主教
會的特有公益服務，而與新教無關。在德國，自1836年開始
有參與醫護的新教女執事；在英格蘭，新教慈善修女會自
1840年代陸續成立，如慈悲姐妹會（1848年）、諸聖姐妹會
（1851年）、聖瑪格麗特修女會（1854年）。1860年，弗洛
倫斯・南丁格爾在倫敦的聖托馬斯醫院創辦了姐妹學校。但
所有這些組織基本上仍具有宗教秩序的特徵。

在促成十九世紀人道主義運動的精神聯盟中，弗洛倫

斯‧南丁格爾是戰場上第一位民間撒馬利亞人，杜南在蘇法利諾緊隨其後，在美國內戰爆發時擔任華盛頓專利局職員的克拉拉‧巴頓是第三位。

克拉拉‧巴頓於1821年聖誕節出生在麻薩諸塞州牛津附近的一個農場，她是清教徒傳統的真正體現，她的祖先是殖民者和士兵。她知道所有幫助的有效性取決於秩序和服從。她開始訪問華盛頓的醫院，但是，牛奔河之戰後，傷員運送開始出現困難，當四肢上有大量壞疽的傷員最後被送到時，對他們來說一切幫助都為時已晚，她

克拉拉‧巴頓

決定自己去面對這些問題。她在新英格蘭旅行，收集資金和捐贈。在伍斯特和博登敦，她曾在那裡為街頭兒童創辦了一所學校，她也找到了一些婦女團體在當局猶豫不決時給予她微弱的支持。從那時起，她就會出現在最需要和最危險的地方。她自帶救護用品和物資。她服從每一個合法命令，但她反抗疏忽大意。無數士兵因她的迅速救護而保住性命。「跟隨大砲」是她的座右銘。

在弗雷德里克斯堡，當她隨部隊迎著衰減中的敵方火力越過拉帕漢諾克河時，流彈把她的衣服劃成布條。她騎馬到華盛頓投訴那些拒絕移交弗雷德里克斯堡的優雅豪宅以接納傷員的軍官們，之後她如願以償。她成為了軍中傳奇人物，當她風雨無阻、衝到前線時，士兵們會對她喊道：「風暴海

燕來了！」在安提塔姆，一名士兵在她的臂彎上喪生，而那顆子彈穿過了她的衣袖。

　　在華盛頓，人們越來越尊重地提到她的名字。林肯在去世前不久提議正式委託她尋找所有傷員和戰俘。戰爭結束後，她立即前往安德森維爾的邦聯監獄，確定墳墓，追查失蹤人員並組織了相應的信息服務。然後，她因健康狀況不佳而前往歐洲療養。那時她完全料想不到當時在歐洲已經開始的一項工作將會填滿她接下來的人生——多年後，通過美國紅十字會的成立，她將為這個工作提供不朽的服務。

註釋：

[1] 法國武裝干涉墨西哥（1861-1867）的藉口是傑克債券事件。1859年末，墨西哥保守黨米拉蒙政權與傑克達成債券轉換協議。為了換取不到一百萬比索的現金，米拉蒙政權發行了價值一千五百萬比索的高利率債券，由傑克銀行承銷。之後上台的墨西哥總統貝尼托·胡亞雷斯拒絕承認這項債務，於1861年停止再向外國支付借款的利息，結果激怒了墨西哥債券的持有人，他們主要來自西班牙、英國及法國。傑克銀行在1860年已經倒閉，其資產包括債券。儘管需要付利息的債券只有一小部分被出售，而且傑克只是債券的代理人而不是持有人，他還是要求墨西哥政府全面履行與他的合同。拿破崙三世同父異母的弟弟德·莫尼公爵當時是傑克的合夥人，他在遊說拿破崙三世武裝干涉墨西哥上起了重要作用。隨即法國與西班牙和英國於1861年10月31日在倫敦簽訂盟約，派出聯合艦隊要從墨西哥討回利益。

[2] 關於法國扶植的墨西哥馬西米連諾皇帝（奧地利皇帝弗朗茨·約瑟夫一世之弟）以及卡洛塔皇后的結局本書第十四章有更多描述。

[3] 約翰·布朗（1800-1859）是激進的美國廢奴主義者。

[4] 雅各布派是指在1688年英國斯圖亞特王朝君主詹姆斯二世被推翻後，支持他及其後代奪回英國王位的一個政治派別，多為天主教教徒組成。雅各布派主要活躍於十七世紀至十八世紀的英國。斯圖亞特王朝的王室成員祖先可以追溯至十一世紀法國布列塔尼的地方貴族。胡格諾派是十六世紀中期形成的在法國最有影響力的一支基督新教教派。該教派信奉加爾文神學，在政

治上反對君主專制。有數以萬計的胡格諾派基督徒於十七至十八世紀從法
國移居北美。

[5] 1066年法國諾曼底公爵威廉一世（1029-1087）率領軍隊征服英格蘭，開
啟了諾曼底王朝（1066-1135）。

[6] 美國衛生委員會是由美國聯邦立法於1861設立的私立救護機構，用於在美
國內戰期間救護美國聯邦軍隊（北軍）的傷病士兵。它在整個北方運營，
在內戰時期籌集了總值大約二千五百萬美元的捐助資金和捐贈物資，並招
募了數千名志願者。除了建立和裝備醫院外，它還為聯邦士兵經營了三十
間士兵之家、旅館或療養所。

第八章　崛起前的普魯士

　　數千本《蘇法利諾回憶錄》在傳閱，地位特別高的人物收到的書有華麗包裝（在柏林，樞密院的杜波依斯受杜南委託將此書呈獻普魯士國王）。杜南在日內瓦的辦公室收到了無數封支持信——其中包括來自弗洛倫斯·南丁格爾的很酷的信，來自巴登大公、黑森的亞歷山大王子，和荷蘭國王的非常親切溫暖的致函。但杜南又開始了無數次遠足中的一次，他以無法抑制的樂觀態度追逐蒙斯－傑米拉磨坊場的幻影。不過，他之前已提交了一份備忘錄給日內瓦委員會，該備忘錄預定將作為報告提交給秋季舉行的柏林慈善大會。

　　委員會在這份備忘錄上遇到了很多麻煩。此時，由於涉及制訂符合國際法的公約，杜南的措詞失靈了。在莫瓦尼埃以其法律專長充分合作的基礎上，委員會經過無數次會議後通過了一個更合適的大綱，但如此被寄予厚望的慈善大會不舉行的消息被宣布了。這五個人的所有政治計畫都破滅了。

　　這個消息是由荷蘭軍醫巴斯廷博士傳來的[1]。從日內瓦的米凱利夫人寄給他一本《蘇法利諾回憶錄》的那一天起，他就是杜南的熱心崇拜者和朋友。巴斯廷是那類罕見的人，一個敏感而且情緒化的實踐者。他立即開始工作，將杜南的書翻譯成荷蘭語。他在1863年3月3日給杜南的信中寫道：

「我真的相信，在這項事業中，您正在執行上帝的工作。」

長時間的通信開始了，在此過程中杜南越來越多地如同以彌賽亞的身份出現在這位熱情的荷蘭人面前[2]。當杜南向他提議購買蒙斯－傑米拉的股份時，友誼並沒有中斷。但是，巴斯廷有一個精明的妻子。1864年2月18日，她在給杜南的信中寫道：「我不禁觀察到，您對世俗的榮譽並非完全不敏感。」杜南並不是唯一一個在她所暗示的在秩序和榮譽方面軟弱的人，日內瓦委員會的幾乎所有成員都染上了這種宣傳價值毋庸置疑的民主病。日內瓦歷史學家亞歷克西斯·弗朗索瓦寫道：「在日內瓦，特別是在紅十字會，紅絲帶和各種裝飾品一直是很大的弱點。為什麼不回想一下八十歲的古斯塔夫·莫瓦尼埃在1906年日內瓦代表大會上的樣子？白鬍子揚在掛滿勳章的胸前，他猶如搖動了戈爾康達寶藏的東方半神。」[3]

巴斯廷報告說，在柏林「對任何此類大會一無所知」，他明確提議杜南改為訪問於9月6日至12日在柏林舉行的國際統計大會。

在1863年8月25日的委員會會議上，杜南告訴其他委員，他希望前往柏林，「使這次代表大會對我們的工作產生興趣，同時盡一切可能引起德國公眾的同情」，他並打算訪問維也納、德累斯頓、慕尼黑等地。在同一次會議上，莫瓦尼埃呼籲在日內瓦召開國際會議的議案也被決議通過。莫瓦尼埃和杜南將發出會議邀請。

大會之友莫瓦尼埃認為他的時刻已經來到，杜南可以在柏林做好前期工作，邁入世界的步奏已經計劃好。在歐洲論

壇之前的委員會內部的「討論具有家庭對話而不是協商會議性質」。

　　幾天後，杜南和巴斯廷博士在柏林卡爾斯廣場的托普弗酒店會面。酒店仍然擁有古老的普魯士傳統風格，融合了節儉和舒適。位於夏里特慈善醫院和有眾多普魯士官方機構的椴樹街之間，酒店地處在一個新的、對杜南來說仍然非常陌生的世界的焦點上。

　　杜南帶來了簽發日期為9月1日的邀請：

　　　　日內瓦公益協會根據杜南先生在其著作《蘇法利諾回憶錄》中表達的願望，成立了一個委員會，並授權它為實現這一願望而努力。

　　　　該委員會認為，通過一次與這項人道主義工作密切相關的各國人士的大會，杜南先生的思想可以最好地從理論領域發展到實踐領域。只有這樣，我們才能探索這個計畫在多大程度上可行以及它可以執行的方式。

　　　　在日內瓦委員會自我確認其提案將在最多樣化的圈子中得到回應後，它決定在即將到來的10月26日召開一次國際會議，並希望……先生能蒞臨會議。

　　　　尤其希望各國政府能派代表參加，因為各國政府的合作對於工作的成功至關重要。

　　　　委員會以公約的形式安排了它準備提交給大會的提案。請見隨附的文字。

　　　　我們緊急請求……先生您立即通知我們是否可以仰仗您的合作。如果不能來日內瓦，若您能把意見和

評論寫給我們，我們也將不勝感激。

致以我們崇高的敬意。

日內瓦傷兵救護委員會成員：

杜福爾將軍，主席

古斯塔夫‧莫瓦尼埃，日內瓦公益協會主席

莫努瓦博士

阿皮亞博士

亨利‧杜南，祕書

1863年9月1日，日內瓦

1863年，柏林剛剛進入持續二十八年，並決定性地改變了歐洲面貌的俾斯麥執政時期。在一系列失敗之後，作為腓特烈‧威廉四世搖擺不定的統治留下的遺產，攝政王威廉一世登上普魯士王位。六十三歲的威廉一世是一名忠誠的士兵，充滿了上帝賦予君主權利和義務的思想，他已經為執政準備了足夠長的時間，知道什麼是必要的。在俾斯麥身上，他找到了一個有著普魯士民族意識、對王朝無限熱愛、能冷酷無情地執行本世紀最大膽政治構想的僕人。俾斯麥擁有普魯士人的忠誠，只要有利他的事業，任何背叛都是正當的；他的政策不像他的對手拿破崙三世那樣情緒化，對他來說，歐洲是一個班級委員會，他發明了各種組合並根據需要來操縱，今天的朋友就是明天的敵人。「最偉大的普魯士」是激發他整個政治生涯的核心理念，而且他總是知道以鐵血代替謹慎懷柔的時機。有過駐聖彼得堡和駐巴黎大使的歷練，他非常了解歐洲文明的兩個極端，而普魯士介於兩者之間。

　　威廉一世需要將他的軍隊增員百分之五十以上。自1861年選舉以來，進步黨是議會中最強大的政黨，當他們看到了軍隊改革需要九百五十萬枚銀幣時，就拒絕了該預算；他們還不了解普魯士雄鷹已經開始了怎樣的戰鬥。1862年3月6日，普魯士議會解散。在5月的新選舉中，進步黨取得了更大的勝利。到了9月，軍隊的所有撥款都被取消。一個危險的情況出現了：國王在考慮退位。然後，在戰爭部長羅恩的建議下，他傳召俾斯麥來領導政府。

　　俾斯麥的第一項公務是1862年的政治變革，他剝奪了議會干預國防問題的權力，這成為國王的特權。在上議院容克人的幫助下[4]，他獲得了城市公民和資產階級先前所拒絕他的一切。與此同時，羅恩和總參謀長毛奇建立了歐洲大陸最精良、最強大的軍隊。

　　以這種方式為未來的武力政策奠定了基礎之後，俾斯麥外交的打擊立刻就像一個高超決鬥者手中的利劍一樣落下。很快，歐洲看到了丹麥的失敗、英國的警告、與俄羅斯的友誼、奧地利被排除在德意志帝國之外、普魯士作為德意志核心經濟和軍事力量的日益穩定，以及法國的孤立和它接下來可怕的失敗。

　　自克里米亞戰爭結束以來，法俄關係一直非常友好，這在多個場合得到了證明。但在這裡，拿破崙三世也因為他的歐洲意識形態而開始遭遇到嚴重困難。1863年，在長期地下暗火悶燒之後，波蘭和立陶宛爆發了大規模起義。波蘭人爭取自由的鬥爭引起了整個歐洲的同情，波蘭人特別依賴拿破崙三世的幫助。直到1860年，法國外交部長一直是瓦萊夫斯

基伯爵，他是拿破崙一世和一位波蘭伯爵夫人的私生子，而少數民族的權利一直是拿破崙三世政策中最傑出的原則之一。

但像往常一樣，沒有大砲支持的表達同情對被壓迫者來說是不祥之兆。同樣擔心自己治下的波蘭臣民的普魯士從一開始就站在俄羅斯一邊。法國、奧地利和英國聯合要求俄羅斯給予波蘭人自由，但這因俾斯麥和亞歷山大二世之間的密切聯盟而破功。拿破崙再也負擔不起武裝干預，普魯士太強大了。1864年4月，俄國人以最血腥的恐怖主義手段鎮壓了波蘭起義。俾斯麥取得了他的第一個重要勝利。

杜南在柏林感到的氣氛與今天柏林接待重要外國訪客的氣氛非常相似。新的普魯士意識無處不在，有活躍的技術成果展現。由於國外敵對關係的壓力迫在眉睫，因此促進了尋找國際盟友、發展國際友誼，這種混雜著親切但又難以接近的氛圍令人印象非常深刻。

統計學是十九世紀的一項新發明，人類和人類的命運在統計學中像密碼那樣運作，這門抽象秩序的科學在概率定律的輔助下闡明了測量的奧祕。統計學在普魯士找到了肥沃的土壤，統計大會得到了當局的全力支持。

碰巧的是，統計大會第四部分涉及比較健康和死亡率統計數據，參與者絕大多數由文職人員和軍醫組成，而巴斯廷博士擔任報告員。

巴斯廷和杜南坐在托普弗酒店裡熱情地交流：杜南準備了一份演講，巴斯廷把它翻譯成德文並在大會發表。作為一名軍醫，巴斯廷對醫生中立化的想法特別著迷，杜南在《蘇法利諾回憶錄》中提出了這個想法，但委員會並沒有採納，

因為委員會認為這遙不可期。

9月8日上午，他們一起乘坐敞篷馬車前往貴族院。當馬車穿過施普雷河時，突然一陣風把他們小心翼翼地放在旁邊座位上的珍貴文件吹到了橋上。他們跳下還在駛動著的馬車，在文件落水前艱難地拾回了。

四天後，9月12日，巴斯廷在全體會議上發表講話，並「以日內瓦委員會和他尊敬的朋友杜南的名義」敦促大家參加日內瓦的大會。主席回答說，依據此事的性質，大會不對該提議進行表決，但「大會當然樂於承認並且讚賞杜南先生的努力，同時希望日內瓦的會議將有助於減少戰爭帶來的生命犧牲和健康損害」。

杜南富有想像力的大腦對這種僵硬而且幾乎持懷疑態度的認可有何看法？正如巴斯廷十年後還歷歷在目的那樣，杜南離開貴族院時「帶著喜悅的淚水」。杜南繼續行動，「我沒有耽擱片刻，也沒有等到會議結束，就趕到法院的印刷廠打印了一份通知，其中的內容是我和巴斯廷討論過的，並得到了我們柏林朋友的同意」。

杜南的宣傳把大會的勉強支持放大成了巨大的成功；但與莫瓦尼埃的論斷相比，他最終還是對的。他相信代表大會上的演講毫無意義，而且都是空談。他幾乎不參加會議，甚至沒有使用日內瓦的介紹信，但他不拒絕任何正式或非正式的晚宴。他會見了能夠觸動王子和公主們的良知的宮廷傳教士。他與亞歷山大一世的神祕女性朋友的孫子、俄羅斯馮克魯德納男爵在交談中討論了聖經中的先知，杜南對這個領域非常熟悉。9月14日，在波茨坦舉行了一場盛大的晚宴，

杜南被引薦給了被他的書所感動的王儲弗雷德里克王子和王妃。第二天，在內政部長歐倫堡伯爵家中舉行了晚宴，杜南坐在一位西班牙參議員和一位巴伐利亞高官之間，在他對面坐著一位撒克遜人和一位俄羅斯政要，鄰近的一位瑞典人和一位挪威人也可以參加對話。

這是杜南的偉大時刻——在美食美酒之間，他知道如何打動他的餐桌同伴的心，讓他們對他的事業充滿熱情。所有人都答應他為日內瓦會議事宜利用他們對政府的影響力，他們都信守諾言。他知道如何給整個事業罩上官方色彩和國際價值，吸引每個人加入，讓每個人都擔心自己可能為時已晚，甚至給普魯士軍官們緊張的面孔帶來了一些活力。

沉默寡言的羅恩問巴斯廷博士：「這位杜南先生到底想要什麼？這種慈善事業與戰爭有什麼關係？」巴斯廷博士回答說：「這位先生正在致力於戰場上傷員中立化。」羅恩回應道：「那是另一回事，我會報告國王陛下。他會感興趣的。」

杜南被羅恩接見，法醫和軍醫博格和洛弗勒也在場。杜南日後如此回憶：陛下對整件事非常感興趣，尤其是在中立化問題上，以至於羅恩派了一名副官到托普弗酒店了解情況……，羅恩的副官一遍又一遍地用法語對我重複：「部長對您的想法全心全意地贊同。部長對您的想法非常熱情！」

在混亂的戰場中建立秩序，無論程度如何，都會讓普魯士軍人的內心振奮。甚至在他離開柏林之前，杜南就已經收到了一份超出他最瘋狂期望的普魯士中央委員會創始名單。有羅伊斯親王亨利十三世（他於1865年去職）、歐倫堡部長、著名的外科醫生馮·朗根貝克和代表銀行業貴族的猶太

商業顧問門德爾松[5]。

　　杜南陶醉於自己的成功，在巴斯廷的支持下，一時衝動他就將如下那封著名通函以自己的職權印發了，讓毫無戒心的日內瓦委員會面對既成事實，從而將會議的任務擴展到了謹慎計畫的目標之外，它包含最完全的中立化要求。

　　　1863年10月26日在日內瓦舉行的國際會議——戰時受傷軍人國際和永久救護協會。

　　　……由於其計畫在統計大會上受到好評，日內瓦委員會在公約中已經概述的範圍之外提出了如下進一步的建議：

　　　1. 每個歐洲政府都應給予在其首都組織並由該國最受尊敬的人組成的國家委員會非常特殊的保護和支持。

　　　2. 這些政府應宣布，今後軍事衛生及其相關人員，包括可辨識的志願助手，將被交戰國視為中立人員。

　　　3. 在戰時，各國政府應承諾為相關人員涉及的物資運送以及各社團向受戰亂波及國家捐贈的物資運送提供便利。

　　　最後，日內瓦委員會希望國際會議研究如何在適當考慮歐洲各國的法律和風俗習慣的情況下實現這一顯著的人道主義和慈善事業。同樣，會議希望調查在大國之間的戰爭中，如何在戰區內向任一軍隊的人員提供最有效的醫務救護，同時避免對他們的工作在慈

善和基督教目的之外的任何間諜或其他意圖的懷疑。

日內瓦會議非常希望歐洲各國政府能夠就這些不同的問題向參加這次會議的代表們做出必要的指示。

日內瓦會議祕書，

J·亨利·杜南

柏林，1863年9月15日

　　這封通函一下子為會議創造了一項全新的內容，同時使得莫瓦尼埃制訂的傷員救護協會章程只能發揮完全次要的作用。杜南的提議是以當時世界上前所未有的方式和精神展現涉及國際外交事務的訴求。會議將商定一項新的國際聯合公約，該公約干涉了各國的基本權利，如果要實現該公約，則需要對在當前的政治事態下幾乎不可能寄望的人道主義原則有普遍的理解和服從。

　　杜南非常清楚，在未經同事們同意的情況下採取如此重要的一步是錯誤的。但是，如果沒有這種大膽的不服從行為，紅十字會可能永遠不會成就其在世界範圍的重要性。將組織事務轉變為具有世界歷史重要性的公約，這是杜南的功勞。

　　當委員會第一次看到柏林通告時，他們簡直不敢相信自己的眼睛，無數份副本同時傳入各國外交官的信箱。他們感到自己得之不易的謹慎計畫被毀了。

　　當杜南從柏林回來時，遇到他的朋友們問道：「好吧，你對我關於中立化的柏林通告有何看法？」莫瓦尼埃直截了當地回答：「我們以為你在白日做夢。」杜福爾將軍沉默不語。但由於事情已經發展到如此地步，委員會似乎不可能否

認自己的官方代表杜南，因此決定順其自然。

　　毫無疑問，對杜南的第一個重要支持來自柏林，這並不意味他們是和平主義者；恰恰相反，他們是世界上最真實意義上的「戰爭愛好者」。武裝部隊的代表們想要一場「文明」戰爭，它作為一種政治工具，可以根據需要使用或擱置。「合法」的戰爭機器所擔心的無非是肆無忌憚的混亂狀態，因為這可以從他們手中奪取「戰爭指揮權」。從某種意義上說，在十九世紀能夠以這種溫和的精神進行戰爭。事實上，與世界大戰的野蠻行為以及由此已經產生並且仍將導致的所有恐怖相比，十九世紀的戰爭是「人道」和「專業式」的戰爭。直到二十世紀才發掘出戰爭的原始形式——澈底毀滅、不宣而戰或師出無名、不保護平民人口或不限制毀滅性武器的戰爭，世界末日騎士的無情野蠻肆虐，瘟疫和饑荒由於惡魔般毀滅技術的氾濫而加劇。這樣的戰爭在其準備、領導和實際行動中都將人道視為敵對和叛國，並使經歷幾代和平的人類受到影響而難以生存。

　　杜南很好地利用了普魯士人願意合作的機會，最好的軍隊和最好的組織者必然能帶動其他國家。因為他清楚地感覺到，從今以後，政治聲望或政治怨恨都將為他的計畫提供支持：在這方面，他特別想到了法國。他永遠不可能僅與和平主義者一起創立紅十字會。

　　但他的使命並沒有隨著他對柏林的訪問而結束。10月11日，他抵達德累斯頓的法蘭西酒店，他將於第二天早上九點半受薩克森王國約翰國王接見[6]。

　　當我到達王宮時，在入口處等候的宮僕把我帶到了一位和善的老廷侍那裡。他就拉著我的手，帶我穿過宮殿的一側，直到我們來到一個非常簡樸的小房間，如果我沒記錯的話，那裡甚至沒有安樂椅。馮·格斯多夫先生在退去前對我說：「國王將從對面的門進來，您向他三鞠躬，等他向您致意。」我不需要這些善意的指示來遵守禮節，當國王出現時，我會遵照禮節一步步進行。國王以最大的善意詢問了我的願望，我陳述了願望並做了總結。除了強調幾個要點外，我說道：「如果您計劃在您的國家保護這項工作，並將派一名代表參加將於本月二十六日在日內瓦舉行的大會，我將永遠感激陛下。」

　　國王觀察到我的熱情時微笑了，但他的態度非常和善，以免嚇到我。

　　「我很樂意保護如此傑出的事業，」他說，「但派遣代表我必須諮詢我的議院。」

　　我立刻以同樣恭敬的熱情回答道：「陛下，對於一項如此純粹的人道主義工作，您可以確保您的議院支持國王願意做出的一切決定。」

　　國王再次微笑，為接見做了結語：「我將盡我所能，因為任何不參與這項人道主義工作的國家肯定會被歐洲輿論譴責。」

　　觀察杜南如何在樸實的享受中重複他與國王的一句句宮廷對話是令人感動的。在一個德意志邦國的王宮裡，他的經

歷多麼美妙！鞠躬沒有被忽略，老國王的赤誠之心，被一位年邁的廷侍牽手而行——一切就像童話故事那樣雍容和觸動人心。那個年代還有良心政治！而今天情況怎樣呢？

「我在當天餘下的時間以及接下的一整夜給大多是在歐洲國家首都的人寫信，我向他們提到了可敬的約翰國王對這項工作所表達的親切同情。因為他像眾王中的內斯特那樣在歐洲政府和宮廷中德高望重[7]，這些信件產生了明顯的影響。」

尤其是，杜南寫信給巴黎的政務委員達里考男爵[8]，他早就表達了對杜南的「使徒工作」的熱情。杜南把柏林的盛況告訴了他，也沒有忘記薩克森國王關於「歐洲輿論」的評論。

給達里考的信就在他即將離開戰爭部前往杜伊勒里宮受拿破崙三世召見時送達，他在奔馳的馬車上讀到的這封信給他留下了深刻的印象，他立即將它呈交給拿破崙三世。讀完並送還了信，皇帝說：「親愛的達里考，你應該去日內瓦代表法國出席會議。」儘管當時的戰爭部長及其多數部下充滿敵意，如此出乎意料的方式使這項事業贏得了法國的支持。

杜南選擇了合適的時機來消除巴黎和柏林之間的對立。難道他不就像我們當代飛來飛去的外交官那樣，當耳邊還迴響著敵對言論的隻言片語時，就已經與下一個對手坐在一起，努力探索對方心態並展開祕密的合縱連橫嗎？

他沒有多看一眼易北河畔的古城和那裡的綠屋頂教堂，他是一個不浪漫的忙碌旅行者，沒有時間進行短暫的沉思。距離大會開幕只有三個星期。

他的下一站是維也納。此刻弗朗茨・約瑟夫皇帝正在伊

舍打獵。儘管如此，在瑞士大使施泰格的幫助下，杜南還是
成功地將他的願望傳達給了一位大公。他與瑞士大使一起前
往霍夫堡宮，以他熟悉的方式向雷納大公解釋了日內瓦會議
的計畫。當時的維也納無疑是歐洲最傳統和最保守的地方，
在這裡，他們仍然生活在1815年維也納會議逝去的榮光裡，
同時也通過世界歷史的現實、艱難而驚訝地發現時代已經改
變了。這裡的官僚機構根本不相信榮耀的哈布斯堡君主念念
不忘的決定性鬥爭。

　　「殿下特意用親切和藹的語氣三次重複強調他的讚許：
『多麼美妙的想法！』」

　　那當然沒有太多意味，任何熟悉傳統方式和宮廷外交的
人幾乎都可能認為這是用一種友好的方式拒絕奇思怪想；但
杜南處於那種狂熱者的幸福狀態，對諷刺的語調充耳不聞。
他的理解停在字面意思上，在這種情況下由於客套話占據了
很大比例，讓他的內心充滿了熱情和喜悅。他為自己和他的
圈子創造了一個由睿智仁慈的王子和人道主義部長領導歐洲
的幻覺，而他內心的簡單和待人信任的力量知道如何將這種
幻覺變成現實。在他的手中，那些慣於出爾反爾的外交官們
的不置可否的聲明變成了不可撤銷的承諾；除非人們想要留
下乖張怪戾的惡名，否則不可能拒絕他們。

　　漫漫長路繼續：

　　　　當我到達慕尼黑時，巴伐利亞王國馬克西米利安
　　國王剛剛去義大利[9]。但是，馮・赫爾曼議員已將日
　　內瓦的計畫報告了國王，並且國王已宣布自己原則上

同意這些計畫。他留下指示讓我去拜訪他的戰爭部長弗蘭克將軍，以進一步討論。我必須承認，將軍閣下的敵意給我留下了痛苦的印象。

「什麼，先生？」他相當粗魯地說，「應你的要求，你希望我派一名巴伐利亞代表到日內瓦參加由你和其他一些不知名人士召集的會議！」

「但是，部長先生，」我回答說，「我沒有要求任何東西。我只是感到自己有責任告訴您一些肯定值得您聽的信息。我們在日內瓦所做的事情是為了人道主義，也就是為了巴伐利亞以及歐洲其他國家的利益。所涉及的是人類同胞之愛的國際性問題，它已經找到了強大的支持者和崇高的贊助人。」

即使是粗魯的巴伐利亞戰士也最終被杜南的堅持所打動而同意派遣代表出席大會。

與此同時，發自德累斯頓的信件創造了奇蹟。杜南在柏林遇到的西班牙里帕爾達伯爵奉伊莎貝拉女王的名義在馬德里成立了一個委員會，女王之前已經閱讀過杜南的回憶錄。英國戰爭大臣格雷勳爵任命了醫院監察長盧瑟福博士在日內瓦代表英國。

這是一場對拒不承認普通人可以登上神祕外交舞台的歷史觀念的成功征伐。這是歷史上第一次，一項由沒有公職或權位的普通公民實施的政治行動促使了歐洲各國能超脫狹隘的自身利益和錯亂的國家精神而一起致力於一項為人類服務的共同工作。

註釋：

[1] 約翰・亨德里克・克里斯蒂安・巴斯廷（1817-1870）：是荷蘭軍隊的外科醫生。1863年，他在紅十字國際委員會成立期間發揮了重要作用。同年，他翻譯的《蘇法利諾回憶錄》荷蘭語譯本出版，他也開始倡導在荷蘭建立一個全國性的志願援助組織。隨後，荷蘭紅十字會於1867年成立。他的妻子阿瑪莉・弗雷德里克・卡滕布施（1812-1896）在1863年協助杜南和巴斯廷翻譯了在柏林期間所需要的文件。1870年她在荷蘭戈林赫姆組織成立了紅十字分會。她在辭世前與杜南頻繁通信，送去安慰。

[2] 「彌賽亞」一詞出自聖經，意指受上帝指派來拯救世人的救世主。基督教信仰中以耶穌為彌賽亞。

[3] 戈爾康達是印度中南部的一個地區，以出產世界上最具歷史意義和傳奇色彩的鑽石聞名。

[4] 容克人是普魯士有地貴族，俾斯麥是最著名的容克。

[5] 伯恩哈德・馮・朗根貝克（1810-1887）是德國外科醫生，朗根貝克截肢術的開發者和朗根貝克外科檔案館的創始人。

[6] 薩克森王國存在於1806年至1918年，之後併入德國，首都為德累斯頓。
約翰一世（1801-1873）於1854年至1873年在位。在政治工作之外，他熱衷文學，曾將但丁的《神曲》翻譯成德語。

[7] 內斯特是荷馬史詩中的皮洛斯國王。他參加了希臘諸王對特洛伊的討伐，雖然當時他年事已高不能親自上戰場，但因為富於智慧和經驗，他廣受尊重，並經常給年輕的國王們出謀劃策。

[8] 魯道夫・奧古斯丁（達里考男爵，1807-1877）：法國海軍上將和殖民地行政官。

[9] 巴伐利亞王國存在於1806年至1918年，之後併入德國，首都為慕尼黑。
馬克西米利安二世（1811-1864）於1848年至1864年在位。他有著很高親和力和知識素養，於1859年順應人民的要求成立了立憲制政府。

第九章　1863年的會議

當杜南於10月20日，即大會開幕前五天返回時，新的
工作正等待著他。與此同時，杜福爾和莫瓦尼埃已經前往伯
爾尼[1]，以促成瑞士派遣代表。義大利之前沒有派出正式代
表，杜南成功地促使義大利駐日內瓦領事代表本國。有大量
的組織問題需要首先解決，他們希望嚴格避免讓會議過於公
開化。日內瓦即將進行議會選舉，當地政治熱情高漲。正如
莫瓦尼埃所寫，他們不想有「不適合基礎工作並且會浪費人
道主義討論時間的膚淺人群」。日內瓦市民「原則上應該被
排除在外，以防止會議中獵奇者雲集」，甚至連日內瓦公益
協會的成員也沒有被准許參會。

年邁的艾納德－盧林夫人[2]，當年維也納會議的「美女
艾納德」，將雅典娜沙龍──一座剛剛為藝術協會建造的漂
亮小建築──供代表們使用。經過一番努力，社交安排方案
制訂了。艾納德夫人、杜南和莫瓦尼埃會在他們的家中舉行
招待會，委員會的每個成員都承諾每天招待一些客人，而他
們的來到令人在惶恐和懸疑中期待。

會議代表性超出了所有人的預期。來自十六個國家的共
六十二名代表出席了會議，此外還有來自諾因堡和瓦特的瑞
士福利協會的五名代表以及來自普魯士醫院騎士團的代表、

羅伊斯親王亨利十三世。

年邁的杜福爾將軍身穿黑色外套，佩戴榮譽軍團勳章，宣布會議開幕——沒有人比他更有資格。他於1787年出生在日內瓦康斯坦茨的一個古老家族，後來求學於巴黎綜合理工學院。他二十五歲時成為駐守梅斯的一名上尉，作為才華橫溢的軍事工程師，他負責格勒諾布爾、里昂和科孚的軍事建築工作。1813年的一天，他乘坐的法國砲艇在東地中海被英國人包圍並擊中著火。杜福爾跳入海中，他身受重傷、奄奄一息，被英國人撈起，並囚禁了很短的時間。拿破崙授予他榮譽軍團十字勳章，以表彰他的英勇。他於1817年以少尉軍銜返回瑞士並擔任土木工程師，然後擔任總參謀長並改組了聯邦軍隊。1831年，他設計了紅底白十字的瑞士國旗。在隨後的短暫內戰中，杜福爾擔任政府軍司令。拿破崙三世曾多次請求杜福爾——他在圖恩的軍事學校學習時的教官——提供祕密協助。1857年，杜福爾退役，開始了他的第一項和平工作，即繪製瑞士地形圖，而該地圖永遠是製圖學的傑作。

與他的大多數同行相比，這位將軍體現了優良的瑞士精神，他切身感受過戰爭的痛苦。他於1847年在聯邦政府與獨立聯盟的戰爭爆發之前向他的部隊發出了一份永遠值得作為人道主義文件保存在人類記憶中宣言[3]。

在鬥爭中要始終保持溫和，不要過度放縱自己，否則這只會使我們試圖通過溫和來贏得的人民感到痛苦……，不惜一切代價阻止對教堂的破壞……。當敵人被擊敗時，要照顧敵方傷員就像我們自己的傷員：

向他們展現對於遭遇不幸者的所有關懷。解除戰俘的武裝，但不要傷害他們，也不要咒罵他們……。如果他們承諾丟棄軍裝並且不再拿起武器，就讓他們回家。當敵人犯下暴行時，請注意我們要避免任何應受譴責的行為。在任何情況下，報復只會損害我們的事業。一場戰鬥後，要平息士兵的憤怒，放過戰敗者。沒有榮譽比勝利對軍隊更大……，無論我們感覺自己多麼強大，我們都必須害怕敵人的絕望……。領導者必須將這些原則灌輸給他們的下屬，這些原則必須讓每個士兵熟知並成為整個聯邦軍隊的紀律。必須努力向世界表明我們不是一群野蠻人……，我將婦女、兒童、老人和牧師置於你的保護之下。不論誰對一個無害的人下手都是不光彩的，也玷污了他祖國的國旗。戰俘，尤其是傷員，應該得到你最大的照顧。

　　杜福爾將軍的這十誡理應銘刻在無數的戰爭紀念碑和群眾墓地中[4]。當我們將這些戰爭規則（還不到一百歲）和產生它們的精神與1938年的恐怖進行對比時，我們不寒而慄。現在的年輕一代在恐怖陰影中長大，他們對被遺忘的上世紀的人道主義一無所知，也不想知道。

　　1863年10月26日，杜福爾致會議開幕詞：

　　　　先生們，你們知道，對於留在戰場上的不幸傷員，目前狀態下軍事醫院只能提供非常不完善的救護……，這種不足讓每個人都感到震驚。這個令人震

驚的事實在您所熟知的作品中被非常特別地描述，該
作品在蘇法利諾戰役後由我們的一位同胞杜南先生發
表。先生們，我們聚集在這裡，看看是不是就真的找
不到某種可能的方式來實現這本書表達的一些人道主
義思想……。人們無法想像一個人上了戰場，在為他
的軍旗奮戰之後卻發現苦難是勇氣和犧牲的報償，這
種苦難幾乎是一種酷刑，因為缺乏任何緩解，而且常
常因被遺棄的可怕感覺而加倍。

　　儘管有和平大會的人道主義努力，地球上仍將
繼續發生戰爭。與其追求消弭戰爭的幻覺，不如通過
支持那些志在扶助苦難的人，努力盡可能減輕戰爭
可怕的後果。我們必須為他們創造現在還缺乏的手
段……，這是我們希望能完成的任務。

　　先生們，實現這樣的想法是否讓我們身處夢想之
地？難道我們要達到的目標如此崇高，難道它遠超出了
我們的力量，以至於我們竭盡全力都不足以實現嗎？
如果如此，那我們也只能低頭了。但努力嘗試永遠是值
得稱讚的……，我們不應該讓自己因為一時的失敗而提
前失去勇氣……，如果我們無法達到我們的目標，至
少……我們應該做出有愛人之心的人當做的事！

　　隨後，杜福爾將會議主持權交給了莫瓦尼埃，後者在
長篇講話中向代表們介紹了工作計畫和預定章程的內容。然
後，祕書杜南站起來宣讀了來自信件的種種支持和建議。
　　在介紹之後開始了討論。以意想不到的方式，討論持續

四天。杜福爾的致詞中清楚表達的懷疑似乎是多慮的，坐在那裡的軍官和官員，強大的法蘭西第二帝國的代表和普魯士軍隊的代表，象徵著有幾乎不可避免衝突的烏雲籠罩下的整個歐洲的雜色地圖，都服從於神聖的魔力、認真地投入由日內瓦的普通人召集的討論中。與會者坦然地聽取了針對他們所屬服務機構的投訴——這本身就是一項巨大的成就。

　　暗藏的政治和個人間的緊張局勢沒有被掩蓋，普魯士人和法國人領導了討論。服役三十四年的老軍醫布迪爾博士，作為不情願的法國戰爭部長蘭登元帥的代表出席會議，他尤其質疑志願醫護人員能否禁得起戰場考驗。「能從什麼社會類別中招募這些人？他們將如何適應軍紀？」布迪爾遭到了強烈的反對，尤其是來自普魯士人的反對，他們的醫院騎士團長期以來一直承擔著提供戰時志願救護的義務。

　　三十七歲的莫瓦尼埃以高超的技巧引導了討論，他表現出既有年輕活力，又固執守法的快樂混合風格。但他沒有放過機會懲罰杜南的魯莽，他宣布柏林通告的三點不是討論的主題，並且在巴斯廷博士的強烈抗議下，他仍堅持己見。但他無法阻止傷員和志願醫護人員中立化的想法在討論中一再出現，並最終作為「願望」被採納。

　　令人特別印象深刻的是西班牙代表蘭達博士的論點[5]：

　　　　……如果戰爭威脅並非比目皆是，如果可能在歐洲的每個角落產生的劇烈動盪不足以讓大家感到恐懼，如果沒有出現這麼多災難性的問題，那麼來自日內瓦的邀請就不會產生如此熱烈的回應……。戰場人

道救護不足的真正原因是戰爭破壞的程度和手段：彈道學的非凡進步，例如，錐形彈頭的殺傷效果遠比球形彈頭可怕。當我不得不從摩爾人傷員身上取出我們神槍手的錐形彈頭時[6]，我有一種厭惡感，我很樂意讓每一個身居高位的軍人都有這種感覺。

　　在單打獨鬥中，禁止利用任何武器優勢是最基本的榮譽性要求。為什麼在大規模戰爭中沒有同樣的認知？……為什麼要對已經如此精巧但殘忍的殺人武器進行改進？……當士兵索要一捲繃帶時，他真的不是在乞求施捨，而是為了追償一份榮譽債──幸運的是，我知道沒有哪個政府、哪個國家願意反對人道主義……。每個聯盟都必須有一個共同的紐帶，如果目的是做好事而不是做生意，人們必須在道德領域尋找這種紐帶……

　　這些僅是空談嗎？不，但在1938年的今天這些會是空談。那時還沒有紅十字會。從那時起，七十五年過去了，值得慶祝的是紅十字會已經成為了偉大而且強有力的組織。在日內瓦，國際聯盟的宏偉大樓使紅十字會的雅典娜神廟相形見絀。不僅是歐洲，整個世界都聚焦在日內瓦。但是，今天無論誰起身發表上面的講話，都會被認為是一個瘋狂的幻想家。紅十字會帶來了祝福，它沒有放棄它的原則，它在外表上仍然完好無損。強國還沒有像拋棄國聯那樣拋棄紅十字會。但是，人們在日內瓦噤聲不語，因為他們對言行差異感到羞恥。因為每一次真正爆發的仇恨和貪婪都會伴隨著野

蠻和聞所未聞的殘忍行為，杜南夢想的人道「神聖原則」在1863年還不是幻影，但今天它比幻影更虛幻。

日內瓦會議於10月29日結束，經過一些微小改動，與會者對討論的所有要點都達成了完整的理解。根據阿皮亞博士的動議，一個白底紅十字圖案作為未來所有救護協會成員的統一標誌被提出。一群挑剔懷疑、受法規奴役的官員已經成為熱情積極的戰友，為共同的事業而奮鬥。

在最後一次會議結束時，巴斯廷博士發言：

> 杜南先生和日內瓦公益協會的崇高先驅工作的意義非凡。亨利・杜南先生堅持不懈的努力促進了對戰場傷員救護方法的國際研究，而日內瓦公益協會如此有力地支持了杜南先生的崇高思想。本次會議所起草的綱領必然會在所有國家、所有階層中引起強烈交響。鑑於以上原因，我提議在會議閉幕時宣布，杜南先生和日內瓦公益協會值得人類的珍惜善待，並已經贏得了無可爭辯的普遍感謝。

全體大會與會者起立表示贊同。但杜南絕對沒有參與大會討論，雖然他一直身處這個組織的精神中心，他的名字也被一再提及，而且如果沒有他的貢獻，會議無疑永遠不會舉行。

面對人群的異常膽怯使杜南無法在這麼多人面前開口說話。他是四壁之內的使徒，他擁有一種完美的天賦可以說服任何他可以直視的人。但是，任何大規模集會參與者的多樣性都讓他感到害怕。他之前為了擺脫深刻而無時不在的焦慮

而寫下了想法，而如今這些想法獲得了生命，並顯著地成長和改變。他被這樣的現實強烈地衝擊震撼。當他看到在他面前有一群重要人物注定要實現他的想法、但他們每個人都有各自的動機和圈子時，他感到他們對自己來說是多麼陌生。他不是一個領袖，他吶喊之後，不需要再通過他的影響，其他人的呼應已經自然而然地開始。會議以條款、決議、委員會和各種正式文件結束。他知道沒有別的方式，而這僅僅是一個開始。人類的悲楚和苦難無邊無際，而他所進行的是與上帝的對局。錯誤並不能通過會議解決，艱難困苦其實存在於眾多與會者一無所知的其他層面。他現在有這麼多同伴，但在人群中他倍感孤獨。那天晚上，他傷心地回家了。

註釋：

[1] 伯爾尼是瑞士聯邦內的聯邦城市（即實際上的首都）。

[2] 安娜·艾納德－盧林（1793-1868）是瑞士慈善家，出生於日內瓦。她的丈夫瑞士銀行家、政治參讓－加布里埃爾·艾納德於1815年作為日內瓦共和國大使參加了維也納會議，她隨行並對會議有間接影響。

[3] 獨立聯盟：見第一章註40。

[4] 十誡原指聖經所記載的先知摩西向以色列民族頒布的律法中的首要的十條規定。這裡引申指根本原則。

[5] 尼卡西奧·蘭達（1830-1891）是一名西班牙醫生。他是西班牙紅十字會創始人之一。他發明過一種安全運輸傷員的擔架曾普及世界。

[6] 摩爾人指中世紀以來居住在伊比利亞半島（今西班牙和葡萄牙）、地中海島嶼、西非及北非的穆斯林。

第十章　紅十字會的先驅

　　現在不是有一位，而是有很多位事業的倡導者。莫瓦尼埃越來越明確地接手了，他最終將委員會中央組織的領導權牢牢掌握長達四十七年之久。杜南越來越成為莫瓦尼埃的辦事員。莫瓦尼埃極其謹慎地處理了湧現出的艱鉅任務，他沒有沉浸在會議的成功中，他必須應對反對意見。他一次又一次地強調日內瓦機構的臨時性質以及各國協會必須完全獨立自主但以同一目標為指導的必要性。委員會自創立以來自主授予的「國際」字眼從名稱中暫時消失了，直到1882年布魯塞爾會議才正式恢復。現在他們必須等待公眾輿論的反應——尤其是各國政府對日內瓦決議的反應。

　　事實證明那些正考慮戰爭的人最容易接受紅十字會的信息。普魯士是第一個成立全國委員會的國家，杜南在柏林為此做了準備。以巴登為首的較小的德意志邦國緊隨其後[1]。在義大利，醫學協會特別參與制訂了戰場傷員救護計畫，儘管帕拉維奇尼伯爵夫人於1864年2月12日寫信告知日內瓦：「軍隊總體上反對這種混合組織。他們覺得花時間改進救護車比讓其他人參與他們的計畫更重要。」

　　在西班牙，熱情的蘭達博士在短時間內為這項事業完成了非凡的成就。到1864年2月，比利時也有一個委員會準備

開始工作。俄羅斯、瑞典和丹麥也有良好的意願。在英國，
自克里米亞戰爭以來，軍隊的衛生條件得到了澈底改革；
戰爭部長完全反對使用志願醫護人員，1864年2月13日英國
《泰晤士報》中的一篇文章標誌著英國改善對《日內瓦公
約》態度的第一步。

　　和以前一樣，最大的困難在於法國，如果沒有法國的參
與，會議的實際成功是不可想像的。法國仍然是首屈一指的
軍事強國，軍隊的敵對態度打消了所有希望。

　　沒有人比杜南更了解這一點。會議結束後，他立即前
往巴黎。為了讓自己最終被傾聽，他再一次以推銷員般的堅
持不懈的態度開始工作。在帕西附近的一個加爾默羅會的小
修道院裡，杜南找到了亞森特神父，他在巴黎聖母院的布道
場內社會上流人物雲集；杜南說服他在布道台上發出呼籲。
通過前部長基佐，一個猶太人，杜南贏得了他的宗教同道的
支持。即使面對激進的埃利澤‧雷克呂斯[2]，杜南也沒有退
縮。同時，他還請來了墨西哥、巴西和日本的大使。波斯大
使米爾札‧哈桑‧阿里‧汗則告訴他：「我相信我的主人沙
阿更願意被要求簽署一項公約[3]，在該公約中歐洲各國承諾
不再發動任何戰爭。」

　　杜南特別關注兩件事——成立一個法國委員會，以及對
各國的必要外交準備。為此，在日內瓦的團結是必要的。他
們必須促使歐洲政府同意一項具有約束力的公約，完成這一
外交創舉的難度將超越迄今為止克服的所有困難。召開真正
的外交會議至關重要，這樣參會的全權代表有授權做出必要
的國際法承諾。

　　日內瓦委員會早在1863年11月9日的一次會議上就起草一份調查問卷，並立即發送給各國政府。除其他事項外，問卷徵詢以下問題：

> 政府是否願意參加一項國際公約，其目的是
>
> a）使救護車、軍隊醫院、官方衛生服務人員、救護委員會招募的志願護士、傷員和救護傷員的居民在戰時中立化？
>
> b）同意各方衛生服務人員以及救護車和醫院使用統一的制服、標誌或旗幟？
>
> 如果接受後一項建議，是否會反對採用白底紅十字的臂章？

　　答覆總體上是有利的，幾個國家的戰爭部顯然對此猶豫不決。最終的成功必須取決於大會是否有正確的組織方式，以便為歷史上首次的跨國論壇嘗試的發起人創造足夠的權威。

　　就在這時，杜南提出了一個只有他才可能想到的解決方案。12月5日，他向拿破崙三世提交了一份「請願書」——「請求支持在巴黎組織救護委員會的努力。」呼籲書附有杜福爾將軍的推薦信，皇帝對他的老師杜福爾有終生的感激之情。五天後，通過皇帝的侍從法夫上校，杜南收到了這樣的答覆：

> 陛下完全同意會議的目標及其實施方案。他希望歡呼支持和參與您的工作——成立一個您當下正努力在巴黎籌建的救護委員會。他授權您充分利用他對這

項事業的同情。他承諾將請蘭登元帥授權幾位軍隊高級將領參加該委員會。

　　這對杜南來說是一個勝利，但在法蘭西第二帝國的等級制度中，即使是最高意志的周圍也築有無數的圍牆，需要所有的外交技巧才不至於落入陷阱。至少在表面上，曾帶著那麼多祕密反對意見出現在日內瓦的法國代表們修正了他們的想法，以迎合皇帝的態度。12月29日，蘭登元帥向杜南發送了一份問卷：「這個委員會的目標是什麼？將有哪些人組成？誰來主持？在哪裡開會？」等等。

　　普魯士軍國主義的統一態度與拿破崙政權的笨拙和能量離散的狀態真是天差地別！後者現已成為一個由最講究瑣細的官僚組成的充滿不安全感的獨裁政權！僅憑這一事實，就可以對未來做出政治預測。

　　1864年1月26日，杜南回答了戰爭部長的問題。這封信是杜南式外交的傑作，他以極其謹慎的態度對待普法的競爭：

　　　　各國政府已通知1863年成立的日內瓦委員會，他們同意其決議。尤其是普魯士國王在中立化問題上採取了崇高的主動行動（我希望法國也能採取），普魯士戰爭部長馮·羅恩先生告訴我，根據王室命令，騎士精神和重要的人道主義問題將由普魯士以外交方式處理。我誠切懇求閣下提出同樣的倡議。因為法國一直引領著崇高偉大的思想，從不落後。閣下非常了解，也正如我為閣下附上的材料所顯示的那樣，法國

在這類問題上一直名聲卓著。

　　這些材料確實有說服力。甚至在日內瓦會議期間，軍醫洛弗勒博士也提到了普魯士腓特烈大帝與法國國王路易十五於1759年9月7日分別授權馮・布登布洛克將軍和德魯日元帥簽署的條約，其中提出了廣泛的受傷戰俘互換、醫生保護和互助。在日內瓦計畫的激勵下，越來越多的這類獨立的人道條約被從歷史的故紙堆中發掘出來。杜南於1864年3月在他的《戰場上的救護工作》一書中首次對它們進行了整理。此後，瑞士的布里爾博士，尤其是德國的古爾特博士，接手了這項重要的史料挖掘工作[4]。到1873年，共有二百九十一項從1581年至1864年的關於交換戰俘的條約為人所知，其中也包含保護軍隊牧師、婦女和兒童的人道主義條款。

　　紅十字會之前的歷史令人鼓舞，也令人沮喪，它同時顯明了人類同情永恆存在和人類協議總會失效。戰爭的現實不同於戰爭中人道主義條約的歷史，這些條約的具體意義所及幾乎完全為了軍官，普通人在條約中只是代碼。

　　1762年，法國醫院的總監德・夏穆塞吶喊道：「文明國家怎麼可能還沒有同意將人道視為聖地，受到勝利者的尊重和保護！」[5]

　　儘管這些泛黃的古老文件所記載的調和殺戮罪行與基督教誡命的嘗試虛弱、不適當，甚至偽善，也都注定要失效，它們的重新發現將紅十字會的努力置於一個光榮的歷史背景中，甚至連法國元帥也必須放下敵意。

　　杜南最後寫道：「閣下一定同意，國際會議的決議完全

符合法國精神世界中誕生的那些高尚的思想。」

　　蘭登沒有回覆；然而，在皇帝收到杜南的信後，杜南得到回應說：

> 　　先生，我有幸將您救護傷員的工作進展文件轉呈給皇帝陛下。您一到巴黎，陛下就會把您介紹給外交部長，以便他審查您關於中立化救護車、醫院、傷員和醫療隊的建議。

　　杜南想要妥善處理相關事項以贏得法國政府正式支持大會的召開。在日內瓦，起初有很多猶豫，擔心結果會造成對法國的依賴。最後，他們被杜南說服了。法國對這項事業的認可也是瑞士政府非常期望的。

　　1864年4月23日，杜南受到法國外交部長德魯安・德呂斯的接見，瑞士大使克恩博士做了開場介紹。

　　「部長向我保證，如果瑞士聯邦為了使中立化的想法成為國際法而邀請各國參加在瑞士某個城市舉行代表大會，法國作為軍事強國願意支持這項努力，並將敦促受邀國家接受邀請。」

　　會見中也有不同意見。部長堅持會議在伯爾尼舉行，杜南則堅持在日內瓦。與此同時，杜南設法使德意志小邦國能獲得邀請；另一方面，根據部長的願望，會議將不邀請南美國家。

　　從杜南來信中獲知好消息後，委員會立即在日內瓦開會，並決定在即將到來的8月召開會議。莫瓦尼埃前往伯爾

尼與瑞士當局進行協商，瑞士當局將發出正式邀請。5月28日，他寫信告訴杜南：「今天早上，德魯安・德呂斯的信在國會被正式宣讀。先生們向我保證，這件事不會有任何困難。尤其是杜布斯總統，他似乎已經準備好如我們所願地去做一切工作。」

杜南再一次為他的事業做出了決定性的貢獻。1864年6月6日，瑞士國會向所有計畫中的國家發出參加8月8日在日內瓦舉行的外交大會的邀請。幾天後，法國政府發出了建議接受這一邀請的外交通函。

杜南為之奮鬥了許久的創立法國委員會的計畫，現在也即將實現。一小群可靠的朋友聚集在一起，其中包括日內瓦大銀行家西奧多・凡爾納、慈善家奧古斯特・科欽和少數不畏懼他們的戰爭部長的勇敢的將軍們。1864年5月25日，「一次小型籌備會議」在倫敦街的奧爾良鐵路管理委員會接待大廳舉行。該委員會即將成立，它像怪獸般地集合了眾多的名字和職位——包括幾位名譽主席、十幾名副主席、六名祕書、一批創會會員和若干小組委員會。這真是個滿足和傷害虛榮心的好機會！

一個月後，羅漢－查博特伯爵如此評論說：「建立組織在法國是很困難的事情。」當時他們在任命法國委員會官員方面仍然沒有進展，達里考男爵禮貌地謝絕了領導該委員會的機會。最後，費岑薩克將軍成為法國傷員救護協會主席，蘭登元帥接受了協會名譽主席的頭銜。

法國委員會的代表團出現在部長辦公室，蘭登不大禮貌。「我希望你們不要和那些多管閒事的日內瓦人有任何關係！」

　　　我出席了這次和戰爭部長的會面，與委員會的其他成員一起默默地站著。我對元帥的攻擊一點也不感到驚訝，因為他對我的存在一無所知，或者至少假裝不知道。他進一步發洩了壞脾氣，辱罵說：「某位杜南先生，一位瑞士人，肆意批評法國……。」代表團就像被澆了一盆冷水。沒有人回答。代表團被這場會面深深地震驚，懵懵地返回了。

　　難怪法國委員會雖然半年後在杜伊勒里宮被拿破崙三世莊重地接待，但仍然只是個擺設，非常被動、沒有實際功用。

　　現在幾乎所有杜南打算做的事情都已經完成了：拿破崙三世已經被說服，法國有一個由該國最傑出人物組成的委員會。中立化是即將召開的代表大會的首要議題，除非證明一切都是虛幻的，否則他的「神聖原則」夢想必將成為法律。杜南已經擁有了幾個月的令人屏息的陶醉感開始消退，穿梭宮廷、被國王接見的生活留下了太多的空虛和悲傷。每處杜南的聲音都被傾聽，但他的悲傷卻無處可去。他仍然是一個陌生人，有著無人能分擔的無形痛苦。他的生意，對他來說意義重大，但在他獨自行走在暮色中的那些夜晚，這一切已經離他很遙遠。他已經支付五萬法郎得到了一系列執照。旅行著的人道使徒已經在歐洲的土地上播種下了他飽受折磨的內心不安，而一個空洞的公約將是收穫。沒有更多的空間容納先知，他在日內瓦的朋友不乏嚴厲和不信任的言論；自從柏林事件之後，他們就不再相信他的性情。莫瓦尼埃，這位

日內瓦委員會的新主宰者，一直擔心意外和過快的步驟，他告誡身在巴黎的委員會祕書杜南「言多必失」。

5月29日上午，杜南正在索邦大學聆聽著名的佩雷夫神父的布道[6]。這場布道是對杜南工作的熱情呼籲，坐在那裡的是巴黎的紳士、貴族和名門顯貴。他也坐在現場，但不過是來自日內瓦的可憐的小杜南先生。但神父呼喚他的名字如同呼喚一位聖人，他被自己名字的份量嚇壞了。

他怎麼了？難道他內心沒有一種對平淡生活的懷念，和對清靜無為的渴望嗎？他已經偏離了熙熙攘攘的道路，恐懼攫取了他，他想掙扎。回到家，他寫信給莫瓦尼埃：

> 我相信我現在已經盡我所能地啟動我們的事業並取得成功。現在我想完全靠邊站，所以不要再指望我積極協作。我將回歸到沒沒無聞之中。事業開始了。我只是上帝手中的工具。現在其他比我更有資格的人必須推動並完成事業。

在日內瓦的委員會成員對杜南這個突然的決定感到極為困惑。杜南的人格特質已經成為了歐洲的傳奇，為了事業，在組織穩定前就失去杜南會非常麻煩。6月1日，莫瓦尼埃回覆說：「我們是你的同事，但無法取代你。現在離開我們將必然危及事業。」

杜南留了下來。蘇法利諾的魂靈縈繞著他，他無處可逃。

註釋:

[1] 巴登大公國存在於1806年至1918年,位於今德國西南部。

[2] 雅克·埃利澤·雷克呂斯(1830-1905):法國地理學家、作家、無政府主義思想家,作品主題集中在其地理、人類生活及無政府主義。

[3] 「沙阿」是波斯語古代君主頭銜的漢譯名,意思是「萬王之王」。

[4] 恩斯特·朱利葉斯·古爾特(1825-1899):德國外科醫生、教授和醫學史學家。他關於麻醉的統計報告促使了麻醉手術中廣泛使用乙醚代替氯仿。他著有三卷本《外科史》。他於1873年整理了二百九十一份戰爭中有人道主義內容的條約。在他之前,布里爾博士於1864年發現了四份此類條約。

[5] 克勞德·亨伯特·皮亞龍·德·夏穆塞(1717-1773):法國審計法院審計師、醫生和慈善家。他創立了若干互利協會。因為當時醫院人滿為患,他在自己的酒店照顧貧窮的病人。按照他的原則,天主教會經營的濟貧醫院也隨之進行了改革。

[6] 亨利·佩雷夫(1831-1865):法國天主教神父和教會歷史教授,天主教自由派的代表人物。

第十一章　1864年的丹麥戰爭

　　日內瓦的女士們還需要把更多的麻布切製成繃帶。俾斯麥的普魯士政策已經完成了準備階段，轉而開始實施侵略。1864年2月1日，普魯士和奧地利以保護石勒蘇益格人民免受壓迫為藉口，向丹麥宣戰。在敵對行動爆發之前，圍繞石勒蘇益格和荷爾斯泰因公國的鬥爭已經進行了十多年。

　　這場戰爭的原因是無法解決的涉及族譜和法律的複雜問題。自1460年以來，丹麥國王一直是這兩個公國的宗主。石勒蘇益格的居民絕大多數是丹麥人，荷爾斯泰因的居民主要是德意志人。1848年就已經爆發戰鬥了。宣稱擁有公國的奧古斯登公爵出現了，他攜領土倒向德意志邦聯[1]。1853年在倫敦舉行的一次會議仲裁了這場糾紛：奧古斯登公爵得到現金而出賣了他的權益，石勒蘇益格－荷爾斯泰因再次屬於丹麥。後來丹麥國王通過將石勒蘇益格併入丹麥王室領地並使荷爾斯泰因自治來尋求合理的解決方案。德意志邦聯議會對此表示反對。

　　英國人完全站在丹麥一邊，因為威爾士親王剛剛與丹麥亞歷山德拉公主成婚。在下議院，時任英國首相的帕默斯頓勳爵支持丹麥的獨立、權利和不可侵犯性。他宣稱：「如果任何強制的企圖要取消丹麥的權利或危及丹麥的獨立，企圖

者必須牢記，他必須考慮的將不僅僅是丹麥。」

　　這些強國政治家的強硬支持言論加強了丹麥這個小國的態度。歐洲大家庭再次團結起來，對弱者的權利受威脅表示崇高的憤慨。再一次，當可能意味著要進行交易時，這一切都毫無意義。法國保持中立，因為拿破崙無法原諒英國拒絕在波蘭起義的議題上支持自己的立場。俄羅斯是普魯士的朋友。奧地利不想將德意志邦聯的主導權完全交給普魯士，因此為了維持聲望而和普魯士站在一起。在最危急時刻，丹麥國王去世了。奧古斯登公爵的兒子又現身，重新宣稱對公國的權力。但俾斯麥對建立一個新的小國不感興趣。公國首府基爾有波羅的海重要港口，未來可能成為普魯士艦隊的基地。僅擁有四萬名士兵的丹麥獨自面對危局。

　　弗蘭格爾率領的普魯士軍隊向丹麥邊境挺進，兵臨基爾。奧地利人在漢堡附近渡過了易北河，隨之而來的是並不光榮的戰爭。盟軍向前推進，在他們壓倒性的力量面前，丹麥人撤退了。在丹麥人據守的杜佩爾鎮，戰事停頓一下後，開始了八週的圍攻。然後杜佩爾鎮被攻下了，通往丹麥首都哥本哈根的路打開了。歐洲抗議的呼聲越來越高，但沒有切實的反對行動。在倫敦召開了一次會議，拿破崙三世提議舉行公民投票作為解決方案。職業外交官們對法國皇帝浪漫得無可救藥的提議感到震驚。丹麥人的最後抵抗在阿爾森島被擊敗，毛奇和普魯士王儲對戰局做了最後決定，隨即停戰了。年底在維也納，丹麥將公國割讓給了奧地利和普魯士。

　　當杜南在《洛桑公報》上宣布自己要去丹麥時，繃帶籌募晚會在艾納德夫人的沙龍裡剛開始。但他在巴黎的工作壓

力太大，使他無法完成自己的計畫。很明顯，面對這場新的戰爭，年輕的日內瓦組織不能被動。來自米松德前線的消息震驚了世界，基爾的學生在那裡冒著生命危險將傷員帶走。

「杜福爾將軍堅持我們有義務立即派遣兩名代表，一名前往德意志，另一名前往丹麥，以維護我們的無派別性和國際主義原則。」（1864年3月13日）

他們求助於巴斯廷博士的朋友、丹麥官員范德維爾德，他碰巧在日內瓦講授巴勒斯坦問題。范德維爾德同意承擔丹麥的任務，而阿皮亞博士則負責普魯士一方。

紅十字會的正式代表首次出現在戰區，他們將有非常不同的經歷。生活在敵人情結狀態下的人們對「中立」外國代表的反應將是完全新奇的[2]，很難預測試圖為人道代言的後果。

有許多不信任有待克服。范德維爾德4月初抵達哥本哈根的時候，仍是嚴冬時節。丹麥人困守在冰雪堡壘中，感到在精神上和物質上都被周圍的世界拋棄了。丹麥《人民評論》和《每日電訊》兩家報紙立即開始對紅十字會進行猛烈攻擊——「該組織對丹麥事業漠不關心，以至於他們同時任命了一名代表去普魯士軍隊。」

在戰爭的仇恨中建立中立空間的想法仍然太過新奇，即使紅十字會的代表也發現他們的角色很困難。范德維爾德試圖「從道德而非政治上」將自己與丹麥人認同。他被告知：「日內瓦的想法美麗高貴。但我們丹麥人此刻太沉浸於自己的關注和煩惱，而無暇顧及其他事情。」他們禁止他與一名議員一起進入普魯士集中營，收集有關丹麥受傷軍官的信息。

　　紅十字會的態度只能與醫生的立場相提並論，他有義務
照顧病人的需要，而不詢問他的道德價值。他可能對任何特
定生命有沒有價值持有自己的想法，但他的職業要求他不加
區別地救護。對於醫生，或許也對於其他人，在任何形式中
的生命本身以及它純粹的生存力都是神聖的，無論是被判死
刑的罪犯還是天才。他唯一的敵人是任何對他所被託付的生
命的威脅。當他放棄這個職業基本原則時──就像今天經常
發生的那樣──他已經放棄了自己。

　　極權主義國家要求醫生將他的職業從屬於國家需要：
他必須根據患者對社會的價值來評估患者。因此，他被迫選
擇，是追求行使神蹟般的極度光榮，還是屈就將自己降低到
政客這一層次的恥辱。醫生和患者之間關係永遠不可能依靠
任何仲裁法庭。一個旨在救護戰場上的傷員的無派別組織也
不能以任何其他方式設想其使命。

　　丹麥戰爭中紅十字會的第一批代表在許多方面都是外
行。自1863年以來，紅十字會的先驅們開始聯合在一起，但
還沒有牢固的道德條款可以讓他們感受到約束。正如許多人
認為的那樣，中立不意味著、也不應該意味著道德被動。
當然現在的紅十字會面臨著更大程度的威脅，但這種危險在
當時也完全存在。紅十字會有權利也有義務譴責對人類文明
的公然傷害，因為在這時戰爭的性質最為惡劣。在這場戰爭
中，有歐洲輿論不能容忍的非人道行為，例如對桑德堡的無
意義轟炸。在馬德里和巴黎，人們無法理解日內瓦的寂靜無
聲。還是杜南以他不妥協的熱情表明了對紅十字會理想職責
的肯定，在1864年4月26日給莫瓦尼埃的一封信中，杜南指

出：「國際委員會的意見具有如此重要的意義和影響，其職責是了解並說出全部善惡，揭示各種罪惡的真相。」

　　在這場戰爭中，阿皮亞博士喪失了關鍵的判斷力。他是一位熱情的軍國主義者，並像中魔咒一樣被極其高效的普魯士戰爭機器所吸引。一開始，他也遭遇困難。杜南在《日內瓦雜誌》上發表的一篇批評性文章在柏林引起了強烈的負面反響，但阿皮亞設法改善了這種情況。紅十字會的想法在這裡發現了精心準備的肥沃土壤，在這裡待命的已經有醫院騎士團、馬耳他騎士團、凱瑟沃特和貝薩尼亞女執事、即使在火勢下也能救出傷員的漢堡簡樸之家的兄弟們以及杜伊斯堡慈善基金會的學生們。

　　「不，先生們，當我們希望沒有制服、只戴一個簡單的臂章的非軍隊人員可以在不危及軍紀的情況下忙碌於醫助和急救戰場上的傷員時，我們不是在做夢。」

　　阿皮亞得到了羅恩的推薦，並有一名被長期指派的上校來協助他。作為戴上紅十字臂章的歷史第一人，他不知疲倦地積極活動。在倫茨堡，他受到了八十歲的韋恩格爾元帥的接待，元帥給他留下了深刻印象。「他親手給軍官們的酒杯斟滿酒。」他欽佩這位普魯士老兵的尚武精神和氣度，「身材魁梧，體格健壯有力，神情開朗勇敢，沒有誇張，沒有霸道，特別是沒有輕浮，完全是堂堂正正的軍人形象」。儘管阿皮亞在其他地方將戰爭稱為「集體錯誤」，在他的內心深處，他尊重

歷史上第一個紅十字臂章（內側有阿皮亞標註的使用年份和場合）

戰爭。「戰爭，就像人生中所有的重大考驗一樣，為人類的完美而進行。」而在他報告的另一部分，他又說道：「我無法掩飾這個事實，面對這種邪惡，我非常震驚，看到受害者的數量之多我幾乎要哭出來，其中許多人無疑是無辜的。」

阿皮亞在醫院裡非常活躍，在一些情況下，他定期為軍官和醫生舉行關於紅十字會的會議。「我總是被認真對待……，在普魯士和奧地利軍隊的任何地方，我幾乎無一例外地發現了一種親切、真誠和令人信服的理解，而且經常還有我絕少懷疑的基督教人性[3]。戰爭被預期以其必然的殘酷與不幸的方式進行，但也希望仁慈、溫和與節制將贏得勝利。」阿皮亞博士就這樣自相矛盾，他的普魯士心如此痴迷，卻被命運藉著歷奇探險的迷人魅力帶到了日內瓦共和國。對於阿皮亞來說，杜南感到的「基督教人性」與戰場之間的鴻溝不是問題，他也沒有被超級強權的思路和將無辜者送死的政客算計所折磨。一年後，作為一個中立的人道主義組織的官方代表，他可以在攻克杜佩爾的週年紀念日向王儲送上祝賀。

然而，考慮到這場戰爭的相對得體，他的態度是可以原諒的。阿皮亞描述了一個感人的戰場故事，聽起來好像是我們學校讀物中的片段。他坐在一輛馬車上，向桑德堡運送一名喪生於普魯士人之手的丹麥軍官的棺材：

> 我們緩慢前行，抬著棺材的六名士兵跟在馬車後面。到了通往桑德堡的橋，而橋的中段已經被炸毀，我們看到一艘船從對岸駛來。出現了一名丹麥軍官：

他理解了信號。普魯士軍官上前迎接他，他們敬禮並交談了幾句。普魯士人感慨說：「多麼可悲，毫無疑問，他本是一個前程遠大的軍官。」接到信號後，抬棺的六名士兵以緩慢的葬禮步伐走到橋上，將棺材交給丹麥人。他們向死去的軍官行了最後的軍禮，然後丹麥船開走了。詭異的一幕結束了。我們再次登上馬車，而丹麥的砲台寂靜無聲。

這是帶著憂愁的描述，但它表現出對死亡的尊重和一種騎士精神，人們在來自埃塞俄比亞、西班牙或中國的報導中只能徒勞地尋找這種精神。意識形態對個人的馴服加劇了大規模的非人道行為，在空襲的血腥混亂中，虔誠毫無意義，禮儀也沒有立足之地。

註釋：

[1] 德意志邦聯（又稱日耳曼邦聯）是存在於1815年至1866年的全德意志國家組織，根據維也納會議，為了團結在1806年神聖羅馬帝國解散後餘下的所有德意志邦國而成立。但該邦聯非常鬆散。永久主席國為邦聯內第一強國奧地利帝國，永久副主席國為第二強國普魯士王國，餘下的德意志邦國擔任成員國。邦聯存在期間，德意志統一運動興起。1866年普奧戰爭後，邦聯解散，奧地利被逐出德意志的範圍，普魯士隨後統一德意志。

[2] 敵人情結是一種錯誤地認為自己被敵人包圍的精神障礙，通常伴隨有偏執和自卑等其他精神情況。

[3] 基督教人性這裡指耶穌（基督）教化下發展出的人性美德，但具體理解見仁見智。阿皮亞提到的仁慈、溫和和節制當然也是耶穌表現和提倡的美德，但戰爭本身並非耶穌所認同的，因為耶穌提倡「要愛你們的仇敵」、「有人打你的右臉，連左臉也轉過去由他打」（《馬太福音》第5章）。所以，在下文中，杜南感到的「基督教人性」與戰場之間存在著鴻溝。

第十二章 1864年的
《日內瓦公約》

　　1864年8月8日，擬定《日內瓦公約》的大會以一場重大政治事件應有的所有預備活動開始。在瑞士政府邀請的二十五個國家中，有十六個國家響應號召：巴登、比利時、丹麥、西班牙、法國、黑森、義大利、荷蘭、葡萄牙、普魯士、美國、英國、瑞典、挪威、薩克森和符騰堡[1]。這些國家共派出了二十四名代表與會。

　　哪些國家沒有與會呢？奧地利拒絕參加，因為它認為其衛生官員「足以滿足所有要求」，並且不同意「該計畫的幾個要點」。巴伐利亞和教皇國堅決拒絕，因為看來他們害怕在「新教的羅馬」遇到加爾文的鬼魂[2]。巴西、墨西哥、希臘和土耳其沒有派代表出席，但表達了對大會的支持。德意志邦聯只允許其成員國派代表，但拒絕派出聯合代表。俄羅斯代表是在大會結束後才抵達的。

　　但很快就清楚地顯明，各代表團關於大會將要做什麼的想法大相逕庭。然而，幸運的是，相比於1919年在日內瓦舉行的第一次國際聯盟會議，這次大會中的分歧、混亂和陰謀微不足道。

　　莫瓦尼埃以最一絲不苟的態度監督了大會的準備工作，從會議桌的形狀到他與杜福爾將軍共同撰寫的公約初稿，而該公約初稿在可以預見的範圍內滿足了所有法律和政治要求。

　　他最關心的事情之一是盡可能消除日內瓦當局的存在感，並確保會議的專屬性。日內瓦「人民」和「貴族」之間的仇恨太深了。1846年日內瓦爆發的左翼革命沒有被遺忘[3]。他在6月25日寫道：「不能把大會當作讓人們從早到晚盡情娛樂的國定假日。」湖上將有燈火通明的長廊，但「不能應允市議會邀請他們所有的追隨者，否則慶祝活動將開始散發出民主貧民窟的氣息。」

　　「門衛，也許還有一位為大會服務的優秀辦事員」，這就是他們對日內瓦政府的全部期望。他們的潛台詞是：我們是如此優秀的紳士！那一年，在同一個城市，約翰・菲利普・貝克爾創立了國際工人協會第一分會[4]，卡爾・馬克思撰寫了該協會的章程。那一年在法國，工人罷工的權利成為法律。兩種大趨勢已經開始分裂人類，但沒有人察覺到危險。

　　莫瓦尼埃分配了大會組織的各項職能。瑞士國會已將整個組織事務移交給日內瓦辦事處。杜福爾當然會主持日內瓦辦事處，而瑞士軍隊的外科醫生萊曼博士和莫瓦尼埃是國會的代表。歷史學家布里爾博士是會議祕書。杜南在這個計畫中沒有立足之地。如果沒有他，就不可能有這一事業，但在這個為他畢生事業加冕的場合，莫瓦尼埃卻安排他做接待委員會負責人這個悲喜交加的角色。巴斯廷被正式地留置在荷蘭。反叛者被清除了。

　　杜南參與會議準備直到最後一刻，他的兩個祕書夜以繼

日地工作；通過一封寫給林肯總統的信，他大大地促進了美國的參與。他的名字是這次大會的旗幟，可他自己卻像楚楚可憐的灰姑娘一樣，忙著布置茶點和煙花。

市政廳安排了兩個大廳供大會使用，八年後英美將在同一地點談判「阿拉巴馬號」索賠案[5]。

許多大會參與者一年前就已經相互認識，布迪爾又回來了，還有他的普魯士對手萊奧夫勒博士。但這一次，在皇帝如此明確地表達對日內瓦的工作感興趣之後，法國人接管了領導權，而普魯士人保持沉默，有些時候則是被激怒的聽眾。

與一直持續到8月22日的主要會議同時，各國救護協會也齊聚召開了一次會議，使該運動的許多朋友和觀察員能夠在不打擾主要會議的情況下了解事態發展。

杜福爾將議程簡化為最簡單的公式：「我們只想成就一件事——交戰方同意救護車和衛生人員中立化。」

但是，讓十六個國家同意這句話是一項多麼勇敢而偉大的任務！

之前對大會的任何描述都不足以清楚地顯示大會的內部鬥爭和危機。一份以前從未出版過的美國政府檔案文件對日內瓦發生的事件以及其中的關鍵人物做出了異常生動的描述。這是作為美國衛生委員會代表來日內瓦與會的查爾斯·鮑爾斯的報告[6]。這是份經典的外交報告，值得廣為人知。不僅因為這位美國觀察者的長遠視角使他能夠比其他所有目擊者更清楚、更客觀地判斷政治局勢，也特別因為它闡明了美國在實現《日內瓦公約》方面的重要作用，以及美國幾乎是最後一個同意該公約的文明國家的原因。

1864年5月23日，鮑爾斯收到了杜南的半正式邀請，他回憶說：「從一開始，我們的歐洲代表處就一直與杜南先生和日內瓦委員會保持著積極的通信聯繫。我們已經能夠通過我們的文件和其他材料為歐洲的這項事業提供實際支持，這可能對其成功開展至關重要。」

5月24日，鮑爾斯返回美國，在那裡他被任命為「美國衛生委員會駐歐洲代表」，他直接前往華盛頓與國務卿威廉·西沃德討論日內瓦會議的事務。

華盛頓堅持約翰·昆西·亞當斯於1823年提出的門羅主義精神[7]，該主義決定了美國的長期外交政策。北軍格蘭特的最後勝利是在1864年，那時內戰的結果幾乎毫無懸念。作為非常不受歡迎的歐洲對美洲的干涉，拿破崙三世的軍隊仍在墨西哥。必須盡快採取行動結束這種占領，林肯對日內瓦的想法表示同情，並希望「在他的權力範圍內進行合作」。但西沃德的官方聲明是這樣寫的：

> 我們的政府雖然隨時準備推進所有人道主義行動，但有一項眾所周知的政策，即遠離所有歐洲議會或政治性質的契約；美國已派代表參加巴黎郵政大會、柏林統計大會以及歐洲其他地區與農業有關的大會；但是，現在提議在日內瓦舉行代表大會的目的是修改國際戰爭法，並簽署一項對我國政府具有約束力的公約。而現在戰爭正野蠻無情地進行，困難顯而易見，派遣一位或多位被正式授權的美國代表基本上不可能。儘管如此，美國政府隨時準備與任何一個國家

或所有其他國家單獨協議，以實現日內瓦代表大會的宏偉目標，甚或可以稍後通過該代表大會明智地提出和達成的公約。政府希望以自由國家的身份行事，可在適當的時機選擇是否接受這些預定條款。

經過一番討論，最終決定派鮑爾斯以衛生委員會代表的身份擔任大會的半官方觀察員。他匆忙返回，於8月4日出現在日內瓦。

「在自我介紹後，我受到了杜南先生和國際委員會的熱烈歡迎。」鮑爾斯抵達後，得到了令人欣慰的消息，即美國駐伯爾尼大使喬治‧福克已接到華盛頓的指示，以非正式代表的身份出席大會。

8月7日晚，應大會當局邀請，我出席了在雅典娜神廟舉行的大會代表首次非正式會談。由於這次大會非常重要，我提議主持者詳細介紹一下大會的相關情況。十五或十六個政府的代表出席了會議。在此我首先聲明，瑞士政府召集本次大會的目的是，根據他們認為已在去年10月的會議中充分研究討論而達成的決議來制訂和簽署一項國際公約。因此，任何討論，除非關係到這些決議所包含原則的法律陳述，不僅不是本次大會的目標，而且正是希望避免的，以免討論會無休無止，並可能導致大會在沒有實現其目標的情況下解散。我沒有看到瑞士政府發出的正式邀請，但必須假設它沒有清楚表達這個意圖，因為很多代表在抵

達日內瓦時，對於他們來做什麼肯定只有籠統而模糊的概念。

　　因此，俄羅斯起初拒絕派代表，在法國政府的敦促和解釋後才同意。俄羅斯代表雖經委派，但未能及時抵達日內瓦參加談判。奧地利的答覆表明它不明白，而且其實是誤解了這次大會，因此完全拒絕派代表。其他國家派出了代表，但在首次非正式會談開始的半小時內，我們發現在場的代表中只有瑞士和法國的代表擁有全權授權可以簽署公約！其他兩三個代表擁有他們所謂的全權，但他們的文件實際上要麼非正式，要麼有缺陷。在全權代表、自認為是全權代表和自知不是全權代表的人之間，隨著這一發現展開了熱烈而令人失望的討論。出現了關於實施大會的這些先進想法的可行性甚至可能性的問題，以及衛生委員會的工作和實際性質，以及它與政府的關係問題。這些正是我準備回答的問題。通過我們分支機構分發的眾多小冊子和其他文件，他們都聽說過衛生委員會，而我正作為真實具體的代表與會；但是儘管如此，他們中仍然有一半傾向於認為我們的機構是神話，或者至少對於他們這些無法理解的人來說是不真實的創造。但我能夠向他們證明，這個「神話般的」機構──美國衛生委員會──早就遭遇而且克服了他們之前預測並因此退縮的困難，甚至實際上也解決了他們現在正在研究的問題。此外，我剛從美國的工作的現場來到這裡，腦海中栩栩如生地浮現出戰場、醫院和墓地，

可以極為懇切地與他們談論戰爭這種國家疾病以及已
知或被提議的補救措施。正是因為有這個始終存在的
意識，作為一個現在正遭受戰爭的國家的代表，我努
力向他們傳達本屆大會的重要性及其崇高的慈善目
標，並且在所有的討論和行動中，我們的指導思想應
該是先人道，後政策。這個非正式會談沒有達成任何
和諧或確定的結果就散場了，我們都在不安中期待著
第二天下午一點鐘的代表大會第一次會議。

　　法國代表團成員感到非常困惑，團長雅格施密
特是一位有能力的外交官，最後他向我宣稱整件事是
失敗的，因為他和他的同事們被賦予了國家主權的全
部權力，不能同那些沒有相應資格的人簽署公約，他
甚至不承認這些人是各自政府的真正代表。我盡我所
能地讓他明白採取某種行動的必要性，以及沒有行動
就散會必然導致的恥辱和嘲笑。最後，我建議擁有必
要權力的全權代表不要談論政府授權，並與其他人一
樣參加會議以制訂公約，希望在準備簽署公約時，有
足夠數量的與會代表在向其政府解釋其立場後，將獲
得授權簽署公約。他沒有給出明確的答覆，但說會盡
其所能，使大會免於失敗。雖然我對結果很著急，但
心裡還是充滿希望，同時我也確信我來日內瓦義不容
辭；如果大會成功，大會和整個世界將很感謝我們的
衛生委員會，它無與倫比的成就提供它的代表一個非
常強力、可以推動神聖事業的槓桿。

　　第二天早上，幾位代表在我的房間會面，雖然迴

避了資格的問題，但我滿意地注意到全權代表們變得輕鬆，對我們其他人表現出更加兄弟般的友善態度。

我在德貝格旅館訂了幾個房間，參加大會的二十五名正式代表中至少有十三人在整個會議期間都住在這家旅館。我的房間的中心位置有面對湖景的陽台窗戶，這些房間立即成為住在該旅館的代表們最喜歡的休閒場所，並最終成為大會會場外的聚會地點。這正是我的意圖。這類大會代表們的反思和大部分工作都是在會場外完成的。激發這種反思，並通過談話和實物證據影響代表們的思想，將逐漸清晰地對大會主題產生充分的理解，這對於會議中的和諧行動必不可少。當大家明確非官方或志願的救護委員會是全新的主題，或者至少對幾乎所有與會代表來說是如此時，就會更充分地意識到激發反思與和諧行動的重要性。

我從美國帶來了衛生委員會的最新報告和最有價值的出版物——醫學書、統計圖表等等；一些展示我們的工作組織的大型雕刻圖；一些展現費城博覽會建築的大型彩色石版畫，以及為紀念那次博覽會打造的五六打漂亮的銅牌。我還有衛生委員會主要倉庫和建築物的照片，以及醫院規劃和戰爭發展中的各種改進；現場救護隊的生活照片，包括人員、馬車、馬匹、帳篷，以及他們的安排和行動。這些生活照片、書籍和實踐證據產生了有價值的效果。它們對熱心為長期受苦的人類的利益而全心全意尋求光明的許多大會代表們來說，就像看到了理想中的樂土。這是為這

些一直在黑暗中工作的代表們打開一扇窗戶，讓光線進來以消除所有的黑暗和懷疑……

國際委員會提議中的後兩項，提議B和C，與政府制裁和保護志願救護委員會有關。它們遭到反對，理由是雖然毫無疑問這些是值得大會考量的適當問題，但它們顯然超出國際法的規範範圍，因此也就超出了本屆大會的權限。相關討論就不在這裡詳述。無論我怎麼想，我都沒有推動這些提議，但我想說我很清楚衛生委員會的權力來自人民，而不是政府。即使推動這些提議是明智或必要的，我也將被迫幾乎獨自地與不相信以及顯然的嫉妒做鬥爭。即使那些仁慈開明的紳士們也很直白地流露出後一種情緒。因此，瑞士政府撤回了相關提議。

杜福爾將軍被選為大會主席極其讓人開心。他為所有認識他的人所愛戴和尊敬，他的精力和心智歷經七十多年的磨練卻絲毫沒有減弱。他是拿破崙三世的第一位軍事教師，從此就得到了後者的好感和尊重。他在代表大會上的開幕詞，帶著一位真心實意、富於良心的老人的誠懇和認真，聽過的人都不會忘記。作為瑞士共和國的總司令，他的地位以及他崇高的個人品格為代表大會賦予了尊嚴，他最幹練地主持了大會。

會議大廳布置得樸素而雅緻，大約有四十張桌子排列成馬蹄形，面對著主持官員的高架桌。按法文字母順序，我們的座位介於西班牙和法國代表之間。

這非常重要。因為美國人只是非正式的參與者，

即使他們不同意大會中提出的意見，他們也不能參加辯論。然而：

關於志願者救護的辯論尤其具有挑戰性，因為辯論並不像應有的那樣清晰。法國政府在這次討論中表達的想法，無疑是目前歐洲所有軍事大國的想法。儘管如此，我對法國代表採取這種做法並不奇怪，因為眾所周知，皇帝本人是這場運動和本次大會的支持者。一時之間，這些代表拒絕承認衛生委員會，拒絕承認弗洛倫斯·南丁格爾和她應有的中立權；另一方面，大會起草並提出公約第五條，該條給予在自己家裡照顧傷員的人中立權和進一步的優待，但它否認那些在崇高的努力和善行方面超越他們的人。整個會議期間都表現出同樣明顯的不一致，我聽說對這種看似矛盾的解釋是，雖然有皇帝的意願和戰爭部長的同意，但法國官員以其狹隘心胸用小動作阻礙運動。相對於這些人的有限理解而言，甚至以人道主義的方式獨立於政府的協會的想法也是自以為是和過於民主的。這是一種對他們而言從未被教育過的、完全陌生的觀念，他們祖先的傳統也完全忽視了這一觀念。然而，只能說這些不利的影響在一定程度上被代表們自己的自由主義精神所抵消。他們雖然有義務去遵循教條，但當和諧精神和大會利益需要時，他們會盡可能地舒展自由主義精神。事實上，這種和諧精神本身就變成了一種強大的團結元素，雖然會場內外的討論往往很激烈，意見分歧有時很大，然而和諧的魅力從來

沒有被任何兩個代表之間的不友好的言詞或感情所破壞。有時和諧精神會受到威脅，例如有人提議通過條款賦予總司令能在自我判斷恰當時行使例外權，這實際上會使我們的全部工作失效！還有一次，當法國代表團拒絕對病人中立化時，他們宣稱這次大會的目的是確保僅傷員享有這種特權，並且得到指示要將病人排除在外。雖然這兩次僵局一度很嚴重，如果持續將很可能會導致爭端和大會部分失敗，但提議方在大多數人的壓力以及存在的普遍善意和理解面前讓步了。

琑碎、冗長或過度注意細節，都無所謂，只要不傷害所建立的主要原則，只要一個新的、實用的人道的精鐵框架能完整地從打鐵爐中打造出來，這個框架應該除了由於打鐵力度不適當或方向誤差而導致的表面缺陷之外沒有其他問題。

大會的結果是一項公約，雖然它不那麼完美，但鑑於面對的困難和相互競爭的利益，它遠遠超出了預期。它的大考驗，未來的實用性，還有待應用檢測。協調人道與戰爭危難或其他不人道情況存在著幾乎無法克服的困難。

但即使公約被規避或違反，這仍然會記錄在案——公約的影響仍會被感受到，公約原則的正義性會得到承認，而那些違反公約的人至少要在道義上承擔責任。

未來的歷史學家會將它標記為十九世紀文明向前邁進的一步。

我們對這些希望感到鼓舞，這也是對我們艱辛勞

動的回報。當時，在公約完成兩天後，雅格施密特先生宣布法國政府對結果表示完全滿意，自我慶賀並祝賀其政府代表團。同時，法國政府向代表團保證它相信公約的價值，並在適當的時候將無條件批准公約。

在程序的這個階段，當除了簽署公約外別無選擇時，沒有特別授權簽署的代表發現自己處於錯誤的位置。我們過去和更早前都完全平等，但此時美國、英國、瑞典和薩克森的代表被發現沒有簽署公約的必要政府授權。

這些國家的代表們奮鬥過，並幫助大會贏得成功，他們現在必須看到其他國家分享未來記錄中的榮譽，而自己的國家被排除在外。但他們服從於這樣的必要性，被為整個世界謀求福利的想法所安慰，並以可望能得到同胞以及事業同情者的讚賞為滿足。

8月22日星期一，十二國政府的全權代表正式簽署了該公約。

隨後，日內瓦大會以丹麥的馮格爾先生為代表向深受愛戴的大會主席致以幾句衷心感謝後落下帷幕。

在逗留日內瓦期間，我們感受到日內瓦市民、國際委員會以及市政府和聯邦政府無與倫比的熱情好客。

日內瓦的富有市民們熱情地擁護正義事業，他們似乎在盛大的娛樂活動中相互競爭，以紀念大會和讓代表們消遣放鬆。慶典、帆船賽、燈會和遊覽世界上最美麗的湖——日日夜夜都有持續不斷的節目。

這些娛樂活動之後是由聯邦政府和日內瓦市為大

會提供的免費晚宴。

　　最後要提一下，8月17日星期三，在伊庫酒店發生了一件值得我們特別記錄的事件。作為兄弟共和國的代表，美國代表受到了最特別的關注。我們被安排坐在上座，在大會主席旁邊或對面，這是歐洲大陸人民非常尊重的標誌。桌子中央是一大塊城堡形狀的特製甜點，上面還有駐軍和戴紅十字臂章、正在工作的醫護人員。城堡主塔的上方是瑞士共和國和日內瓦州的小絲綢旗幟，圍繞著中央一面白底紅十字旗——這是大會剛剛通過的中立化象徵。在第一次祝酒後，這面旗幟被大會主席取下轉交給我，以此致謝我所代表的美國衛生委員會為全人類利益所做的貢獻。對於這樣意料之外的方式對我們委員會的肯定，以及大會主席隨後的講話，我盡我所能地回應，但周圍朋友的舉動、情緒、鼓掌，以及被點燃的正義事業的自豪意識，幾乎讓我不知所措。在外面的大廳裡，日內瓦音樂協會奏響了《威廉·泰爾序曲》[8]，雖然這掩蓋了我情緒的平復，但並沒有讓我更鎮定。因為透過酒店的窗戶我們幾乎可以看到威廉·泰爾這位共和主義者射殺蓋斯勒的地方。這些聯想，以及瑞士同胞在這片歷史土地上演唱的羅西尼音樂，給我留下了難以言喻的強烈印象。我們中的那些還生活在黑暗、懷疑和貴族專制的得意冷笑和侮辱中，被迫從國外旁觀維護國家自由的第二次偉大鬥爭的人，最能理解壓抑情緒的力量。而像日內瓦正在進行的這類事業不可能不解放

這樣的情緒。

　　我只是在這份報告中努力提供您可能感興趣的一切，或者通過指出我們在歐洲工作的價值，來為事業服務並激勵我們採取新的行動。這份報告顯明了沒有任何渠道比此次參會更直接，也沒有哪個機構像衛生委員會這樣強大，可以通過傳播關於我國事務的可靠知識及正確認識來發展國際好感、有效地幫助我們的國家及自由事業。

　　我們事業的力量超越任何政策。因為政策只影響理性方面，而我們事業既可以擁抱政策，更可以觸動心靈。

　　最後，我想提請注意並在此承認我們對日內瓦國際委員會的義務，因為他們在我們逗留期間的真誠和持續的善意。尤其是亨利・杜南先生，我們個人和全人類都應該對他感激不盡。憑藉他所有的資源、智慧、影響力和金錢，以及他的勇氣和巨大的能量，他立刻成為這項工作在歐洲的先驅、支柱和成功的推動者。他仍在努力，而這項工作正勇往直前。

　　我們必須繼續盡自己的一份力量，保持我們國家在這項運動的領先地位，如同在當今文明世界的其他進步運動那樣。

　　主席閣下，先生們，我的忠實一如既往。

　　　　　　　　　　　　　　　　最尊敬您的，

　　　　　　　　　　　　　查爾斯・S・P・鮑爾斯

這位美國人以其健全的常識和對共和主義的熱情，在這些被傳統僵化的歐洲人的委員會中從容自如、游刃有餘，他的報告描繪了在1864年歐洲「和諧」的美妙畫面，以及其中混雜的情緒起伏和互不信任。從甜點和合唱團到外交上的沉悶和陰謀，一切應有盡有，並構成了第一次真正的國際性國家大會的特徵。

至於《改善戰地武裝部隊傷者境遇的公約》的十項條款，不幸其中有明顯缺陷。尤其令人遺憾的是，公約對傷員的中立化沒有明確規定，只能間接推定。至於海戰，沒有達成一致，這留待以後解決。白底紅十字現在被正式承認為中立醫護人員的標誌。它與瑞士聯邦的旗幟相似，只是簡單地顛倒了它的顏色，這是對瑞士這個如此模範和無私地支持神聖事業的小國家表達國際尊重的方式。

從鮑爾斯的客觀報告中可以清楚地看到杜南為這次大會的成功做出了多少貢獻，比該組織的官方報告要明確得多。他被排除在領導層之外，但他以頑強和隱性的方式在幕後默默工作，而正是這種方式也使大家的精神在被言詞激怒時還能凝聚在一起。

在鮑爾斯如此誇獎的娛樂活動中，可憐的杜南扮演了一個憂鬱的節日角色。日內瓦標準已經被盡一切可能地調整為大使級的輝煌。日內瓦貴族有點暗自羞愧於他們的共和國地處在君主制歐洲的地理核心，能在自1846年以來統治這座城市的可憎「人民」面前表現出他們的熱情好客，這讓他們深感滿意。這是一個非常本地化的怨恨，同外部大世界只是略有涉及，可是它對紅十字會的發展有不幸的影響。實際上反

民主的日內瓦貴族名流以其在政府和將軍中的權威對推動紅十字會的發展非常有用，但它製造了一種封建疏遠的氣氛，這削弱了群眾的信心。也正因為如此，紅十字失去了其精神立場的激進主義，無法實現它在當前社會秩序中存在的終極邏輯，即反戰鬥爭。

代表大會的慶祝活動比會議本身更能體現這種態度。在戰爭與和平之間，在承認戰爭與頌揚和平之間，它們為掌握幸福的鑰匙、卻喚起如此多不幸的國際聯盟的未來精神創造了一個危險和可疑的先例。

首先代表們在莫瓦尼埃岳母的美麗莊園聚會，莊園位於日內瓦附近的賽雪龍，在那裡外國外交官的金色編織制服被廣為愛慕。8月11日代表們沿著湖邊散步到山景優美的維蘇瓦。從巴黎趕回來的富有的銀行家西奧多·凡爾納在這裡接待了代表們。一支軍樂隊陪伴客人，凡爾納向音樂家們贈送了一個銀色高腳杯，「以紀念剛剛在日內瓦完成的工作」。傍晚時分，「赫爾維蒂號」輪船將代表們送回家，這一天在拉格蘭奇結束，這是法夫爾上校的華麗府邸，他是日內瓦貴族圈子裡的核心前輩。杜南精心準備了這些慶祝活動。現在，在燈火闌珊大廳的喧鬧聲中，在他念茲在茲、名字閃閃發光的這群人中，杜南有點淒涼地徘徊著，這個形象幾乎是他自己和他的事業的幽靈般的傳奇象徵。

第二天，代表們聚集在位於港口的弗朗西斯·巴塞洛米家的希臘圓柱大廳。在湖上，帆船正在等待賽舟會的信號。兩艘輪船駛過。從一艘船上傳來樂隊的管弦聲，從另一艘船上傳來男聲在演唱為這個場合寫的一首康塔塔[9]。夜幕降

臨，別墅的露台燈火通明，雷鳴般的璀璨煙花在夜色中綻放。

週六在大都會酒店舉行了一場正式宴會，杜布斯總統從伯爾尼專程來參加。宴會的管弦合奏堪稱完美。

最後是日內瓦委員會的宴會。

鮑爾斯的令人印象深刻的描述，就是在伊庫酒店的這場宴會上。沃蒂埃議員忍不住長篇大論地讚美和平，讓人擔心會傷害到會的戰士們的柔情。但事件過去了。

後面的日子，天陰沉沉的，彷彿是因為之前有太多好天氣。歡快的湖面失去了平靜，狂烈的風暴襲擊了湖岸。

8月22日下午，代表們在大會有節日氣氛的最後一次會議中齊聚一堂。突然，從遠處的羅納河傳來了槍聲，就像閃電劃過天際一樣，驚擾了簽約的和平行為。

日內瓦的分歧已經演變成危機的爆發。在選舉中，「獨立」的保守黨以多數票擊敗了激進派候選人詹姆斯·法齊。選舉部門宣布選舉無效。「獨立人士們」發起抗議示威，擂著鼓在街上遊行。在工人區聖熱爾韋，發生槍擊事件，幾名示威者喋血街頭。

被激起的暴徒們衝進市政廳，要與議會的激進派議員算賬。但那裡沒有議會會議，只有一群即將改革世界戰爭規則的外國政要。滿院子憤怒市民的叫喊聲和喧鬧聲變得如此響亮，而且人們已經開始向上攀爬希望能襲擊議員，以至於杜南跳起來把主廳的門窗都鎖上。需要盡最大努力才能讓暴徒相信他們要找的人並不在場。最後他們終於走了。

　　儘管耳邊傳來沉悶的聲音，全權代表們不能允

許自己變得心煩意亂。但是，在完成仁慈的帝王們的託付、簽署人道主義公約後，可敬的代表們匆匆離場了，以觀察與他們習慣的本國政府系統大不相同的當地政府系統的特別之處。

杜南應該感到惱火和羞愧是可以理解的，因為這個離別的高潮並不是娛樂委員會的節目。但是，他所虔信的啟示來自天堂，街頭的鮮血難道不是自天堂發出的微弱呼喚嗎？難道這不表明《日內瓦公約》的想法有些錯誤？如果要消解仇恨，難道不需要在仇恨者仍保持理智時實施一些比慈善協議更強有力的措施嗎？日內瓦湖上空烏雲密布：反抗和憤慨的呼聲在街道上迴盪。歐洲上空也烏雲密布。幾千年來浸透了這人間天堂的被殺害者的鮮血在地下沸騰湧動。就像悶燒的烈火一樣，即將來臨的戰爭的火山口必將膨脹和破裂，炸彈的撞擊、傷員的嚎叫、屍體的惡臭，將形成洪流、摧毀一切──也包括公約和甜點。但杜南仍然相信煙花和合唱。從來沒有任何人，人類的聲音曾對他說，要更頑強執拗地堅持一個強權即公理的虛假世界的幻覺。杜南所受的試煉還不夠。

「杜福爾將軍和我待在市政廳直到最後一刻。我用馬車把尊敬的大會主席送回家，他非常鬱悶煩惱。然後我回來做最後的一些安排，並帶走與大會相關文件。」莫瓦尼埃也將部分文件放在了安全的地方。

不久之後，當我離開市政廳時，我收到消息說我的杜南兄弟在救護暴亂受害者時受傷了。我立即趕

> 到下城區找他。當我到達通常那個時段非常熱鬧的湖
> 濱大道時，它完全空空蕩蕩。貝格橋也同樣地孤獨寂
> 靜，除了幾顆流彈的呼嘯聲⋯⋯

慶祝活動結束了，伴隨著武力和優雅娛樂，以及令人感動的過度奢侈和十九世紀特有的豪華。雨滴落在杜南身上，洶湧不止的湖浪聲充斥著他的耳際。就像一座黑暗的堡壘，大教堂的黑色牆壁矗立在更黑的夜空。蘇法利諾的聲音仍然沒有沉默，他所希望的工作已經完成，但他周圍的空氣沉滯、悶熱，讓人難以呼吸。

外交官們向四面八方散去，回到他們的祖國。在他們的公文包中有一份文件——《日內瓦公約》。

註釋：

[1] 除普魯士外，與會的巴登、黑森、薩克森和符騰堡均為德意志邦聯的成員國，這四個邦國都存在於1806年至1918年，之後併入德國。

[2] 日內瓦是加爾文宗發源地以及初期的信仰中心，加爾文宗是基督新教內影響巨大的宗派，所以日內瓦常被形容為「新教的羅馬」。

[3] 1846年10月7日，日內瓦聖熱爾韋郊區的工人階級起義，保守派政府被推翻。隨後修憲，憲法更加民主。

[4] 國際工人協會（史稱第一國際），成立於1864年，是個旨在聯合各類左派社會主義或共產主義者、無政府主義者，並為工人階級進行階級鬥爭的國際組織。
約翰・菲利普・貝克爾（1809-1886）：德國出生的革命者，在1830和1840年代參加了德國和瑞士的民主運動，後成為第一國際的重要人物。

[5] 美國南北戰爭期間，英國聲明中立，卻為南軍製造了一艘巡洋艦「阿拉巴馬號」，南軍用它攻擊摧毀北方商船六十八艘。早在1863年，美國即提出抗議，要求英國賠償一切損失。1871年英美簽訂《華盛頓條約》，英國正

式向美國道歉，並確立戰時中立國的某些義務。條約也裁定英國要賠償美國一千五百五十萬美元。

[6] 查爾斯‧鮑爾斯（1835-1915）：美國銀行家，曾任美國衛生委員會駐歐洲代表。他曾在杜南最貧困潦倒時雪中送炭。

[7] 1823年12月2日，時任美國總統詹姆斯‧門羅在國情咨文中提出美國應對美洲事務具備掌控權，歐洲各國不得再在美洲進行新的殖民活動，美國也不會介入任何歐洲事務，舊世界與新世界互不干涉。這一孤立主義主張的主要內容出自時任國務卿、後來擔任過美國總統的約翰‧昆西‧亞當斯之手。1850年左右這一主張被稱作門羅主義，成為美國長期的主導意識形態，影響至今仍在。

[8] 威廉‧泰爾是瑞士民間傳說中十四世紀的英雄。傳說中，他是瑞士烏里州的農民。哈布斯堡王朝的新任總督葛斯勒在廣場的柱子上掛著奧地利皇家帽子，並規定路過居民必須向帽子敬禮。泰爾沒有照做，因而被捕。葛斯勒要泰爾一箭射中放在泰爾兒子頭上的蘋果才釋放他們，否則兩人都會被罰，結果泰爾第一箭就成功射中蘋果。泰爾第二箭瞄準葛斯勒總督，但沒射出。當時泰爾說：「如果我失手射中了我兒子，那麼第二箭會射向總督的心臟。」葛斯勒大怒，將泰爾父子囚禁。暴政持續，人民發動起義，泰爾在混亂中逃出，最後他用十字弓射殺了葛斯勒。奧地利出兵鎮壓起義，但最終被反抗者擊敗。義大利作曲家焦阿基諾‧羅西尼於1829年以這個民間傳說為藍本創造了歌劇《威廉‧泰爾》，該歌劇序曲成為世界知名的音樂作品。

[9] 康塔塔是一種包括獨唱、重唱、合唱的聲樂套曲，一般包含多個樂章，通常有管弦樂伴奏。

第十三章　動盪的歐洲

　　《日內瓦公約》的批准需要一些時間，因為外交程序比較緩慢。到1866年底，已有二十個國家加入了該公約。1867年俄羅斯緊隨其後。1868年教皇國最終決定簽署。

　　從1865年開始，政治疑慮增加，而祕密外交使節的活動也逐月增加，他們帶著機密文件在歐洲的各個角落編織戰爭網絡。普魯士之謎變得越來越引人入勝。

　　在巴黎，《凱撒大帝》的第一卷出版了，作者拿破崙三世滿意地閱讀了德國大學教授的好評。法蘭西第二帝國的溫和獨裁統治繼續進行，鬆弛中的皇權堅忍地接受了越來越多的民主讓步。奧芬巴赫的歌劇《美女海倫》對法國政治制度進行了諷刺[1]。易卜生坐在挪威的克里斯蒂安尼亞劇院[2]，對他在丹麥時看到普魯士的耀武揚威感到不滿和憤怒。

　　歐洲爆發了一場可能標誌為力量重組的深度動盪。宣揚惡魔力量的歪理邪說再次試圖使人類的道德和生物基礎，即人類不可改變的十誡，變得無效。

　　進入十九世紀，戰爭發生了根本性的變化。拿破崙一世的軍隊是第一批群眾性軍隊，大革命時期法國的全民動員是第一次極權主義戰爭方式。從此，歐洲土地上像危害性雜草般萌發生長的「群眾」變成了元帥和政治家手中一種技術

性的戰爭工具。像所有其他技術「成就」那樣，他們被越來越系統地使用。群眾的存在和引起的新反應惡性刺激了相應的開發與破壞。群眾可以被試驗，被投入精神陶醉狀態，被驅使做出規定的反應，被精神愚弄到自我毀滅的地步——這是自然科學世紀的一個新發現：宗教式的狂熱被應用於不道德、世俗和過於理性的政治領域。

相對於十九世紀的戰爭，十八世紀的戰爭有朝代差異。當然，它們也給人民帶來了痛苦，但對非戰鬥人員的危害相對較小。普魯士腓特烈大帝的軍隊有一半以上的非普魯士人[3]。那時戰爭仍然是一種特殊行當。但十九世紀的戰爭越來越成為國家之間的毀滅戰爭。民族的概念被從中推衍出了戰爭的道德理由，而拿破崙三世是這個觀念最早的也最熱心的擁護者之一，他最終也將在他自己造成的戰爭巨震中倒下。

在十九世紀初，情況仍然不同。1805年，英國首相皮特和俄國沙皇亞歷山大一世締結了一項英俄條約[4]，其中寫道：「歐洲所有大國都應參與，並通過該條約確定和承認他們當前擁有的權利和財產。他們應該相互鼓勵以保護和支持彼此免受每一次攻擊或傷害。應該在整個歐洲恢復一個普遍和包容的公法體系，以防止未來擾亂總體安全的企圖。」

拿破崙一世被推翻後，亞歷山大一世籌劃的「神聖同盟」在根本上也依照同樣的精神，歌德說過[5]：「沒有什麼創造比神聖同盟更偉大或更有益於人類。」亞歷山大一世的想法是，所有政府都應該公開宣布遵循基督教原則的意願：

他們充滿了卓絕的信念，即權力的多元和多變的關係

必須建立在神聖的基督教的純正真理之上。對於他們的臣民和軍隊，他們認為自己是一個家庭的父親，他們希望引導臣民和軍隊維護宗教、和平與正義。他們認為自己是同一個國家的成員，而這個國家實際上除了擁有一切權力的上帝之外別無統治者。

這份文件被發送給所有的王公簽署。他們不能公開嘲笑沙皇，因為他擁有太多的世俗權力。但英國外相卡斯爾雷子爵認為這份文件是「故弄玄虛、胡言亂語」[6]。他和英國元帥威靈頓公爵在閱讀該文件時「很難保持嚴肅」[7]。奧地利首相梅特涅則「研究了壓制這個計畫的所有現實可能性」。這個本質上是基督教國際聯盟的神聖同盟，依照歌德的看法，對它缺乏尊重可以「歸咎於沒有能力承認偉大」，它實際上構想了一個具有政治宗旨的國際社會，但它被反動派以自私自利、反自由的方法破壞了。

基督教國家和諧的幻影被民族主義的幻影所取代。義大利政治家馬志尼說過：「一個民族不是因版圖擴張而變得強大，也不是說同一種語言並在一個領導者治下的一群人；它是一個有機的整體，通過其目標和凝聚力而合一，並生活在自己的信仰和傳統中。」

更美好未來的期望再次出現，但轉化成的現實卻是歐洲半個世紀的和平隨著一系列戰爭而終結，並表明被解放的民族幾乎總是將他們新感知到的自由和力量與進攻和壓迫弱者的願望結合起來。隨後的和平條約僅包含非常微弱的嘗試，或者根本沒有嘗試將勝利者從給被征服者那裡攫取的新權力

與和平的道德觀念聯繫起來。國際聯盟的想法是在神聖聯盟失敗的時候首次啟動的。

曾經是宗教，現在是民族主義使戰爭享有神聖性，而戰爭罪行被賦予了英勇行為的精神面貌，儘管戰爭罪行的無辜受害者才是戰爭中真正的英雄。歐洲民族主義，雖然在紙面上是如此簡單的幸福公式，實際上卻強迫其軍隊和整個國家熱愛戰爭和發展仇恨心理。早在拿破崙一世時期就開始了徵兵制，但方式非常有缺陷。為了繞過條約對軍隊的限制，普魯士將軍沙恩霍斯特創造了普遍軍訓制可以短期內將十八至四十五歲之間的所有男性人口轉化成士兵。除英格蘭外，幾乎每個歐洲國家都迅速採用了普遍軍訓制。因此和平成為戰爭的前奏。戰爭的陰影在每一瞬間都在民眾思想中揮之不去。

毫無疑問，這種意識形態會有對應的哲學家，他就是普魯士人馮・克勞塞維茨將軍，他的著作《戰爭論》奠定了武力學說的基礎。這位馬基雅維利式的軍人低調地過著幾乎沒沒無聞的生活。在他1832年去世後，他的遺孀整理發表了他的著作。雖然在普魯士軍國主義者採用之前很少受到關注，他的無情理論今天決定了現代戰爭的機制和精神。

「戰爭是政治的延續。其精心準備的道德效果具有不可估量的價值，讓每個人都確信成功：這是增強民族精神的最佳方式。」依據馮・克勞塞維茨將軍所教授的戰爭科學，很明顯拿破崙一世是一位毀於自己文明思想的天才戰略家。思想只有宣傳價值，不應被認真對待。戰爭必須是短暫、殘酷、決定性的，無論誰發動戰爭，都必須保持主動。戰爭不能針對軍隊，而應該針對國家。為了渴望結束戰爭，必須讓

民眾對戰爭的殘酷性感到厭煩。征服者越嚴厲，戰爭就會越快結束。軍隊必須利用最好和最早的機會開始戰爭。祕密準備，突然襲擊以確保成功，必須利用對手的弱點。最成功的戰爭是預防性戰爭，甚至在戰爭爆發之前，侵略精神就必須鼓舞全體人民。「戰爭帶來的激情一定已經潛伏在這個國家。」戰爭也與道德無關。「沒有國家和法律之外的道德概念。」國際法由自我強加的、幾乎不值一提的限制組成。「不經過血流成河就解除敵人武裝和征服敵人的方法……是必須根除的錯誤。」必須毫不吝惜武力，也不顧忌流血。「在戰爭這樣危險的行業中，善良會產生最嚴重的錯誤。」

當普魯士總參謀部本著與日內瓦精神形成鮮明對比的這些精神原則工作時，拿破崙三世作為高度民族主義的始作俑者，他並非不受路易・布朗、奧古斯特・孔德和科布登的思想影響[8]。其中科布登主張的自由貿易體系需要以一個和平團結的歐洲國家聯盟為基礎。當然，這些並不意味著拿破崙三世在任何方面都不願意使用武力。

對俾斯麥來說，歐洲只是普魯士的附屬品。他和希特勒一樣討厭調解。他高舉利劍，讓談判桌變得多餘。他是雙邊協定的大師。他寧願放棄自己的自由意志，也不願被別人說服，而且他從不接受超出自己意願的東西。

哈布斯堡王朝必須最終將德意志邦聯的領導權交給普魯士。計畫很快就被起草，戰爭準備之快如同是一個富有天賦的詩人即興作詩。

俾斯麥建立了柏林－羅馬軸心，這與1937年情況頗為相似。1864年9月，義大利和法國達成共識，將佛羅倫薩（又

譯佛羅倫斯）定為義大利首都，羅馬不受干擾，法國駐軍雖然最終要完全撤出，但仍然暫時保護教皇國免受義大利民族主義者的攻擊。解放者拿破崙三世從義大利消失了，他這種三心二意、優柔寡斷的政策留下了深深的怨恨。解放者俾斯麥出現了，他承諾了拿破崙三世所背棄的威尼斯主權。於是普魯士和義大利締結了一項條約，如果與奧地利開戰，兩國用他們的全部力量互相幫助，而如果奧地利不將威尼斯割讓給義大利，普魯士就不會接受和平。

　　1865年10月，俾斯麥前往比亞里茨會見拿破崙三世。兩人肯定有很多關於民族權利的討論，而法國對普魯士和奧地利這對德意志兄弟之間長期戰爭的前景樂觀其成。法國皇帝非常滿意：「法國和普魯士是兩個利益最大程度一致的歐洲國家。」這真是一幅怪誕的歷史圖景。

　　與此同時，石勒蘇益格－荷爾斯泰因的兩個征服者之間的關係變得越來越危機重重。神祕的克里斯蒂安・馮・奧古斯登公爵自稱是該公國的權力繼承人，他再次積極活動，並且受到奧地利的保護，卻讓普魯士煩惱不已。到1865年年底，戰爭迫在眉睫，但隨後的《加斯坦條約》使雙方的立場差異暫時得到緩解。普魯士尚未準備好。因為這不僅僅關係到石勒蘇益格－荷爾斯泰因，更核心的問題是拆分德意志。

　　1866年6月，普魯士向德意志邦聯議會提交了憲法改革方案。邦聯議會是在法蘭克福領導邦聯的蒼白無力但重要的機構。根據普魯士提案，目前的邦聯議會應該解散，一個排除奧地利的全新的邦聯憲法將被制訂。在一些南部德意志邦國的支持下，奧地利指責普魯士違憲。這是戰爭的前奏。

　　當時所有旁觀者，也包括拿破崙三世，都預期這應該是一個漫長、猶疑、凶殘的戰爭，將像三十年戰爭那樣消耗德意志各邦國[9]。但它只持續了七個星期。毛奇寫道：「這是一場很久以前就預見的戰爭，我們精心準備，並由內閣裁定，它不是爭取領土的鬥爭，而是為了確保在德意志邦聯建立普魯士霸權。」克勞塞維茨播下的種子結出了果實。

　　普魯士的行動果斷在當時的歐洲前所未見，人們對1859年戰役的緩慢發展記憶猶新。戰爭開始十五天後，奧地利的南部聯軍因漢諾威人在朗根薩爾察的失敗而陷入癱瘓。戰爭爆發三週後，7月3日在波希米亞的薩多瓦戰役中，普魯士取得了決定性的勝利，一位名叫興登堡的年輕普魯士中尉參加了戰役[10]。大批奧地利軍隊被義大利人牽制在南部，義大利人在庫斯托札戰役和利薩海戰的失敗並不影響整體戰局。威廉國王和毛奇意圖繼續戰爭並向維也納進軍，但俾斯麥極力反對，他想避免任何可能導致歐洲干預的局面。1866年8月23日，《布拉格和約》簽訂，義大利人得到威尼斯，普魯士人得到石勒蘇益格－荷爾斯泰因。奧地利退出德意志邦聯。與南德各邦國關係密切的北德聯盟成立；然而，這些邦國保留了它們的「國際獨立性」。

　　奧地利人在薩多瓦的失敗讓法國感受到有史以來最可怕的失敗之一，蘭登說：「法國在薩多瓦遭到毆打。」梯也爾也說：「發生的事情是法國四百年來最大的不幸。」普魯士的國家軍隊已經征服了像法國一樣仍然堅持職業軍隊的國家，新式德式撞針槍征服了法式查斯波特步槍，普魯士的進攻戰術也已經征服了法國式的緩慢推進和圍攻戰術。隨後

的結果是，拿破崙三世犯了一個又一個外交錯誤，他拚命努力意圖獲得一些領土收益，以恢復「歐洲被擾亂的力量平衡」。萊茵河地區的擴張？不！吞併比利時？不！從缺錢的荷蘭國王手中購買盧森堡？不！

俾斯麥處處斬釘截鐵地回應說：「不！」它不再是普魯士人的「不」，而是德意志的「不」。一個大國在法國身邊甦醒，將歐洲的命運掌握在自己手中，而法蘭西第二帝國的力量，其獨裁者的健康和抵抗力都已經在衰退。

莫瓦尼埃寫道：「當1866年戰爭爆發時，紅十字會處於真正的混亂之中，沒有人預料到《日內瓦公約》會這麼快就受到戰火的洗禮。最重要的是，交戰國之一奧地利以及幾個較小的德意志邦國不是公約簽署國，而且他們拒絕加入的部分原因是因為它們對紅十字會存在一定的敵意。這種實際上沒有預見到的情況會產生什麼後果？我們的恐懼很快就消除了。普魯士立即宣布，它將不受限制地對所有敵對者使用《日內瓦公約》的規定。1866年6月23日，威廉國王向波希米亞最高司令部發出命令，該命令將轉交給奧地利指揮官，普魯士軍隊希望雙方在適用《日內瓦公約》的條款時達成一致，以保護奧地利衛生官員和救護場所。」通過這一模範行為，普魯士開創了法律先例，其他類似情況幾乎總是依此處理。

在這裡，杜南再次發揮了作為中間人的決定性作用。他要求法國委員會主席費岑薩克公爵通過法國駐維也納大使格拉蒙公爵採取適當步驟，以期最終促使奧地利簽署《日內瓦公約》。與此同時，他寫信給符騰堡的奧爾加王后，她的國家在這場衝突中站在奧地利一邊。剛剛宣布中立的法國的呼

籲在維也納意義重大。戰爭爆發後不久，具體也就是薩多瓦戰役後不久，奧地利就加入了公約。1866年7月9日，南德軍隊也遵循了他們的總司令黑森的亞歷山大王子的命令開始遵守《日內瓦公約》。

　　通過這種方式，1866年的戰爭成為了紅十字會可以充分發揮其組織力量的第一場戰爭。在這場戰爭中，它的實際功效也得到了證明。志願擔任護士的一些布雷斯勞年輕學生與醫院騎士團和柏林委員會的醫生合作，以挽救在清理霍維茨黑暗森林時發現的三百八十三名受傷的奧地利軍人。他們已經躺在那裡兩天，既沒有醫生也沒有營養補給。

　　杜南幾乎都在法國，他致力於建立法國委員會，該委員會逐漸克服了最初的反對意見。麥克馬洪元帥成為了該委員會的領導人。皇帝、皇后和年輕的王子允許他們的名字出現在會刊訂閱者名單上。宣傳在各省取得進展，尤其是里昂的運動倡導者萊昂斯・德・卡澤諾夫的貢獻突出，他的著作《十九世紀的戰爭與人道主義》於1869年出版，該書是紅十字會運動的資料書之一。

　　杜南與日內瓦的關係越來越冷淡，他在那裡的工作已經完成，剩下的工作都掌握在對他一點也不友好的人手中。他熟悉了解法蘭西第二帝國，投機者和遠見者的氛圍，以及年邁的拿破崙三世周圍的保守派和國際化的資產階級，像魔術一樣一次又一次地吸引著他。1865年5月，他回到了阿爾及爾。他接到了一份參加在阿爾及爾前攝政王夏宮活動的邀請，現在麥克馬洪擔任總督並住在這裡。這項活動是向訪問殖民地首府阿爾及爾的法國皇帝致敬的派對。

　　夜幕降臨時，無數煙火照亮了摩爾人的雕塑、白色大理石拱廊、橘樹大道、馴化的瞪羚會去飲水的馬賽克噴泉。海港停泊著英國、義大利和法國的戰艦，它們是為了紀念這次盛大的訪問而來。那是《一千零一夜》中「所有可能中最好的一個世界」的海市蜃樓，也是伏爾泰所言的悲劇諷示性的鏡子世界[11]。

　　杜南坐在一群英國和法國女士中，她們由元帥的妻子聚攏在自己周圍，背景中站著身著獨特長袍的孔武有力的阿拉伯酋長。這位有權勢的迷人女子說道：「杜南先生，我是您的一位學生。」杜南聽到後心中激動不已。

　　皇帝與他就紅十字會的進展進行了長時間的詳細交談。「他想做好事。沉默冷漠的外表下，他隱藏著高貴的一面，也有著高度的責任感。很遺憾他沒有被更好地理解，不然的話他可能已經實現了一些改革和他念茲在茲的和平社會的烏托邦。」

　　1866年6月23日，皇帝頒布了一項法令，承認法國委員會是一個公益組織。「法國的不幸之處在於，幾乎只有上流社會理解這一偉大運動。而社會大眾根本不理會。」杜南先生，這些被如此刻意排除在外的社會大眾還會帶來別的憂慮！很快他將對此有切身體會。

　　但他那預言般的目光還沒有看到遠處，甚至還沒有看到就在人生旅程的拐角處所潛伏著的痛苦。杜南有了一個新主意。1866年3月，他透露了他的「東方復興國際協會」計畫。難道他提前看清了在古老而狂熱的歐洲正在醞釀的邪惡，最終會墮落成不可思議的種族仇恨？這再一次是使徒精

神、十九世紀人道主義和商業投機意識的感人混合，使他成為西奧多・赫茨爾和猶太復國主義的合法先驅[12]，最終也導致他的計畫誤入歧途。在法國國家圖書館裡有一份他關於這個項目的非凡的八頁備忘錄的副本。為了一個偉大的殖民社會的利益，巴勒斯坦將被中立化。次年，國際巴勒斯坦公司成立，杜南出任總裁；它持續與猶太社團簽訂合同，直到企業解散。

儘管如此，巴勒斯坦項目已經蓬勃發展，到1867年杜南可以在法國駐君士坦丁堡大使布瑞先生在場的情況下與尤金妮皇后討論它。皇后在杜伊勒里宮接見了他。談話令人難忘，因為在談話過程中，尤金妮表達了希望通過擴大《日內瓦公約》將中立權擴展到受傷的水兵、遭遇船難的海軍陸戰隊員以及為他們提供幫助的船隻和人員。

皇后仍然對幾天前奧地利海軍特格索夫上將向她描述過1866年戰爭的可怕情景印象深刻。在亞得里亞海的利薩海戰中，近千人隨義大利軍艦「義大利號」一起沉沒，沒有得到絲毫幫助。皇后用驚恐的聲音重複著海軍上將向她描述的事實——成群的義大利水兵帶著恐懼和絕望，在海水中緊緊地抱在一起，卻使彼此嗆水，很多人一邊啜泣一邊爬上對方的肩膀。之後，這些倒楣的人在海戰現場無助地四處游動，直到他們一個接一個沉入海底，不論朋友還是敵人都無法伸出援手。「但如果當時有一艘用您的國際旗幟保護的救援船在那裡，他們本可以得救！」

杜南回答說，他相信自己的任務已經結束——這是他第一次提到他的辭職，但很幸運的是法國政府能夠採取必要的

步驟。皇后指著杜南說：「不！您必須這樣做！」杜南於是通過當時法國的社會領袖塞魯里耶伯爵來努力促成皇后的心願，最終也成功了。

杜南仍然被認為是日內瓦精神的顯然代表，儘管他內心與同事們無疑是疏遠的。1866年9月，普魯士奧古斯塔王后邀請他到柏林參加軍隊凱旋回師的慶祝活動。街道上鋪滿了冷杉枝條，在幾乎所有的窗戶和屋頂上，紅十字旗與普魯士國旗一起飄揚。即使在凱旋門和公共廣場上，也一樣懸掛著紅十字旗。德國委員會主席奧托・馮・斯托爾貝格－韋尼格羅德親王正式陪同杜南，杜南受到了君王般的禮遇。

在城堡廣場閱兵時，宮殿和王室帳篷都裝飾有紅十字，杜南與同樣戴著日內瓦臂章的醫院騎士團站在觀禮台上。

傍晚時分，王宮底層大廳舉行了一場盛大的宴會。長桌筆直排列穿過巨大的大廳，杜南自己選擇在末席坐下，被發現後他被帶到國王的餐桌入座。宴會結束後，在大廳舉行招待會。一排排將軍、高級官員和貴族圍成一個圓圈，王室在中間的自由空間移動並和人群持續交談。

「我注意到在大廳的一個角落，穿著白色胸甲騎兵制服、戴著頭盔的偉大首相俾斯麥公爵靜默蒼白的臉龐。以其頭部特徵和運動員體格，他凌駕於他周圍的一切之上，也凌駕於站在附近的所有賓客之上。他沒有和任何人說話。」

國王與杜南親切交談。

當您於1863年來到柏林時，我是歐洲第一位欣賞和鼓勵您工作的王子。當時我沒想到我們這麼快就需

要它！但是，我們的敵人迫使我們戰鬥。現在所有涉及國家都同意了該公約，奧地利是最後一個加入的。7月20日，我們達成了和平協議，而它在21日加入了公約！這確實有點晚！奧地利人給我們留下了他們的傷員，我們為他們做了我們所能做的一切，他們比我們自己的傷員得到了更好的照顧。

杜南被這種高尚的諷刺深深打動了。每個人都圍著他，每個人都想見他，握握他的手；好像克勞塞維茨式非人道的行家們在向日內瓦的人道聖人請求赦免，好像對奧地利的戰爭是為了紀念公約而進行的。王后、王儲——也就是後來的腓特烈皇帝[13]、薩克森－魏瑪大公、梅克倫堡－施威林公爵夫人——國王最喜歡的妹妹，所有這些驕傲的、出身高貴的王公貴族，都同杜南先生說了幾句友好的話，並向他致以崇高的敬意。

我的目光再次轉向那個穿著閃閃發光的制服的巨大身影，我進來的時候看到了他，他仍然靜靜地站在大廳的盡頭，一動不動。這位偉人堅定而批判性地看著我，我們的目光相遇。這位著名的政治家是否想猜測這個謙遜的陌生人的身份，在這個擠滿官員和穿著耀眼制服的將軍們的大廳裡，他獨自一人穿著簡單的資產階級式的黑色外套，竟然受到了強大的普魯士王族的接待？

　　毫無疑問，靜默地站在大廳一角的俾斯麥知道在這場勝利慶典上被人群追逐的瑞士小平民的身份，就好像是他贏得了薩多瓦戰役的桂冠一樣。普魯士正在崛起途中，一支優秀的軍隊需要一支優秀的紅十字會；但他沒有和杜南握手。

　　兩天後，杜南被請到宮中赴宴——「在場的管家用戟在大理石地板上敲擊了兩下，鄭重地高喊：『國王和王后陛下駕到。』王后徑直走到我面前，向我展示了她左臂上戴的紅十字臂章。『看，我戴著您的臂章！戰爭期間我並沒有把它放在一邊。而今天我為您戴上了它！』」

　　晚飯後，王后把杜南拉到一邊，與他進行了長時間的交談。

　　　　有一天，我在工作台上發現了您的書《蘇法利諾回憶錄》。誰把它放在那裡我不知道，但可能是普塔萊斯！我一下子就了解了您。我很感動，也把書交給國王閱讀。他還書時對我說：「我們必須做點什麼才能使這項工作生效！」之後，當您於1863年來到柏林時，國王和我都懷著最熱烈的興趣關注您的所有努力……。戰爭開始時，我不得不親自監督一切。國王把我留在了亂糟糟的柏林，整個世界都和軍隊聯繫在一起。派系鬥爭頻繁，缺乏團結！我很不高興！但是，您的作品把我們吸引到了一起。自發的志願服務很棒，它超出了我們所有的期望。我完全贊同您認為委員會應該是常設機構的想法。在和平時期，它也應該井井有條，隨時準備就緒……。」

　　王后告訴他，在日內瓦大會期間，她拜訪了她的老師索雷，並自豪地告訴他，她從一開始就非常欣賞這項工作，她是杜南先生的忠實弟子。她繼續說：「國王非常國際化，他明確下令，所有被俘和受傷的奧地利人都應該得到善待……。如果與法國爆發戰爭，法國傷員將得到同樣的待遇。您也許可以肯定……」

　　王后按響了鈴，一尊代表天使長米迦勒的華麗雪花石膏雕像被送了進來。米迦勒胸前雕有一個塗成紅色的十字架。

　　當杜南回到他的旅館時，那尊雕像已經擺在他的桌子上了。

　　杜南拜訪了寡居在無憂宮的腓特烈・威廉四世的王后，並參觀了腓特烈大帝著名的磨坊。老王后是奧地利皇帝弗朗茨・約瑟夫的姑姑，家裡的紛爭讓她倍感悲痛。在戰爭期間，她自己坐輪椅被帶到波茨坦車站，以安慰傷員。在她的安樂椅旁邊是一個高高的花盆，上面有一個輪廓分明、插滿了玫瑰的十字架。

　　正如我們所看到的，柏林有一個真正的杜南崇拜。在現代民族戰爭的搖籃，從王后到最貧窮的母親，每個人都在戰爭中有角色，血腥的手工藝品幾乎呈現出父權制的外觀。事實上，這場戰爭相對溫和與文明，達到了前所未有、後所未見的程度。快速、血腥、簡短：這是馮・克勞塞維茨將軍的祕訣——而且似乎很管用。胸前有紅十字的天使長米迦勒——這是普魯士及其軍事虔誠的象徵，在它面前歐洲已經開始顫抖。心地善良的王后探望那些躺在病床上的戰場受害者，也只是在盡自己的職責。

　　但難道這就是杜南從蘇法利諾的淒慘尖叫中感悟出的願景嗎？他當時難道不是想把人類從戰爭的污穢和腐化中拯救出來嗎？難道他沒有想到紅十字這些善良的非武裝人員以他們的存在和犧牲來伴奏著由狂怒的戰爭之手彈響的謀殺交響樂嗎？當他看到那個傷感的王室雪花石膏雕像時，他是不是為他被誤解的工作感到恐懼？他是否在助長這種可怕的錯誤學說，即和平必須是戰爭的延續？以這種方式進行的戰爭難道不是成為惡毒的、有欺騙性的虛假和平的延續嗎？結果難道不是一種扭曲、可怕、殘酷的狀態，具有嚴重的反人類意義嗎？

　　簡而言之，一個不會莊嚴公開地譴責戰爭的紅十字會是不是可想而知？

　　《日內瓦公約》締結了。杜南讓勝利者與他握手。當走過王宮的鑲木地板時，他既喜悅又害羞——他既是奇蹟的創造者，同時也是受惠者。但他的命運還沒有結束。

註釋：

[1] 雅克‧奧芬巴赫（1819-1880）：出生於德國科隆的猶太裔法國作曲家。重要作品有歌劇《霍夫曼的故事》、《地獄中的俄耳甫斯》和《美麗的海倫》等。在《美麗的海倫》中，特洛伊戰爭中的海倫和帕里斯的故事被他處理成一個被操縱的選美大賽和情色鬧劇。劇情諷刺性反映了當時巴黎上層社會頹廢放蕩的庸俗生活。

[2] 亨里克‧約翰‧易卜生（1828-1906）：著名的挪威劇作家，被認為是現代現實主義戲劇的創始人。他共寫過二十六個劇本和許多詩篇，重要劇作有《培爾‧金特》、《玩偶之家》、《人民公敵》等。

[3] 腓特烈二世（1712-1786）：普魯士國王（1740-1786），史稱腓特烈大帝，為歐洲歷史上的名將。統治期間普魯士軍力大增，領土大為擴張，普

魯士在歐洲大陸取得大國地位。在內政方面，他推行廣泛改革，鼓勵宗教自由，支持文藝發展。

[4] 小威廉・皮特（1759-1806）：英國政治家，於1783年至1801年及1804年至1806年兩度出任英國首相兼財相，任內表現出色。1783年，他獲任首相時年僅二十四歲，是英國歷史上最年輕的首相。他是前英國首相（1766年至1768年在任）老威廉・皮特（1708-1778）的兒子。

亞歷山大一世（1777-1825）：1801年至1825年在位為俄國沙皇。他在任內很有建樹，擊敗了拿破崙一世，復興歐洲各國王室，同時俄國在政治、經濟、軍事和文化等多方面都進入極盛時期。

[5] 約翰・沃爾夫岡・馮・歌德（1749-1832）：德意志文學家。重要作品有《浮士德》、《少年維特的煩惱》、《威廉・邁斯特的學徒年代》、《義大利遊記》等。歌德在信仰上反對基督教經院神學，但推崇新約聖經福音書中所彰顯的崇高與道德文化。歌德在政治上自我定位為「溫和的自由主義者」。

[6] 羅伯特・斯圖爾特（卡斯爾雷子爵，1769-1822）：英國愛爾蘭政治家，於1812年至1822年任英國外務大臣。

[7] 阿瑟・韋爾斯利（1769-1852）：第一代威靈頓公爵、英國元帥、政治家。他一生總共參與了六十場戰役，其中最著名的是1815年的滑鐵盧戰役，他聯同普魯士元帥布呂歇爾擊敗拿破崙。

[8] 路易・布朗：見第一章註36。

奧古斯特・孔德（1798-1857）：法國著名哲學家、社會學、實證主義的創始人。孔德認為人類社會有統一特質。人的感性和才智推動社會發展，理想社會應該重視實證思想，是企業家或科學家當主管、科學指導生活、沒有戰爭、很有秩序的工業社會。社會是不完美的，但會進化到理想社會。孔德是第一個倡導要嚴肅認真地系統研究科學史的人。

理查德・科布登（1804-1865）：英國政治家。他積極推動英國自由貿易政策，被稱為「自由貿易的使徒」。他非常關注國際自由貿易，認為自由貿易將促使裁減軍備並推進世界和平。

[9] 三十年戰爭（1618-1648）是由神聖羅馬帝國的內戰演化成的一場新教聯盟（勝方）和天主教聯盟（負方）之間的大規模歐洲戰爭。戰爭主要戰場在神聖羅馬帝國境內，所以德意志邦國被戰爭嚴重消耗，有將近一半的男性陣亡。

[10] 保羅・馮・興登堡（1847-1934）：德國軍人，一戰期間以陸軍元帥軍銜擔任總參謀長，也是魏瑪共和國時期的第二任總統（1925-1934）。

[11] 哲學家、數學家戈特弗里德・萊布尼茨（1646-1716）在神全能全知全善等前提下推論出我們的世界是「所有可能中最好的一個世界」。但伏爾泰認為世界上有太多的苦難，以致無法支持這一樂觀觀點。

[12] 西奧多・赫茨爾（1860-1904）：是奧匈帝國的一名猶太裔記者和現代錫安主義創建人，被尊為現代以色列的國父。

[13] 腓特烈三世（1831-1888），1861年成為儲君，1888年在位德意志皇帝及普魯士國王僅九十九天即病逝。雖然戰功卓著，他本人厭惡戰爭，有人道主義精神。他於1858年與英國維多利亞女王的長女維多利亞公主成婚，夫妻倆都是自由主義者，支持擴大的平民普選權。

第十四章　巴黎的乞丐

　　杜南四十歲了，他是「國王們邀請的人」，他的聲譽是世界性的。他太老也太有名，無法重新開始。他的工作完成了，然而，他還太年輕，不能像一個剪優惠券的人那樣靠自己的名聲生活。

　　1867年在夾雜著輕浮和悲情懸疑的輕歌劇氣氛中過去了，群眾的壓力更加明顯和嚴重。隨著他們意識到自己成為政治鬥爭中的積極元素，他們也需要至少在名義上參與負責任的政治領導。卡爾・馬克思的《資本論》第一卷於當年問世。在英格蘭，工業家和當局之間關於是否承認工會的激烈鬥爭正在擾亂維多利亞時代的平靜。普魯士實行普遍、平等、直接、祕密的選舉權，俾斯麥越來越關切地注視著他的新對手——人民。美國出現了全國工會。國際工人協會第二次代表大會在洛桑召開。「和平大會」在日內瓦召開。這個「和平大會」的與會者是各色人等的奇幻組合，包括資產階級理想主義者像德國的范妮・勒瓦爾德[1]，無政府社會主義者像俄羅斯貴族邁克爾・巴枯寧（他習慣冒險生活、滿世界奔波，曾在西伯利亞被監禁過）[2]，以及非常好戰的革命者加里波第（他不久之後將試圖強行「解放」羅馬，儘管教皇權力有法國的保證）。在《辯論雜誌》上有對日內瓦無法和

平的和平會議的憤慨和諷刺描述。

　　患病的拿破崙三世正在喝可以醫病的維希礦泉水。如此年輕、以暴力開始的第二帝國正在成為一個早衰而且越來越不受歡迎的官僚機構。在布魯塞爾出現了一本小冊子，在模擬的馬基雅維利和孟德斯鳩之間的對話中嘲笑波拿巴主義[3]，《錫安長老會紀要》中對此書描畫波拿巴主義的無禮抄襲將通過二十世紀的種族狂熱而聲名狼藉[4]。

　　拿破崙三世認為有必要採取「果斷和自由」的措施。「只是它不能看起來像是我為在墨西哥和德意志的失敗乞求原諒。」激進的奧利維耶神祕地出入杜伊勒里宮，並且得到了一個部長職位。當皇帝對國務大臣魯埃的莊嚴公告出現時[5]，這是對新聞自由和議會形式的微弱讓步，但現在除了日益增長的苦澀之外什麼都沒有留下。在外交事務中，有一種潛在的恐慌狀態。普魯士出人意料的壓倒性勝利留下了一大堆問題，他們試圖用金錢來抵消武力做出的決定。羅斯柴爾德家族希望為購買盧森堡提供資金[6]。但德意志民族的靈魂卻在沸騰，南德各邦紛紛與北德結盟，德意志的統一進程無法阻止。奧地利開始重組，來解決棘手的匈牙利問題，為其混雜的族群對獨立的強烈渴望尋求折衷的解決方案[7]。在弗朗茨・約瑟夫的二元君主制統治中[8]，奧地利的悲劇解體拉開了漫長的最後一幕。義大利的友誼肯定已經失去了，拿破崙已經沒有盟友了。

　　軍隊必須從普魯士在薩多瓦的勝利中汲取教訓，尼爾元帥上任成為新的戰爭部長，兵役豁免受到限制。參照為職業軍人所鄙視的普魯士陸軍的方式，前衛機動部隊組建了。人

民對此有懷疑，輿論在向軍隊提出關鍵性問題。

　　但是，巴黎並沒有讓地平線上緩緩升起的危機跡象打擾它慣常的歡樂，戰神廣場上的世界博覽會再次展示了數千個進步奇蹟：跨大西洋電纜很快就會連接兩個半球；地球上的貨物和禮品正在長出翅膀；在埃及，勇敢的德·雷賽布先生的機器正在蘇伊士的沙漠裡挖掘運河；在起重機和農用機械的同一展區，人們在欣賞光亮耀眼的弗雷德里克·克虜伯新型大砲──這個展品在大獎賽中獲勝。日內瓦委員會在巴黎召開了第一屆國際救護協會大會，該國際大會之後定期舉行。

　　帝王的遊行開始了，拿破崙三世筆直地騎在馬上，位於沙皇和普魯士國王之間，在朗尚進行了檢閱。

　　科隆的雅克·奧芬巴赫是真正的大都會音樂指揮家，他的歌劇《地獄中的俄耳甫斯》和《傑羅爾斯坦公爵夫人》的旋律響起，像在微風中煙囪上冉冉升起的輕煙。霍滕斯·施奈德的歌聲讓這座城市著迷[9]，而俾斯麥這個在貴賓席威風凜凜的單音節巨人似乎被逗樂了。古諾的新歌劇《羅密歐與朱麗葉》在宮殿的煤氣燈下帶來了地中海海濱陽光的溫暖[10]，在舞台上男女主角在小街旁隱蔽的房屋中幽會，歌者以僅在巴黎盛行的活潑優雅方式詠唱。

　　沒有人注意到不幸的墨西哥卡洛塔皇后，在悲慘的打擊中，她從車站來到她下榻的旅館。隨著內戰的結束，美國公開宣布支持墨西哥共和派。華盛頓向共和派領袖胡亞雷斯派遣了一名官方代表，而拒絕承認馬西米連諾為墨西哥皇帝。因為法國不得不隨時考慮一場歐洲戰爭，1866年拿破崙三世從墨西哥撤出了他最後的軍隊，從而決定了馬西米連諾的命

運。卡洛塔回到歐洲，在聖克勞德，她昏倒在法國皇帝的懷裡；在羅馬，她暈厥在教皇腳下；在維也納，她得知奧地利皇室不希望馬西米連諾回歸，面對著他們冷酷的凝視，她的靈魂感到黯淡。1867年的一天，失落的馬西米連諾帶著幾名忠實的追隨者逃離克雷塔羅失敗後，被那裡的軍事法庭槍決了。債券事件的設保人、法國部長莫尼1865年就死了。幾年後在巴黎公社期間，另一位設保人、銀行家傑克被槍殺。這個歷史級的醜聞鬧劇在全世界都沒有注意到的情況下閉幕了。

只有投機者超級敏銳的鼻子嗅到了垮台的氣息和整個氛圍的變化，他們觀察著證券交易所裡發燒的曲線，其熱度需要醫生的照顧。大量金錢被損失和被揮霍，大量資金被用於購買大砲和制服、修建鐵路和防禦工事。一個末路的獨裁者只能促進軍火生意。沙漠中的磨坊場沒人會出價競標。

1867年5月的一天，杜南破產了。

歸根結柢，不可否認的是，杜南成為了薩多瓦的犧牲品，成為了他如此熱情地幫助慶祝的勝利的犧牲品，成為了被塗著紅心的普魯士大天使的犧牲品。

破產對於資產階級是巨大的恥辱，但像所有這些失敗一樣，如果按照規則進行，則很容易被赦免。但對杜南來說，破產是他一生的災難。

破產前，杜南不再是銀行家，而是資產階級偶像，他幾乎沒有在為生計忙碌，他的形象在國際博覽會上被加冕為高尚人性的象徵。現在，誰會相信這個努力從事人道工作剛剛獲得成功金牌的進步偶像實際上身無分文地在大街上狂奔呢？

　　杜南獲得了這麼多人的信任。他在特定領域的崛起不是受到了溫柔的栽培嗎？他的美德不是得到了如此多的善意肯定、榮譽和讚賞嗎？難道人們不是把他有價值的資產階級外表作為慷慨和公正的標誌嗎？難道他們不是心甘情願地被他虔誠的熱情深深感動嗎？而現在杜南這位外表穩重可靠、卻能以紳士風度打動人心的使徒破產了，成為被每個人都懷疑的人，成為任何有自尊的家庭都不再邀請共進晚餐的人。

　　當他為神聖事業的成功付出了若干個月的時間和巨額財富時，人們從來沒有過問他的收入，因為他是銀行家，他肯定知道即使是慈善事業也是有代價的。他屬於眾所周知的日內瓦新教財閥圈子，他們的慷慨與謹慎一樣出名，他們的戰爭合同與宗教虔誠一樣重要。

　　但是，儘管普通人可以在沒沒無聞中貧困和失落，杜南的失敗卻是在眾目睽睽下以驚人的勢頭突然墜落。

　　根據資產階級的法律概念，這是一次欺詐性破產。毫無疑問，杜南的許多朋友都捲入他的事務並遭受嚴重損失。依照所有業務規則，他對有關業務的處理迅速但不嚴格，這點很容易被批評，雖然難以反覆斥責。但是，拿破崙式的商業世界不正是充斥著灰色地帶、冒險投機、政治野心、民族野心、種姓精神和利潤追逐嗎？政治上肆無忌憚的機會主義和商業上肆無忌憚的機會主義不那麼容易分開。在獨裁統治下，像通常一樣，獨裁者的冒險精神也成為了國家的楷模。因此，當他遭遇厄運時，他的忠誠追隨者們也同樣遭遇厄運。

　　杜南的命運完全在這個更大的命運磁場中，他與人打

交道時所擁有的高度的心理暗示魔力也隨著第二帝國的衰落而減弱。當他固執地相信他神聖事業的正義和勝利時，他也相信蒙斯－傑米拉磨坊場的未來，這位十九世紀的堂吉訶德一次又一次地追逐這個幻影，但徒勞無功。而對於銀行家來說，在阿爾及利亞加工糧食肯定不會比使歐洲的戰爭規則人道化更加烏托邦。

　　在日內瓦祕密存在已久的緊張關係現在因為涉及到紅十字會組織的聲譽而急劇破裂，杜南的破產會帶來很多麻煩。杜南能想像對紅十字會有什麼比自己這次帶有公共醜聞的所有標記的失敗更糟糕的事情嗎？多年來，他們一直努力使紅十字會遠離群眾，給人的印象是只有在與日內瓦民主政治毫無交集的日內瓦貴族世界中，紅十字會才能在沒有煽動性的人道主義言論以及不向多數選舉人讓步的情況下蓬勃發展。現在他們中的一個人，實際上這一切的傑出作者，犯下了以可疑的方式虧錢這種令人難以置信的罪行。一個已經被他們塑造成紀念碑的人，竟然落入了共同命運的打擊！完全不能夢想和解。在這個加爾文精神加持的城市，沒有寬恕可言。對於相信善惡注定的人來說，失敗只能被視為缺乏神恩的證據。但是，由於杜南的名字幾乎無法從紅十字會中根除，同時他們也對自己的工作充滿熱情，因此他們決定讓杜南這個象徵活著，但忘記活著的杜南。

　　這種不人道的切割完美地成功了，杜南被活生生地埋葬了。對於像莫瓦尼埃這樣的人來說，這是關係到他們責任所在的事業以及誰是他們要保護的利益方的問題。毫無疑問，與杜南的進一步合作會危及該事業，紅十字會必須與杜南分

道揚鑣。幾年後，當有人向日內瓦紅十字會詢問杜南的地址時，他被告知他們對杜南一無所知，杜南肯定已經死了。

然而，在不幸命運的第一波衝擊中，杜南並非完全孤立無援。為了理順他的事情，援助的努力在進行。阿爾薩斯工業家布爾卡特先生開始行動。法國皇帝宣布自己準備承擔杜南一半的債務，他是唯一一個因為對共同命運的陰暗預感而自覺對杜南的命運負有責任的人。

但杜南在驚恐中感覺不到有真心的支持。直到那時，他的一生都是與苦難天使的鬥爭。現在他意識到，在他的贊助人、顧問和門徒的家裡，他一直只是一個客人，他們對他的記憶就像清理桌子時的麵包屑一樣消失了。他靈魂一刻不停地狂野搜尋。誰曾在離別時擁抱過他？誰曾尋求、給予、感激幸福？當他被封印在沉睡的黑暗孤獨中時，苦難天使在他身邊甦醒，這是他唯一熟悉的，現在將在他的餘生一直陪伴在他身邊。

沒有人能夠幫助這個思想如此貧乏、視野如此豐富、生活才幹和幸福可能性如此之少的人，他無法讓自己得到幫助。憑著遠超自己智力的那種明確的直覺，他認識到貧困是他必須承擔的命運，是能給他的不安帶來和平的唯一未來，是從破壞性現實中拯救他的工作意義的唯一可能性。

他是一個謙卑的罪人，充滿了懺悔和自責。

如果一個人從未嚐過厄運，就很難真正了解它。

在這種情況下，有一千種無法形容的痛苦，如果持續時間長了，是無法忍受的，尤其是在不斷幻滅的滋味

中，流血的內心，挫敗的精神，意識到自己被誤解，以及由於一連串不幸的情況、運氣不好和輕率造成的錯誤而被別人太苛刻地對待。

世界慷慨地將我所不具備的能力歸於我。人們相信我很聰明，但恰恰相反。我被不安的想像力、過於激動的天性和過於信任的性格所誤導。我是不當自信的受害者。我插手像我這樣一個可憐的文學愛好者了解很少甚至一無所知的事情，我被欺騙了。由於我的簡單、無能、經驗不足和容易輕信，我不得不遭受殘酷的折磨。更何況，因為我自己的不幸使其他人遭受了損失，而這些人正是我希望自己能對他們有用的人，我甘願自己流血犧牲以防止他們受到傷害。

對於銀行家、日內瓦貴族的兒子杜南來說，他的貧困見習期是一個艱難、令人震驚的噩夢，他用天真無情的印象主義方式來描述它，就像他描述在蘇法利諾的可怕冒險那樣。這一時期的屈辱無法想像，他的激情像台階一樣引導著他從業餘外交官成為方濟各會的托缽修道士[11]，從資本家淪為乞丐。

但是，通過背負十字架滿足了杜南的一種深刻的形而上學需要。以前他了解世界是從上往下看的，現在他知道當一個人跪在地上時，世界會如何扭曲和墮落。以前他知道別人的無助和痛苦的跡象，現在他知道自己的軟弱和貧窮，也知道外界的幫助是怎樣的，苦難者是怎樣接受和忍受的。現在他知道貧窮污穢是如何像病菌那樣滋生仇恨，使身體痙攣，使人僵化，還知道了如何通過頑強地反抗卑鄙和骯髒對自己

的監禁來發展一個人的內在自由。杜南看到擁有讓人安閒自
在的財富是如何扭曲了痛苦的標準：只有身處危境的人才能
夠並願意為同樣身處危境的人提供真正的幫助。如果人們對
紅十字會一無所知，那是因為紅十字會的喇叭是朝上的，沒
有傳到深處。杜南感受到了窮人對朱門權貴的苦澀和普遍的
懷疑，因為窮人對他們就像荒蠻之地的草芥那麼遙遠。他跨
過一道分隔著飽足和飢餓兩個世界的門檻，一個神話般的貧
窮世界在他面前打開了大門，這是一個並存著地獄和奇蹟的
世界。

　　我年輕時讀過巴黎窮人痛苦生活的記述，當時我
認為這些描述是奇思怪想。隨後我也曾遭遇不幸，過
著最悲慘的生活，知道各種剝奪，我也屬於那些在街
上啃著藏在口袋裡的麵卷的人，他們用黑墨水染黑黑
禮服，用白粉筆擦白白襯衫領，用紙填滿一頂失去形
狀的舊帽子。水浸透了他們的鞋子。在他們吃飯的廚
房裡，他們一無所獲。當他們晚上回家時，鑰匙開不
了門，因為他們付不起房租。他們摸黑上床睡覺，他
們生火冒出的煙多於熱，他們胃痛是因為吃得太少，
或者食物變質。儘管如此，最殘酷的事情可能是當一
個非常貧窮但敏感的人必須眼睜睜地看著他僅有的亞
麻布衣服爛掉而不能再買。夜復一夜，我不得不在開
闊的天空下度過，因為我付不起巴黎最簡陋街區的房
租，所以無家可歸。當我因疲倦已極而必須休息時，
常常沒有什麼去處，只能去某個大火車站的候車室，

　　那裡因為夜行列車的數量很多，所以整晚都在營業。

　　在這種情況下，我真的學會了憐憫窮人。

　　黑暗中，帶著輕蔑和悲傷，杜南回憶起自己的青春。在慈母的引導下，他利用空閒時間廣泛閱讀，從遊記到日內瓦貧民窟的窮人資料。那已經是將近三十年前的事了。三十年忙碌的資產階級生活還不足以讓他睜開眼睛看到他的收入和投資聲望屬於人類社會中最不和平和最具挑釁性的因素，而已經開始盛行的無產階級的社會傲慢確實有更好的論據。

　　一個處於杜南位置的人應該自殺：那樣人們會很樂意原諒他的錯失，他一生的傳奇就可以被挽救。但杜南太虔誠、太真實了，不能縱容這種欺騙。他本可以憑藉自己的堅韌和雄心再次嘗試攀登上他被無情地踢出的社會階梯。但這樣他會成為貧窮階層的可憐叛徒，而這種貧窮第一次讓他有辦法平息自蘇法利諾以來一直在追趕他的哭喊聲。不是通過逃避或姑息，也不是通過公約——而是通過反抗、攻擊和真正的同情。杜南或許能成為那些用鐵鎬挖石頭來賺取麵包皮的匿名工薪族中的一員，但他遠不如一個沒有技術的工人。他沒有耐心、毅力、肌肉和力量去應付艱苦單調的日常勞動，但杜南確實擁有公正和仁慈的人道願景。他兒時認為權力與善良相伴相生的信念現在終於被摧毀了，慢慢地，他開始懷疑交易所和哲學體系都是同一種毒素，其邪惡的網絡覆蓋了地球。戰場上無助的傷員不僅是缺乏有組織急救的受害者，而且是累積的無知、貪婪、剝削和歇斯底里造成的悲劇受害者。

　　沒有錢的杜南比他想像的還要窮，他不再交往任何出

身貴族名門的家庭，不再有榮譽委員會的頭銜可以滿足他的虛榮心。對他和所有其他乞丐一樣，大飯店和優雅豪宅的鐵柵欄上都掛著不准入內的無形標誌。他英俊的鬍鬚變得又長又細、逐漸蓬亂，他的金錶鍊早就在當鋪了，破產引起的生活惡化一點一點地剝奪了他資產階級的富裕標誌。他玩了一個悲傷的遊戲，試圖掩蓋逐漸破舊的跡象。他與生活中的破洞、脆弱和污點做鬥爭。他的外表越來越像一個寒磣的民主人士，也越來越像一個社會主義流亡者。他衣著的「激進化」先於他精神的激進化，他去演講的地方都收到過關於他「衣冠不整」的投訴。人們原以為會有一位令人印象深刻的顯要人物，卻只看到了一位最寒磣可憐的巡迴傳教士。

隨著杜南越來越多地被困在破舊的軀殼裡，他對自己的空虛感到震驚；直到他破產前，勳章、榮譽證書和生意都把他的空虛掩蓋得如此之好。他閱讀得很少，沒有機會審視自己，對世事了解得還不夠多。他震驚地發現，自從阿爾及爾廢除奴隸制以來，世界發生了很大的變化，儘管他貧窮而且被剝奪，但他心甘情願地讓自己因豐富的社會進步而感到充實。他對自己所在的世紀感到陶醉，因為各種變革、改進和發現給人類的幸福、和平與團結帶來希望。1867年10月，他提議創立國際世界圖書館，並以想像中的創立委員會名義簽署了該圖書館的計畫。

> 我們的時代見證了一個日益壯大的新世界的誕生，即國際思想的世界。這些想法已經促成了國際博覽會、蘇伊士運河的開通、傷員救護協會、各種國際

大會和國際文化活動。

國際文化發展也需要成為道德和物質進步的有力槓桿⋯⋯

因此，有必要編輯和出版人類思想傑作的完整合集，其中應包括在最大的公共圖書館中可以找到的所有重要內容。它將為個人教育創造必要的基礎，並成為每個家庭的文化前沿⋯⋯

我們希望組織一次國際博覽會，通過匯聚所有國家和時代的科學和文學傑作，並根據它們的自然關係將它們適當組合，來展現文明的逐步發展。通過這種方式，我們將提供以最簡單可靠的形式獲取人類最高知識的方法。每當我們展示任何民族參加人類文明的共同勞動並做出貢獻時，我們就會消除許多偏見，增加民族之間的同情，並最終在人世間建立更幸福、更持久的和平與正義統治。

這是國際世界圖書館的創始人給自己設定的任務⋯⋯

這個主意不錯，需要以一種綜合的形式豐富文化。面對這個新的、有不同以往的匆忙和廣闊的世界，人們不禁有一種朦朧的焦慮感。這些年來，特別是在德國建立的一些收藏全面的圖書館，直到今天他們仍然保持著這個聲譽。杜南缺乏開展這項工作的所有先決條件，他本可以成為這個圖書館的一名優秀讀者——但作為編輯，他幾乎沒有資格。

他沒有自己的政治和思想觀念，他甚至無法讓自己接受

一個陌生的觀念。以前，他誤以為世界歷史由王室和統治歐洲的幾個大家族的族譜決定。人類的進步取決於個人的智力自由：這個道理他已經承認，但如何確定、保證和實現這種自由，他不知道。已經被家鄉的資產階級傳統所拋棄，他是一個沒有知識遺產或理性標準的孤兒。他像是一葉孤舟無助地在那個年代狂野、漫無方向的社會洪流中顛簸。

註釋：

[1] 范妮‧勒瓦爾德（1811-1889）：德國文學家和婦女權利活動家。她的寫作常常源於自己的成長經歷，提倡為婦女提供更好的教育，批評便利婚姻，捍衛婦女解放。

[2] 米哈伊爾‧亞歷山德羅維奇‧巴枯寧（1814-1876）：俄國思想家、革命家、社會主義者和無政府主義者。他的思想影響了很多俄國和歐洲的激進分子。他認為人類的歷史就是由動物性進化到人性狀態，而自由是一切成年人的絕對權利。他鼓吹絕對自由、反對一切權威，主張建立一個沒有政府、絕對自由的社會。他還認為國家是外來暴力的產物，而社會革命的起點是廢除繼承權。

[3] 尼科洛‧馬基雅維利（1469-1527）：義大利政治思想家和歷史學家。重要著作有《君主論》、《論李維》、《兵法》等。他提出了「政治無道德」的權術思想。

夏爾‧德‧塞孔達（孟德斯鳩男爵，1689-1755）：法國啟蒙思想家，也是西方國家學說和法學理論的奠基人。重要著作有《論法的精神》、《羅馬盛衰原因論》、《波斯人信札》等。他系統地提出了三權分立的原則。

[4] 《錫安長老會紀要》作者不詳，是本剽竊其他作者、以進行煽動性反猶宣傳的文學作品。1903年在俄國首度出版，描述了虛構的「猶太人征服世界」的陰謀計畫。在二十世紀上半葉納粹德國時期，該書被希特勒要求進入德國課本，因而廣為流傳，並成為各種猶太陰謀論的原始來源。書中的很多內容來自法國作家毛里斯‧若利1864年出版的諷刺拿破崙三世的小說《馬基雅維利與孟德斯鳩在地獄的對話》和德國反猶作家赫爾曼‧古德切1868年出版的小說《比亞里茨》。

[5] 1867年1月，拿破崙三世認為必須對公眾輿論做出一些讓步，所以不顧專制

主義的國務大臣歐仁・魯埃（1814-1884）的反對，決定開放議會對政府的質詢權。但之後，他又猶豫，直到次年才執行。

[6] 羅斯柴爾德家族是世界近代史上最富有的家族之一，始於十八世紀德國猶太裔銀行家邁爾・阿姆謝爾・羅斯柴爾德（1744-1812）。

[7] 1867年奧地利改制成為由「奧地利帝國」和「匈牙利王國」兩個主權國共同組成的奧匈帝國。1918年因一戰戰敗，奧匈帝國解體。

[8] 二元君主制這裡指兩個王國由同一君主來統治，採用一致的外交和關稅政策，並共同擁有一支軍隊，但在對內的諸多事務則分別自治。

[9] 霍滕斯・凱瑟琳・施奈德（1833-1920）：法國女高音，十九世紀最偉大的輕歌劇明星之一。

[10] 夏爾－弗朗索瓦・古諾（1818-1893）：法國作曲家，代表作是歌劇《浮士德》和《羅密歐與朱麗葉》。

[11] 方濟各會，是天主教托缽修會派別之一。此派修道士的特點是：將所有財物都捐給窮人、靠行乞求布施生活、直屬羅馬教宗的管轄、潛心研究學問、四處講道。

第十五章　普法戰爭

　　法蘭西第二帝國的最後一幕已經拉開，這也是普魯士三部曲的最後一幕。正如所計劃的那樣，法國和普魯士之間的分歧正無情地接近尾聲。整個歐洲屏住了呼吸，而普魯士「像一個強大的鐵甲艦，除了軍人操練時的腳步聲和巨型大砲砲軸上發出的撞擊聲之外，沒有任何聲音」。

　　巴黎和維也納進行了談判。拿破崙三世和尤金妮皇后去了薩爾茨堡[1]。奧地利皇帝夫婦再次訪問巴黎。但是，除了謹慎的友誼和拿破崙幾次平靜的保證之外，什麼都沒有發生。「我們的地平線上有烏雲，但我預見到我們祖國的幸福偉大的新時代。」在義大利，加里波第對羅馬的進攻還沒有爆發。西班牙的軍隊發生叛亂，伊莎貝拉女王從西班牙聖塞巴斯蒂安逃到法國比亞里茨，拿破崙三世在車站恭敬地迎接她。她欠下了一千四百萬比塞塔的債務。

　　在法國布雷斯特港，裝甲巡洋艦一艘接著一艘，操場傳來機關槍的射擊聲。鼓吹巴枯寧主義的無政府主義者創立了國際社會主義民主同盟，並在第一國際第三次代表大會上與馬克思公開決裂[2]。德意志引入了新的工人組織體系。1869年在艾森納赫召開的一次代表大會上，德國社會民主工黨成立。二十八歲的奧古斯特·倍倍爾和威廉·李卜克內西為本

世紀最強大、最有紀律的無產階級運動奠定了基礎，在一代人之後，這場運動將被依照命令摧毀、無須鬥爭[3]。在維也納舉辦了第一屆工人工業博覽會，機器生產如同種子在犁過的土地裡萌發，一場新的戰爭正在醞釀，證券交易所是總參謀部，工廠是戰場，紅十字會無法化解仇恨。

　　第二帝國在不滿的洪水氾濫之前一步一步後退，恢復的新聞自由被用於無節制的批判。甘必大的野蠻攻擊和亨利・羅什福爾的尖酸諷刺引領了合唱團。羅什福爾的雜誌《燈籠》發行量數以千計，在巴黎廣為傳閱。當出版幾期後審查員禁止該雜誌時，羅什福爾去了布魯塞爾，然後每列火車都將不計其數的該雜誌走私穿過邊境，而巴黎人正熱切地等待它們。1851年政變期間反對拿破崙三世而在意外衝突中倒斃在路障上的烈士博丹被新聞界挖出熱炒[4]，這個被忽視的死者在地裡躺了十八年後他的鬼魂開始糾纏著疲憊生病的獨裁者，過往的陰影以及復仇的哭號聲重現了；由此引起的對一家報紙的起訴使辯方律師甘必大有機會揭露當年政變改制的背景，一切就好像發生在昨天一樣。拿破崙三世即將召集一個自由派政府，一夜之間，他的對手將他描繪成篡位者，並且對他變幻的政治面貌越來越不信任，他過往的祕密現在已經廣為人知了。

　　尤金妮皇后去東方參加了蘇伊士運河啟用典禮，她的遊艇是第一艘駛過這條狹窄的沙漠運河的船隻。英國人對這條運河的建造充滿猜疑，但十年的勞動創造了奇蹟，作曲家威爾第專為這個節日而創作的歌劇《阿依達》的魔音第一次縈繞在東方的天空[5]。法國有一位民族英雄斐迪南・德・雷賽

布[6]，他是技術界的杜南，是運河工程的遠見卓識者。就像紅十字會的遠見卓識者遭遇蒙斯－傑米拉的失敗一樣，雷賽布將在二十五年後的1893年在巴拿馬醜聞的沼澤中掙扎。

決定命運的1870年到來了，奧利維耶領導下的一個自由主義內閣統治著法國；新憲法被制訂了，並於5月6日在全民公決中以壓倒性多數通過。麻煩製造者羅什福爾被關進監獄。一場國內外和平的光輝高潮似乎正在為夢想家拿破崙三世的「自由帝國」加冕。公認的和平演變倡導者奧利維耶正在倫敦提出計畫，以期實現歐洲裁軍，英國很高興扮演中間人。英國外相克拉倫登勳爵發表聲明說，他對相關事態深表遺憾——「既非和平也非戰爭的事態如此嚴重地擾亂了人們的信心，以至於人們幾乎到了渴望戰爭及其恐怖，以便至少最終獲得明確的和平的地步；這種狀況使成百萬人遠離生產性工業，也導致人民被徵收重稅，這反過來更加促使事態惡化，並助長了對統治者的不滿。」

這個計畫的命運與無數後繼計畫的命運沒有絲毫不同。會議的目標是交換和平保證和按比例裁軍，所涉及程度並不需要俾斯麥不得不禮貌回絕。

夏天來了，克拉倫登勳爵去世，格蘭維爾勳爵繼任英國外相，他宣布此時歐洲地平線上沒有烏雲困擾。當時普魯士威廉國王正在埃姆斯治療，而俾斯麥正在他位於瓦爾津的莊園裡，拿破崙三世也正在聖克勞德休養。

隨著伊莎貝拉女王被驅逐，西班牙在短暫地考慮了建立共和國的想法後，決定建立君主立憲制。在並非沒有俾斯麥干涉的情況下，王位的選擇落在了霍亨索倫－西格馬林根的

利奧波德王子身上，他是普魯士王族天主教分支的成員，該家族之前也得到了羅馬尼亞王位。

事先就再清楚不過，法國不會容忍普魯士人登上西班牙王位。法國外交部長的格拉蒙特發表了一份尖銳的聲明，總理奧利維耶強調說：「政府渴望和平，熱切地渴望和平，但它必須是榮耀的和平。」

緊張的談判繼續進行，法國大使貝內代蒂前往埃姆斯的布魯塞爾酒店與普魯士威廉國王談判。7月12日，利奧波德王子撤回了他的候選人資格。法國為這次外交勝利而歡欣鼓舞，梯也爾歡呼道：「薩多瓦的仇報了！」拿破崙三世在聖克勞德召集手下商討，總理奧利維耶沒有出席。在勝利的喜悅中，他們決定要求威廉國王書面承認放棄，貝內代蒂轉達了這個要求。威廉國王禮貌地拒絕進一步討論此事，他把那封著名的外交電報交由對國王的和解態度非常不滿並威脅要辭職的俾斯麥發出。俾斯麥修改了電報，原先的理性告誡就變成了粗魯和具有挑釁性的言詞，當時是7月13日。俾斯麥立即向新聞界提供了新版本的電報。7月14日，巴黎得知了令人震驚的消息。7月15日晚上，議院決議進行軍事動員。在柏林和巴黎，街道上擠滿了要求報復的人群，他們談論了這麼久的事情已經來了：一場精心準備的戰爭，就這麼輕率地發動了，也為將來的戰爭奏響了前奏曲。

與我們時代的英雄歌劇相比，十九世紀開戰的藝術是感情戲，未償還的債務、有爭議的遺產、受損的家庭榮譽構成了血腥戰爭場面的原始父系世仇背景。那時尚未有過意識形態的尖銳衝突引發的戰爭。但是，過去和現在一樣，戰爭

瘋狂的險惡劇情總是重演，仇恨和毀滅的欲望突然爆發，所有理性的聲音都盲目地屈從。如果沒有其他假設或證明，週期性迷醉於嗜血和嗜殺將證實為造成戰爭這種人類社會疾病的精神病理起源。因為即使可以理解人類如此興高采烈地把權力賦予使那些因為弱智或自私而使國家相互爭鬥的不負責任的惡棍，但從未發現什麼樣的毒害能使普羅大眾從無害的綿羊突然變成了狂暴的鬣狗。僅有的抽象安慰是被幸福生活的願景所欺騙和誤導的人類靈魂似乎在混亂狀態中釋放其積蓄的絕望，也許總有一天它會成熟到能對真正的敵人發洩憤怒。但我們迄今肯定還沒有到那麼成熟的程度。

1870年的戰爭可以比作一台機器以超人的精確和細緻將一塊石磚擠壓成齏粉。法國的計畫基於拿破崙三世一廂情願的假設：南德中立，奧地利、義大利、丹麥的幫助。這些願想煙消雲散後，就只剩下一團亂麻。隨著年齡的增長、慢性病痛和對兒子的關心，皇帝開始脫離前線而在後方遊蕩。唯有迫不得已時，他才騎馬，接著他上了一輛馬車，然後又上了一輛骯髒不堪的農用貨車[7]。一些名字與帝國的光榮勝利連在一起的將軍們試圖勸阻他，但他繼續服從正在巴黎擔任法國攝政、為王朝的命運和街頭人群的情緒而顫抖的尤金妮皇后的獨裁命令。

8月6日，麥克馬洪在沃爾特附近的阿爾薩斯、巴贊在洛林附近的斯皮切恩都被普軍決定性地擊敗[8]。對於普魯士的入侵，法國門戶大開。巴黎想要勝利而不是失敗的消息，於是奧利維耶的內閣倒台了，他的職位被一位因參加第二次鴉片戰爭而獲得了「八里橋伯爵」這個奇怪的爵號的七十五歲

的將軍接替[9]。接下來為期二十四天的緊急政府也是陰雲密布。皇帝在梅斯，他艱難地逃離了普軍的包圍圈，但巴贊率領的二十萬法軍被包圍了。拿破崙將最高指揮權交給了麥克馬洪，他在沙隆等待聽取由戰略專家提出的他在巴黎退休的計畫是否會獲得批准。但尤金妮卻另有決定：「沒有勝利，就不可能！這是恥辱！」麥克馬洪聽從了她的命令，他試圖與巴贊取得聯繫，但徒勞無功。皇帝的馬車跟在後面。「這是真的，看來我已經退位了。」

　　8月30日，他們身處在被毛奇的鐵鉗越夾越緊的色當鎮。第二天早上，戰鬥開始了。不幸的是，麥克馬洪首先受傷了。帶著痛苦的呻吟，白髮凌亂、鬍鬚豎起的拿破崙三世最後一次騎馬，在砲台之間，他騎馬穿行，但毫無計畫。在他周圍，士兵們正從砲車上中彈倒下。像是有金剛護體，沒有子彈擊中他，但累積的恐怖帶走了他殘存的力量。當兩名普魯士軍官出現並要求色當鎮投降時，他在最後一絲餘暉落下前向威廉國王寫道：「作為軍隊的統帥，我無法一死了之，所以別無選擇，我只能將自己的佩劍交到陛下的手中。」法國皇帝成為了十萬四千名戰俘中的一員。

　　拿破崙三世在唐切里見到了俾斯麥，他隨後見到了普魯士國王，也見到了普魯士王儲。淚水從他凹陷的臉上流下，在所有的掙扎結束時，這張臉像一頭老水牛的外觀那樣飽經風霜。他被命運壓低了頭，在寫給尤金妮的信中，他謙虛誠實地責備自己：

我親愛的尤金妮，

我無法向你言表我所受過的苦和我正在受的苦。我們違背了所有原則和常識，完整的災難無法避免。我寧願死也不願經歷如此可怕的投降，但在這種情況下，這使六萬人避免被屠殺。

真希望折磨只由我一人承擔！但我在想你、我們的兒子、我們不幸的國家。願上帝保佑它！巴黎會發生什麼？

我剛剛見過普魯士國王，當他談到我必定感受到的悲傷時，他的眼裡噙著淚水。他在黑森—卡塞爾附近有一座城堡供我使用。但是，我會在乎自己去哪裡！生無可戀！我溫柔地擁抱你，再見！

拿破崙

9月3日，當這個不可思議的消息震驚巴黎時，拿破崙三世正在前往威廉丘宮的途中[10]。然後叛亂爆發了，有這麼多拳頭在等待發洩。溫和的共和派仍然佔據上風，在巴黎市政廳，特羅胥、朱爾・法夫爾和甘必大組成了國防政府[11]。當他們從房子裡撕下第二帝國的帝國鷹標誌時，尤金妮在一位美國牙醫的家中避難過夜，第二天她被安全地帶到海邊，在那裡她可以乘船前往英國。

所有人都曾希望和期待，像在薩多瓦戰役之後那樣，俾斯麥會利用決定性的勝利結束戰爭。但是，9月18日當他在巴黎附近會見法夫爾時，法國被要求必須割讓阿爾薩斯和洛林。法夫爾宣布他們不會放棄法國的一寸土地，於是失敗的

戰爭仍在繼續。1870年9月30日至1871年1月28日，巴黎被圍困。甘必大乘熱氣球逃出，組織了六十萬人的軍隊。突然間，有能力的領袖如弗雷西內、費德赫布、尚齊等等湧現了[12]。但英勇的法國農民和公民對一個訓練有素、紀律嚴明的國家軍隊無能為力。他們有熱情、毅力、對死亡的蔑視，但也有不服從和政治上的不團結。無可救藥的波拿巴主義者巴贊背叛了共和國並在梅斯投降普魯士，戰後，他受審，被判死刑，但逃脫並死在西班牙。布爾巴基和年邁的加里波第帶領著志願者在貝爾福周圍為共和國作戰[13]，他們的八萬人軍隊被迫撤退到瑞士，在半凍僵中放下了武器。巴黎開始饑荒，但所有出擊都被血腥地擊退。

1871年1月18日，普魯士的威廉國王在凡爾賽宮的鏡廳加冕為德意志皇帝，德意志帝國宣布成立。關於威廉應該被稱為德意志皇帝還是德國皇帝，幕後發生了一場激烈而名副其實的德意志內鬥[14]。但俾斯麥親眼看著他的工作完成了：德意志「第二帝國」建立了。1月28日停戰。法國選出了一個新議會，該議會將在波爾多接受德國關於和平的判決。

這是野蠻的和平。阿爾薩斯和洛林被普魯士吞併，兩個省的代表都宣稱這「無視所有正義、殘暴濫用武力」。法國必須支付兩億英鎊作為戰爭賠款。一支三萬人的德軍將在巴黎舉行凱旋遊行。離開議會以抗議投票的維克多·雨果宣稱：「今後有兩個國家將在歐洲激起恐懼——一個是因為它已經征服，另一個是因為它已經被征服。」

3月1日，條約簽署。在香榭麗舍大街上遊行的德軍發出有節奏的步伐聲，巴黎飽受折磨的民眾即將面臨著公社的恐怖。

　　兩支軍隊完全不同的效力與兩個國家紅十字組織的準備和行動速度相平行。兩個數字說明了情況：德國紅十字會籌集了超過七千萬法郎，而法國紅十字會只籌集了七百萬法郎，儘管戰場在法國。在德國，紅十字會的理念在其存在的幾年內就已經深入人心，它的含義被人們理解和廣泛認可。在法國，它是過時的貴族俱樂部，軍隊和人民都不知道它的功用。新舊軍國主義之間的這場決定性衝突清楚地體現了紅十字會的矛盾性。「在1870年，救護組織可以比以往任何時候都更好地將他們的仁慈武器反對戰爭武器，並進行艱苦的反戰戰爭。」（——莫瓦尼埃）普魯士士兵很高興這個敵人進入他們的隊伍。這個時候關於人道的討論太多了，沒有人能夠甚至也不想剷除和軍隊配合很好的虔誠撒馬利亞人。受過教育、紀律嚴明的救護組織的存在也提高了士兵的戰鬥精神。人性與獸性之間的妥協很容易達成，雖然不道德，但似乎適合那個世紀在野蠻與文明間的過渡狀態。英雄的臉上還帶著一絲高貴的情感。國際人道主義那時還沒有被當作可疑的、失敗主義的基督教運動而被宣布為非法，也不像今天被新宗教指控為國家的敵人。

　　1870年的戰爭使杜南擺脫了多年來一直壓在他身上的貧窮和冷漠所帶來的痛苦麻木。想到他付出了無盡的努力和奉獻一步步建立起來的法國救護協會應該澈底失敗，他一定很傷心。似乎人們甚至從未聽說過《日內瓦公約》，沒有錢、沒有物資，也看不到有人戴紅十字臂章。

　　杜南寫信給特羅胥將軍，誠切地懇求他將關於《日內瓦公約》的文章發表在政府官方報紙《世界日報》上。1870年

8月20日，他收到答覆，說目前沒有時間檢視這些問題。

　　杜南對此當然不滿意。同一天，他詢問皇后：「陛下難道不認為向普魯士人提議中立化一些城市用以接納傷員是根本需要嗎？這樣，傷員將免於戰場的危險，而接納他們的民眾也將分享外交公約在這種情況下的明確保護……。」

　　這是一個偉大、有待實現的新想法。杜伊勒里宮裡的皇后正在做出關於梅斯和沙隆前線的至關重要但也最不幸的決定，她回答說覺得自己不勝任應對這個問題，並將他介紹給內政部長，但後者並不關心這個提議。它從未被討論過，可能當時連紅十字會也不知道這個提議。但即使在今天，它也值得被列入下一次國際會議的議程。因為在1938年的戰爭中，無害的非戰鬥人員遭受野蠻轟炸，屋頂上的紅十字只是一個受歡迎的轟炸目標，為傷員中立化城市至少會創造一些避難所。沒有任何外交藉口可以無視這種必要性。

　　但杜南不會因此沉默。就像先知們飽含激情地發出曠野呼聲一樣[15]，杜南在緊要的時刻展現了自己真正的偉大。幾天後，他向攝政的皇后發送了第二封信：

　　　　法國政府難道不認為在迫在眉睫的情況下，歐洲各國於1864年8月22日批准的公約中所決議的各點都應該得到嚴格遵守嗎？最重要的幾點是：
　　　　1. 應向全軍（現役軍隊、國民警衛隊、前衛機動部隊、志願軍）發布涵蓋公約實質內容的命令，以便每個武裝人員都能理解。
　　　　2. 軍隊醫院和救護車的所有正式人員都應佩戴紅

十字臂章，該臂章在外交上得到承認（符合公
約第2條）。

3. 向法國人民，特別是巴黎居民，解釋公約第5
條的含義：「對傷者進行救護的居民應享有自
由和不受干擾。」

4. 由於戰爭需要組建新的志願軍，部分近衛軍裝
備倉促，其制服必然不完整或參差駁雜，應立
即通過新聞界和外交渠道聲明這些志願軍隸屬
於戰爭部，是軍隊的合法組成部分，交戰國不
應將其視為非法武裝人員。

最後，他重申了對中立化傷員集中點的要求。

皇后沒有回覆，什麼也沒發生。色當的災難降臨了。帝
國的崩潰甚至讓最頑固的官僚們顫抖，但至少杜南的聲音能
被聽到了。9月11日，國防政府的外務部長朱爾・法夫爾接見
了杜南，並於次日在共和國政府公報上發表了公約第5條。
一天後，杜南被任命為新政府醫學委員會的榮譽成員。但榮
譽對於杜南是多餘的，從絕望的長期麻木中醒來，他想採取
行動，並為充滿恐慌和混亂的可怕時期帶來秩序。

1870年9月21日，他與杜蒂爾・德拉圖克男爵一起組織
了「全體武裝公民服務總協會」。該組織很快擴展了服務範
圍，由最初僅限於為被徵召人員提供信息服務，擴大到為他
們提供保暖的衣服以及急救和包紮所最急需的材料。

重要的是，杜南為紅十字會所做的「非官方」工作與
日內瓦委員會的官方工作完全不同，後者開展了廣泛而富有

成效的活動。巨額資金和物資從中立國家流入瑞士，並嚴格按照中立原則進行分配。當時在巴塞爾成立了一個國際機構，負責追蹤和提供有關傷員的信息。在戰爭過程中，有二千五百名法國重傷戰俘通過瑞士被遣返回國。布爾巴基的八萬名身處荒涼困境中的軍隊在瑞士受到了最慷慨的接待。巴塞爾的一家國際研究所為傷員提供假肢和療養院。日內瓦委員會也公布了法國和德國傷員名單。

　　英國人以其慷慨迅速的捐助而出眾超群：他們籌集了七百五十萬法郎，比整個法國還多。當蓬塔穆松尋求二百五十張病床時，英國人在四十八小時後就送到了。華帝勳爵親自前往工作現場，10月15日，他向陷入困境的巴黎捐贈了五十萬法郎，第二天也向在凡爾賽的普魯士國王捐贈了五十萬法郎。國王鞠身致謝，並用英語說：「確實，您非常公正。」華帝勳爵在他的報告中寫道：

　　　　我被一名普魯士軍官指引著穿過前哨陣地，前往被圍困的城市，為他們生病和受傷的敵人提供幫助，這一切只能在《日內瓦公約》的保護和精神下才能發生。我可以從勒阿弗爾到巴黎，在此過程中我必須經過兩支軍隊的前哨，對於像我這樣在《日內瓦公約》建立新秩序之前就經歷過戰爭的人來說，這真是了不起的事。從來沒有等待超過兩分鐘，紅十字會的旗幟得到了士兵和農民的一致好評……。雙方領導人都承認，救護組織在這場交戰雙方至少各已經有十萬人傷亡的戰爭中提供了寶貴的服務。

事實上，正是普法戰爭展現了紅十字會的真正能力，這是這場戰爭最大的驚奇之一。杜南提到法國人赫科爾‧馬洛特的證詞，他在《傷兵回憶錄》中寫道：

> 我在蓬塔穆松親身體驗了德國醫療機構的優越性。義工助手、醫院騎士團、女執事和慈善修女會在普魯士和巴伐利亞的傷員中忙碌著。而在我們這一邊，非官方的救護活動被設置了千重障礙，既被嘲笑，自然就讓人氣餒。千篇一律的答案是我們的軍事當局不需要幫助，有能力照顧自己的傷員。而德國人緊急要求組織志願救護車跟隨軍隊並協助軍用救護車……。我們的軍醫，要麼不知道《日內瓦公約》，要麼無視它，他們因為沒有戴紅十字臂章而被關押在弗羅施韋勒。法國救護協會組織了少量救護車，但無法載走格拉維洛特、聖普里瓦和色當的無數傷病員。

拿破崙三世在威廉丘宮撰寫了關於色當投降的原因的小冊子，但沒有正確地探究以上的玩忽職守的行為，這些其實是老蘭登頑冥不化的結果。杜南和他徒勞的呼求非常合理，但即使在這裡，他也感到失望和被誤解。紅十字會在戰爭的肉體之屋中築巢，並創造了一個讓心靈不必抑鬱停滯的環境，但它的原則與它的創始人的意志多麼不同啊！

莫瓦尼埃如此描述在普法戰爭的情況：

> 日內瓦委員會及其在巴塞爾的經驗豐富的代理

人堅決拒絕向未受傷的人提供援助。他們嚴格遵守規則，只幫助傷病員。紅十字是衛生服務部門的標誌，不得用作並非專門致力於衛生服務的組織的保護標誌。當國際委員會被要求監督戰俘和被拘留在瑞士的法國士兵的命運時，它拒絕了這項任務。

在他的整個任期內，莫瓦尼埃保持著傷員和非傷員的嚴格劃分。毫無疑問，他這樣做贏得了戰爭部長們的青睞。但他的角色變成了一名警察，只有在謀殺發生後才進行干預。通過這一立場，紅十字會避免了可能發生的衝突，但卻犧牲了道德力量。按照莫瓦尼埃的理解，紅十字會變成了一個清理戰場的技術組織，一個轉移傷員的志願清潔部門。當杜南發出蘇法利諾的吶喊時，他的腦海中並非這樣：那是反對戰爭的吶喊，而不是呼籲更好地組織戰爭。由子彈的隨機路徑來決定是否對受威脅的生命提供援助是不人道的。杜南創立紅十字會的目的是要打擊戰爭。戰爭對他來說是一場自然災害，就像地震或饑荒一樣，他要求將救護擴大到此類大規模災難的態度是一貫的。未來證明了他的合理性：自然災難中的救護運動在該組織的光榮任務之內，這方面美國紅十字會的工作尤其突出。但是，戰爭這樣的社會流行病首先需要社會預防，需要改變或消除它們發生的條件。因此，幾乎無法寄望尋求和捍衛這些條件的人。

總的來說，軍隊的衛生服務現在運作良好，但這是紅十字會的次要服務。國際志願救援組織想要維護其在戰場上的意義和正當性，不僅要清除大屠殺的殘骸，還必須以人道之

名阻止不幸和錯誤發生。此外，因為在未來的極權主義戰爭中，軍事和民事之間的區別將非常小，所以無論是腹部中彈還是霍亂，紅十字會必須設法減輕戰爭受害者的痛苦，它必須受到杜南構思這個事業的基本精神的啟發。杜南徒勞的提議是為了在爆炸發生後限制爆炸的殺傷，並防止可以預見的災難。他從社會和治療的角度思考，日內瓦卻帶著一絲虔誠地進行技術思考，後者的成功正是杜南悲慘境遇的糟糕後果之一。在戰敗後席捲法國的大風暴中，杜南的生活完全支離破碎了。

作為一個典型的戰後共和國，法蘭西第三共和國開始運作了。波爾多議會中，君主主義者占絕大多數。議會主席梯也爾是一位老奧爾良派成員，由於務實需要和政治精明，他現在是一名共和主義者。每個有錢人都逃離了巴黎，德國駐軍奪走了這座城市殘餘的勇氣，但它還依然保持著革命傳統。

麻煩始於3月18日，圍城期間放置在巴黎郊外蒙馬特的大砲當時要被梯也爾的士兵拆除，人們用武力阻止這些士兵。梯也爾覺得自己很虛弱，他在凡爾賽只有不到兩萬人；他撤回了他的部隊，等待從德國漢堡出發的十萬名戰俘返回。俾斯麥也需要法國有一個強大、有能力的政府。3月26日，巴黎公社成立，這座城市落入了反叛者的手中。但是，公社有著錯誤而且不明確的政治計畫。「中央集權就是專制」，中央集權被公社宣布為頭號敵人。公社的願景是形成一個由完全自治的公社組成的自願聯盟以統一法國。公社幾乎沒有領袖，人員更換頻繁。有一個波蘭人、一個義大利人、一個美國人克魯塞雷特參與過公社的領導[16]。德勒斯克

魯茲是「公安委員會」的負責人[17]。他們聯絡各省的願望沒有實現，巴黎，這個傅立葉派和聖西蒙派的舊城堡[18]，孤零零地矗立著。

傷癒的麥克馬洪接管了政府軍。襲擊於4月29日開始，隨後是一場自相殘殺的可怕的戰爭；直到5月28日，最後一道路障被攻破，戰爭才結束。雙方各有一萬人被以最痛苦和殘忍的方式屠殺，市政廳和杜伊勒里宮被焚燒。

5月24日，為報復凡爾賽政府的罪行，大主教和其他一些在革命中被囚禁的人被公社處決。殘暴流血的唯一具體結果是展現了支持共和國繼續存在的狂野決心。

在那些充滿仇恨和毀滅的日子裡，杜南緊張地活動著。他不知疲倦地在兩個陣營中尋找理性的聲音，以便可以把這座城市從不可避免的、即將在德國軍隊的冷眼旁觀下發生的大屠殺中拯救出來。

1871年5月8日，《每日電訊報》從巴黎報導：

> 《日內瓦公約》和救護協會的創立者亨利·杜南在巴黎試圖將婦女和兒童從這座巨大城市即將發生的火災恐怖中拯救出來，火災肯定會在政府的任何一次轟炸或者公社的行動後發生。公社也曾為了防禦，在幾處炸毀了整條列車。
>
> 　作為一名瑞士公民，鑑於他廣為人知的人道主義工作，杜南先生處於幸運的地位，能夠與各方進行談判而不會引起不信任。
>
> 　作為薩克森王子的私人朋友，杜南高貴的人道品

格眾所周知，杜南能夠確保貢比涅的德國當局遵守他
的人道目標。凡爾賽宮政府向他保證，如果擔心的情
況發生，將給予他最熱情的合作和援助。另一方面，他
從公社的幾個有影響力的成員那裡得到了類似的保證。
有以上準備後，杜南先生在巴黎成立了一個委員會，
由巴黎托兒所的創始人菲爾明・馬爾博擔任主席[19]，
幾位傑出的外國人也屬於該委員會。

《總匯通報》中的一篇文章給出了更加絕望的註解。

> 不幸的是，過去幾週在巴黎發生的情況是在異常
> 堅固的路障後面進行可怕街頭戰的前奏。今天的巴黎
> 充滿了苦味酸[20]、炸藥、炸彈和地雷。一處火災必將
> 引發其他火災。雜亂無章的消防隊在關鍵時刻肯定會
> 崩潰，願上帝保佑在這災難性的日子裡沒有起風。婦
> 女和兒童將逃往何處？巴黎被凡爾賽的軍隊包圍，到
> 處都被轟炸，沒有避難所。這些可能餓死的婦女、兒
> 童、無辜的受害者，他們能去哪裡？誰來收留他們？
> 誰會給他們麵包？杜南先生的計畫必須認真考慮！

但是，有充分準備的瘋狂是無法被阻止的。很快，杜
南就再也沒有時間擔心孩子的飢餓問題了。他坐在公社的接
待廳裡，或站在監獄的院子裡，試圖拯救他的朋友們免被處
死。他的救援組織的聯合領導人杜蒂爾・德拉圖克男爵已經
被定罪，但杜南能夠將他從軍事法庭上救走。對於達博大主

教和他的老朋友瑪德琳教區的德蓋瑞神父[21]，他就無能為力
了，儘管為了他們的生命他一個接一個地乞求公社裡所有的
權勢人物——維莫雷爾、老德勒斯克魯茲、平易近人的畫家
庫爾貝等等[22]。

> 最後一天晚上，他們讓神父靠在牆上：兩聲齊射
> 響起。他負傷倒下，但還活著。接著又開了幾槍，一
> 顆子彈射碎了他的左手腕，其他子彈射穿了他的胸部
> 和頭骨。同一天晚上大約三點鐘（那是五月二十四日
> 晚上或五月二十五日早晨），殺害這位高貴烈士的凶
> 手將他的屍體抬到拉雪茲神父墓地，扔進了一個開口
> 的、充滿泥漿的墓穴。

當在市政廳，等待維莫雷爾時（維莫雷爾是位作家，早
先支持紅十字會，當時是公社成員），杜南目睹了這種經常
循環而至的動亂的起始階段。這時社會底層都會上升到頂
部，直到舊權位隨新主入座而重新歸位。

> 儘管沒有發出很大的聲音，有一群成分混雜的
> 請願者，包括國民警衛隊、帶小孩的婦女、瘋子和各
> 種忍飢挨餓的人，都擠在雜亂無序的人群中。他們在
> 鍍金鑲板下的寬敞大廳裡，或躺在織錦安樂椅上。吃
> 飯、抽煙、打牌、詛咒、責罵、低聲起誓、打呼嚕，
> 甚至喝酒，或者只是靜靜地坐著。這裡有多少真正的
> 痛苦，有多少悲傷！……

但是，我所有的努力都徒勞無功。我甚至冒著被醉醺醺的、過度積極的警衛逮捕的風險。在這種情況下，我在市政廳被對方的便衣偵探觀察到，他們是最底層的間諜，他們既不知道我的名字、我的職位，也不知道我在那裡的人道主義動機，這些特工後來竟然莫須有地指控我是一個無政府主義者、虛無主義者和共產主義者，是「共產國際的領導人之一」！

昨天發生的事情已經夠瘋狂了！戰爭開始時，當紅十字會首次從尊貴的隱居中公開顯身時，人們習慣稱其為「國際的」。這種致命的名字相似性導致和平的紅十字會與卡爾‧馬克思和巴枯寧的革命協會相混淆。隨著公社的失敗，歷史性的時刻到來了，「國際」一詞首次被用作綽號，類似於叛國罪。梯也爾宣布加入國際是對國家的罪行，罪犯終生受到警方監視。由於反動總是比革命更愚蠢和盲目，杜南被認為是叛國者，差點遭遇了許多在這種臭名昭著的嗜血時期常常被「誤殺」的烈士的命運。

多年來，我不得不忍受這種致命的混淆和錯誤，這成為不公正、虛假譴責和暗中煩惱的根源。當我悲慘地在國外遊蕩，在充滿憂鬱和孤獨的苦難困境中，我再也無法談論很久很久以前的那些幸福日子。我煩悶和吃力不討好的工作反映出但丁的話：「沒有比在痛苦中回憶快樂時光更痛苦的事了。」

　　1870年至1871年的冒險經歷是杜南人生的轉折點。作為一名銀行家和貴族，他出發前去做價值百萬的大生意，卻帶著蘇法利諾難以承受的重負返回。作為一個信用額度與債務都不斷增加的商人，他被授予桂冠、受到尊敬，也被仇恨和懷疑，最後破產和貧困。他不屈不撓，毫不畏懼地努力工作，他的獎勵是死亡威脅和完全失去原先的優越階級。最後，杜南開始為自己的痛苦感到羞恥，並在人們面前發展出那種膽怯，這種膽怯一直潛伏在他的心裡，現在在他和世界之間豎起了一道高牆。

　　他當然不是階級鬥爭理論的倡導者。既然和平已恢復，他的全部努力都集中在使紅十字會的個人工作成為一場偉大而全面的政治和社會和平運動的一部分。他的視野更廣闊，但並不清晰。他誤解或忽略了，以致根本不了解構成日益加劇的社會衝突的深刻而基本的變化。在他難以形容的輕信中，他不知道在爭奪經濟權力的鬥爭中、在關於工資的抗爭中，敵人之間的對抗比在政治權力的鬥爭中更加陰鬱和殘酷。階級鬥爭的野蠻粗暴作為理念離他如此之近，但在現實層面又曾離他如此之遠，如今讓他深感震驚。他仍然相信，而且他永遠不會放棄這個信念，即人類的事務可以通過理解和善意來調解。他自己的經歷卻證明恰恰相反，但他的樂觀似乎不可救藥。他一次又一次地被有教養、歡欣於改革和進步的資產階級圈子所吸引，他們相信——或假裝相信——人是文明的生物。在像戰爭這樣可怕的流血後，筋疲力竭的停頓對這種觀點是有利的，他們的口號是「再也不要！」，並且也心甘情願地相信。於是他又在浩瀚無邊的人類幸福計畫

中遊歷了幾年，在每一個偏執妄想的體系中，這些計劃似乎完美無瑕，直到未知的X點為止。對於杜南來說，這個未知的X仍然是──人類。

註釋：

[1] 薩爾茨堡當時是奧地利帝國皇帝領地的首都。

[2] 國際社會主義民主同盟是1868年巴枯寧建立的無政府主義國際組織，其公開綱領是廢除宗教、實現階級平等、反對專制和取消國家，此外還有祕密章程。同年11月巴枯寧向第一國際申請接受該同盟作為獨立組織加入。因其綱領與第一國際的原則牴觸，並為避免將來的內部紛爭，第一國際總委員會委託馬克思草擬拒絕該申請的決定。次年巴枯寧宣布解散該同盟的中央組織，其地方組織作為支部加入第一國際，但該同盟仍祕密存在。1872年，在第一國際海牙代表大會上，該同盟被揭露，巴枯寧等人被逐出第一國際。隨後在同盟原有成員的基礎上，巴枯寧成立了無政府主義國際。馬克思與巴枯寧關於第一國際的組織方式上觀點對立，前者主張運動的集中制，後者則主張以自治支部為基礎的聯邦制結構。巴枯寧預言：「任何無產階級專政都會變成對無產階級的專政並導致一種新的、更為強大和有害的階級統治制度。」

[3] 1869年奧古斯特・倍倍爾（1840-1913）與威廉・李卜克內西（1826-1900）同創德國社會民主工黨。由該黨演變而來的政治團體於1919年發動革命，但受到鎮壓。

[4] 讓－巴蒂斯特・博丹（1811-1851）：法國醫生，1849年當選議員，之後成為反對拿破崙三世政變改制的共和派組織的抵抗委員會的成員，於1851年在工人與軍隊的衝突中被誤殺在路障上。

[5] 朱塞佩・威爾第（1813-1901）：著名義大利作曲家、歌劇創作者。重要作品有歌劇《納布科》、《馬克白》、《茶花女》、《弄臣》、《阿依達》等。人們普遍認為他的大型歌劇《阿依達》是為了慶祝蘇伊士運河的開通所作的。

[6] 斐迪南・瑪利・維孔特・德・雷賽布（1805-1894）：法國外交官、實業家，蘇伊士運河由他主持開鑿。1879年，年過古稀的雷賽布被任命為巴拿馬運河公司總經理，但工程困難重重，最終在1889年公司破產，為此許多投資人血本無歸，引發的醜聞使雷賽布面臨五年的牢獄之災。1893年最高法院因他「老邁」裁決他無罪，但他已深受打擊，不久後去世。

[7] 這裡在隱喻拿破崙三世的失敗和流亡。

[8] 弗朗索瓦‧阿希爾‧巴贊（1811-1888）：法蘭西第二帝國元帥。普法戰爭中他率領近二十萬訓練精銳的法軍投降普魯士，導致當時的法國國防政府失去了和普魯士談判的關鍵籌碼。

[9] 夏爾‧庫贊－蒙托邦（八里橋伯爵，1796-1878）：法蘭西第二帝國將軍和政治家。

[10] 威廉丘宮即為拿破崙三世給尤金妮的信中提及的普魯士國王在黑森－卡塞爾附近的城堡。

[11] 路易‧朱爾‧特羅胥（1815-1896）：法國軍事領袖和政治家，擔任過法國國防政府主席兼巴黎武裝力量總司令（1870-1871），是當時法國實際上的國家元首。

　　朱爾‧法夫爾（1809-1880）：法國政治人物，擔任過法國國防政府副主席和外交部長。

[12] 夏爾‧德‧弗雷西內（1828-1923）：法國政治家。曾四次出任法國總理，為法國十九世紀最後十年的重要陸軍改革的主要負責人。1870年法蘭西第三共和國成立後，他進入內閣，成為軍事長官，改革陸軍以防備德國入侵。

　　路易‧費德爾布（1818-1889）：法國軍事家、政治家，法屬非洲殖民地的主要創建者。1870年12月在普法戰爭中升任北方軍總司令，在蓬德和聖康坦曾一度遏制了普魯士第一集團軍對法國東北部的進攻。

　　安托萬‧呂齊（1823-1883）：法國將軍，曾任阿爾及利亞總督。普法戰爭期間，他率軍在庫爾米耶爾戰役取勝（這是整個戰爭中法國人贏得的最大勝利）。

[13] 查爾斯‧丹尼斯‧索特‧布爾巴基（1816-1897）：法國將軍。普法戰爭期間他在強敵進逼下，他帶著缺衣少食的八萬人殘餘部隊撤退到瑞士邊境。加里波第在普法戰爭期領導了一支志願部隊（孚日軍）抗擊普軍。

[14] 1871年著名的凡爾賽鏡廳加冕之前，威廉一世希望成為德國皇帝，但德意志的其他邦國不願接受，俾斯麥表示只能稱德意志皇帝──這強調的是皇帝本人是德意志民族的一員，與邦國之間的政治並不關聯。

[15] 曠野呼聲的典故出自聖經，現在常指有前瞻性、但乏人響應的號召。

[16] 古斯塔夫‧保羅‧克魯塞雷特（1823-1900）：是一名法國出生的軍人和政治人物，在美國內戰期間擔任過聯邦軍隊（北軍）的將軍，並在巴黎公社期間擔任過戰爭代表。

[17] 路易斯‧查爾斯‧德勒斯克魯茲（1809-1871）：法國革命領袖、記者和巴黎公社軍事指揮官。

[18] 傅立葉見第一章註12。

　　克洛德－亨利‧德‧魯弗魯瓦（聖西門伯爵，1760-1825）：法國哲學家、經濟學家、空想社會主義者。他抨擊資本主義社會，致力於設計一種新的

社會制度，並為此花掉了他的全部家產。在他所設想的社會中，人人勞動，沒有不勞而獲、剝削、壓迫。

[19] 讓‧菲爾明‧馬爾博（1798-1875）：法國慈善家、律師。他於1844年創立了世界上第一個托兒所，並催生了托兒所運動，是現代日托的先驅。

[20] 苦味酸是一種味道很苦的有機化合物，發明於西元1771年，之後被長期用作黃色染料。它的爆炸性質逐漸被發現，從十九世紀七十年代開始被用作炸藥。

[21] 加斯帕德‧德蓋瑞（1791-1871）：法國著名天主教神父。他有很大的宗教和社會影響力，為社會各階層（也包括皇室）傳道，1868年成為法國皇儲的宗教導師。他關注公民的權利和義務、熱心公益、積極做慈善。1871年被巴黎公社處死。

[22] 古斯塔夫‧庫爾貝（1819-1877）：法國著名畫家，現實主義畫派的創始人。他主張藝術應依據現實，反對粉飾生活，他有句名言是：「我不會畫天使，因為我從來沒有見過他們。」巴黎公社期間，他被選為公社委員、藝術家協會主席。

奧古斯特－讓－瑪麗‧維莫雷爾（1841-1871）：法國記者，也是一個激進的社會主義者。他積極參加公社，最後在路障邊的戰鬥中受重傷而死。

第十六章 遁世

　　戰爭結束了，令人驚訝的是，沒有留下任何戰爭殘骸。對於勝利者和被征服者來說，十九世紀的戰爭幾乎具有建設性。戰爭促成了鐵路建設、技術整合和在更廣泛、更優良基礎上的「重建」。戰爭也診斷出計畫和生產中的故障。戰爭還促使內部進行有效的政治清洗，政治權力由此集中，社會矛盾也得到了更好認識和理解。但這一切，歸根結柢，都要服從於主要目的——為下一場戰爭做更好的準備。這是一個以破壞開始的惡性循環，這一過程中進步工藝打造出新武器用於下一輪破壞。

　　在法國，梯也爾正在領導一個本質上是由君主主義者和神職人員組成的共和政體。他對左翼無情，對保守派毫不屈服，在驚人的短時間內創造了重新鞏固法國的奇蹟，支付對德國的巨額賠款似乎毫無困難。接下來，德國駐軍不得不離開法國。

　　但反動的議院焦急地等待恢復君主制，由於沒有顯示出任何跡象，梯也爾政府被推翻了，公社的征服者麥克馬洪成為總統。這是一個國家將權力移交給輸掉戰爭的指揮官的罕見例子之一。

　　但麥克馬洪這次不是征服者，他以恢復君主制為己任，

但卻建立了共和國。法國王位的候選人太多了。拿破崙三世再次忙著做政變的白日夢，直到他的醫生宣布他必須進行手術，而正是這場手術導致了他於1873年1月在英國的流亡地奇斯勒赫斯特去世。1879年，流亡中的第二帝國皇太子，當時是一名英國軍官，在南部非洲與祖魯人的衝突中不幸遇難。巴黎伯爵是奧爾良派的候選人。在維也納附近安靜隱居的香波伯爵是波旁王朝的合法繼承人，但他拒絕承認在波旁王朝路易十六的斷頭台旁邊揮舞的、源自法國大革命的三色國旗。情況非常尷尬。議會補選加強了共和派的力量，1875年1月30日，議會以多數票通過了一項關於總統選舉的法律，為共和國奠定了堅實的基礎。

該法案由瓦隆議員提出。作為這次偶然投票的結果，舊大陸最強大、最安全的民主國家誕生了[1]。

在其他國家，普法戰爭也產生了後果：義大利最終占領了羅馬，俄羅斯再次利用歐洲動亂之機打破了自克里米亞戰爭以來對黑海的封鎖。

但自然而然，最大的發展在德國。德國以其特殊的宏偉願景、軍事化的公民、非常勤勉且富於能力的官員，輔以巨額的法國賠款，正在創造一個世界強權，這很快就讓自維多利亞時代以來在長期和平中幾乎立於不敗之地的大英帝國倍感壓力。

柏林交易所成為了新德意志帝國的經濟發動機，它貪婪地消耗著法國巨額賠款而迅速發展，越來越成為歐洲信用體系的中心。戰時逃往國外的資本在悔恨中回歸了。德國各州迅速償還了戰爭貸款，八億馬克的閒錢被投入股市。為盈餘

尋求安全投資的帝國也加入了投資潮。由於績優股很快就賣光了，新股必須持續上市，「創投熱」開始了。首都成為投資潮的中心，吸引了成群結隊在黑暗中掠奪的金融豺狼，並嚴重打擊了「誠實」商人的良心。在1871年至1873年的「創投」時期，共有九百八十五家德國股份公司成立，資本為三十六億馬克。股份公司的強制註冊被擱置，直到1896年才引入了公示固定負債的強制性招股說明書。烏托邦式的公司如雨後春筍般湧現，其前景被付費媒體誇大了。公司的董事會總是由顯要人物和有利害關係的議員組成，當股票價格飆升到炫目的高度時，創始人拋售，空中城堡隨即倒塌。

在柏林堅實的大地上出現的這種新財富的奇觀幾乎沒有什麼啟發性。投機和普魯士主義是幾乎令人難以置信的組合，但貴族、工業界和中產階級以普魯士的精確度屈服於繁榮的誘惑。只有身為官員、教師和軍官的一些知識分子，他們在傳統上是堅不可摧的普魯士力量源泉，對新潮流抱有厭惡和蔑視。特雷奇克寫道[2]，人類愚蠢的界限似乎已經不可估量地擴大了。

大奸商在德國站穩腳跟，而這種社會病菌再也沒有被根除。他們首次將橫向和縱向信託的所有致命投機方式都集中到自私的投機者手中，這些投機者是國家資本主義的悲劇性先驅，他們的天才就在於對利潤的不合理貪婪。起初人們為這些人感到自豪，然後詛咒他們，從促成十八世紀八十年代大蕭條的斯特勞斯伯格到毀掉魏瑪共和國的斯廷內斯[3]。

斯特勞斯伯格來自普魯士東部，他在倫敦受洗並作為媒體人賺到了第一筆財富，《倫敦雜誌》是他的。1855年，

他回到德國，開始建造鐵路，先為英國公司，然後獨立建造。國家放手讓私人建造鐵路，斯特勞斯伯格的鐵路橫穿了德國。當時他也購買了漢諾威附近最大的德國機車廠，收購了煤礦和煉鐵廠，在波希米亞擁有巨大的莊園。貴族們很樂意把自己的名字賣給他做商業用途。他以鐵路股份支付給他的承包商，由於承包商需要資金，市場上充斥著斯特勞斯伯格的股票。1875年，斯特勞斯貝格在德國、奧地利和波蘭經營失敗。接著，他在莫斯科被捕並被流放西伯利亞好幾年。1885年，他在柏林去世，那時他窮困潦倒，也被剝奪了經營權。

斯特勞斯伯格崩盤的影響巨大，它相當於德國的色當失敗，一個充滿幻想的世界變得支離破碎。人們認識到資本的非理性和神話般的力量，他們對資本的抵抗比對法國大砲更加無能為力。斯特勞斯伯格是「魔鬼，猶太人」，於是，一波強烈的反猶主義席捲全國。

隨之而來的經濟蕭條一直持續到十八世紀八十年代，其他國家也陷入困境。即使另有原因在國外發揮作用，心理上的一致性也是一樣的。美國發生了嚴重的金融災難，俄亥俄人壽保險公司和強大的傑·庫克銀行倒閉。在英格蘭，1878年格拉斯哥市銀行的倒閉引發了一場長期的危機。這是早期高度資本主義的普遍恐慌，資本主義克服了這一困境，並比以往任何時候都更加難以抗拒地繼續其令人眼花繚亂的發展。

當資金仍在流動時，人道主義的藝術就開花了。私人慈善事業的悲劇特徵之一是，它在最不需要的時候卻最宏大：福利社會化和社會保險屬於二十世紀的偉大思想。

在忙碌的戰後康復期，偉大的樂觀主義者杜南再次做善事，他活躍在幾個方向。戰爭時期的福利協會和平地自我改造了，但並沒有放棄活動。

如果按照新的軍國主義學說，必須在和平時期準備戰爭，那麼和平精神也必須武裝起來以阻止戰爭的到來，這已經是個非常危險的、幾乎是和平主義的想法。杜南提出了如下的社會教育計畫：

> 提高服兵役公民的道德和智力水平，培養他們對教育、實用職業甚至藝術的渴望；為他們在早期職業或起始手藝方面的進一步訓練創造手段；組建圖書館和戒酒協會；在監獄和軍事監獄組織福利工作；指導被稱為有色人種的年輕公民，使他們道德化和人性化；喚醒和發展能有利地影響他們性格的一切內在因素。這些是我們希望實現的目標。這是一種對抗當下國內潮流的新方式，一種更偉大、更高尚的愛國主義，其功能是為了消滅利己主義、無知和偏見，做出偉大努力以發展整個國家。

一個偉大感人的計畫，涵蓋了建立民主的國家軍隊和培訓和平正派的突擊部隊等諸多理想。這是關於未來幾個世紀的計畫，但魯莽的杜南並沒有迴避去追求立即實現的冒險。一個「秩序與文明大聯盟」成立了，並於1872年6月3日開始議題討論。人道主義老兵們再次聚集：弗雷德里克・帕西[4]、菲爾明・馬爾博、斐迪南・德・雷賽布、杜潘盧大主教和老

將軍德博福特，杜南曾根據他們的建議前往過蘇法利諾。

他們希望「千方百計推進文明的正常進步，為維護政治和社會的和平而努力」。這是在社會主義運動之外，少數由資產階級建立社會責任陣線的嘗試之一。1872年4月8日，《泰晤士報》報導：

> 歐洲大陸上最有趣的協會之一是秩序與文明大聯盟，根據他們的綱領，他們代表家庭、勞工、私有財產和文明進步的合法利益。他們的目標是通過道德和得體地處理社會問題來防止一切的社會暴力騷亂。他們第一次大會的主題之一是對國家間爭端仲裁法院的歷史調查。

戰俘的命運和仲裁問題，是他們擺在前台的兩項任務。1872年4月16日，馬爾博在《世界觀》中討論了杜南提出的計畫：

> 我們正在研究的最重要提議是引入一個偉大的國際法院，可以提交所有嚴重到涉及戰爭威脅的爭端。無論國家大小，不惜一切代價防止可怕的戰爭屠殺符合所有國家的利益。這在各國的能力範圍內：各國只需要寄望於它。這樣一個所有國家都將根據其人口數決定代表數目來代表的法院，絕不會限制民族獨立，事實上，它將首次充分保證獨立。它有利無弊，能為聯盟中的每個國家帶來福祉和力量，而民族間的兄弟

情誼將成為事實，並造福所有人。每個民族都可以安全地為自己工作，從而增進人類大家庭的普遍福祉。

今天，和平宮矗立在海牙[5]，但其中大部分房間空無一人。仲裁法庭聚集了世界上最傑出的法學家，但僅思考著無關緊要的問題。今天，國聯宮矗立在日內瓦，預防戰爭是國聯的職責之一，但它卻不適於履行這一職責。

1872年下半年，杜南在英國。8月6日，他在全國社會科學促進協會和普利茅斯社會科學大會上就仲裁法庭和擬議中的戰俘利益公約發表了講話。

杜南的想法再簡單不過了：

> 將制訂一個盡可能簡短的外交公約。克里米亞戰爭期間英國和法國之間簽署的關於俄羅斯戰俘的協議將被用作這一公約的基礎。該計畫將要求所有文明國家按照商定的規則對待被俘官兵。這將使他們受到每個交戰國外交使團的高度保護。

今天，紅十字會已經存在了七十五年，在西班牙的城市裡、在南京城門前，成千上萬手無寸鐵的戰俘仍被屠殺。

杜南在英格蘭取得了圓滿成功，新聞界熱情報導了他和他的工作，見於6月18日的《泰晤士報》、8月10日的《陸海軍公報》，和9月19日的《晨報》。弗洛倫斯・南丁格爾於9月4日寫信給他：「請允許我祝賀您的崇高工作取得成功，這項工作是真正依從上帝的精神和上帝的文明來完成的。」

一個由胡德洛伯爵擔任主席的常設委員會成立，並在沙皇的贊助下於1874年在布魯塞爾召開了一次會議，但沒有結果。代表們仔細研究了一份包含一百四十八條條款的文件，但無法達成一致。

1875年夏天，杜南的聲音再次響起，他撰寫了一份《關於黑人待遇現狀的備忘錄》。這是他青年時代的老主題，該備忘錄提交給了國際反奴隸制委員會。在法國南部發生嚴重洪災並引發歐洲各地團結的支持運動之際，他提出了他長期以來珍視的紅十字和平計畫，該計畫可以在任何緊急情況下啟用，以在災難中保護民眾。

同年，英國著名物理學家丁達爾在英國協會的一次會議上再次提到杜南[6]，他在會上發表了關於「熱」的演講——〈亨利·杜南——一個為所有人道之友所珍愛的名字〉。

之後的十五年在他的生命星圖上留下了一個缺口。四十七歲時，當多數人在這個年齡期待收穫生命的果實時，杜南卻開始了一段人生歧途，在孤獨和苦難中隻身穿越黑暗而神祕的生命原始叢林。當再次被人發現時，他已是六十二歲的老人。

所有偉大、簡單、正義的計畫，按理說沒有任何一個明理的人應當拒絕，但結果卻變成虛無，甚至比虛無更讓人心灰意冷的虛假冷漠的現實。

1875年是生活暫時擺脫暴利和投機的一年。杜南的朋友中，沒有多少人能夠坦然無憂地忍受貧窮。只有貴族才能成為驕傲的乞丐，資產階級只會顧影自憐。

錢花光了，善意也隨之消失：杜南現在完全被拋棄了。

世紀的進步並沒有停止，但更嚴厲的腔調卻已經排擠了像杜南這樣溫情的呼籲，其中的自信和天真在我們今天聽起來幾乎感到痛苦。

一種懷疑主義產生了，認為一切皆有可能。對物理解釋的狂熱讓靈魂黯淡。人物成為了新神，而上帝成為了神話。

當杜南從一個比死亡更可怕的無言無行的黑暗中返回到這個世界時，他留著長長的白鬍子，坐在簡陋房子空蕩蕩的單人間裡，溫和而憤怒，就像傳說中的父神。

註釋：

[1] 舊大陸指在哥倫布發現新大陸之前歐洲人所認識的世界，即亞歐非大陸。

[2] 海因里希・馮・特萊希克（1834-1896）：德國歷史學家和政治作家。他是一個極端的德意志民族主義者。

[3] 胡戈・斯廷內斯（1870-1924）：德國工業家和政治家。作為魏瑪共和國初期最有影響力的人物之一，他代表德國雇主參與了與工會的一系列談判。在惡性通貨膨脹時期（1920-1923），他是「通貨膨脹之王」，他通過借入巨額帝國馬克來償還貸款而獲得的巨額利潤。他的工業帝國在擴張高峰期匯集了四千五百家公司和三千家工廠，但在他死後一年內就崩潰了。

[4] 弗雷德里克・帕西（1822-1912）：法國理論經濟學家，世界第一個國際和平組織——國際和平聯盟和各國議會聯盟的創始人之一。他曾在法國的多所大學講授經濟學，他也是著名的演說家。1901年，他和杜南同獲首屆諾貝爾和平獎。

[5] 和平宮創建於1913年，位於荷蘭海牙，被譽為國際法之都，國際法院和常設仲裁法院均坐落於此。這裡還有海牙國際法學院，以及藏書豐富的和平宮圖書館。

[6] 約翰・丁達爾（1820-1893）：愛爾蘭物理學家。以對紅外線和空氣物理特性的研究聞名。丁達爾效應和丁達爾滅菌法是以他的名字命名的。

第十七章　美國加入紅十字會

　　如果我們不考慮巴爾幹地區的事件，歐洲的和平持續了四十三年。這是一種特殊的「國家間和平」，至少現在回想起來，它顯示了不穩定的每一個跡象，但這不僅僅是停戰。歐洲的力量平衡似乎在起作用，儘管這是一旦失敗就會摔斷脖子的雜技演員式的平衡，我們心臟砰砰跳動著預期即將來臨的失敗。通訊的便捷迅速豐富了新的國際關係，而不只是增加相互仇恨。資本主義尋求並找到了市場，而不會過度關注所在國家的敏感主題。因為機器會在任何環境中以相同的速度為任何主人工作，人們的工作條件到處都大同小異，國際工人組織取得了不可遏止的發展。對國外的關注轉移了對歐洲內部衝突的注意，分割非洲和對殖民地的普遍掠奪創造了歐洲利益的某種團結。

　　但是，和平橄欖枝的茂盛蓬勃只能讓那些又開始再次滿懷憧憬的和平協會放鬆心情。其實發生的只是追求同一目標的對手彼此贈送帶毒的友誼花環，每個人都夢想超越對方並爭取實現自己的目標。因此，有很多關於削減軍備和建立仲裁法庭的討論，並且達成了完整的協議，但這些協議完全沒有被執行。國家榮譽學說排除了採用國際道德觀念的任何可能性，雖然這些觀念已灌輸給每一個小學生。軍隊預算一直

看漲，而軍火工業創造了鋼鐵國際，這個國際行業組織從未崩潰過。高超的殺人新方法被發明，一同出現的還有「武裝和平是最安全的和平」這一瘋狂的備戰論調。

然後東方的血腥衝突導致了俄羅斯和土耳其之間的分歧，形成了一個歐洲化的巴爾幹地區，最終形成了一個巨大的聯盟體系——一方面是法國和俄羅斯，另一方面是三國聯盟，即德國、奧地利和義大利。1914年的世界大戰在歐洲那個危險的角落醞釀。

如前所述，俄羅斯於1871年從克里米亞戰爭失敗的枷鎖中解脫出來。自1867年《聖彼得堡泛斯拉夫公約》簽署以來，俄羅斯越來越坦率地扮演著巴爾幹半島斯拉夫民族的監護人角色，它希望全世界的斯拉夫民族在它的領導下團結起來。進一步的步驟是設立保加利亞主教作為教會系統的斯拉夫領袖，獨立於君士坦丁堡的東正教牧首。這導致了斯拉夫民族與統治巴爾幹半島的土耳其之間的暴力衝突，但斯拉夫民族主義被喚醒了。反對土耳其人的起義被殘酷鎮壓，這令歐洲震驚。1876年夏天，塞爾維亞和黑山作為一方與土耳其爆發了戰爭。羅馬尼亞和俄羅斯隨即加入了對土耳其的戰爭。戰事以1878年1月俄軍奪取阿德里安堡而告終。整個亞美尼亞都掌握在俄羅斯人手中。阿卜杜勒·哈米德二世在幾個月前剛剛接管了充滿血腥事件和命運打擊的土耳其，他不得不訴諸和平。1878年3月3日，在聖斯特凡諾各方簽署條約結束戰爭。

俄國的勝利是對親土耳其的英國首相迪斯雷利的東方政策的沉重打擊，而該政策此前已讓他捲入了與反對黨領袖格

萊斯頓的激烈爭論。亞歷山大沙皇通過《聖斯特凡諾和約》建立了一個從希臘海岸延伸到今天的塞爾維亞馬其頓的大保加利亞，英國對此似乎無法忍受。英國使節索爾茲伯里勳爵與阿卜杜勒·哈米德達成了一項針對俄羅斯的祕密協議。俾斯麥乘機渾水摸魚，要求在柏林召開國際會議，該會議隨即在7月召開。

會議上演了一場迪斯雷利與俾斯麥的精彩外交布局。巴爾幹地區的地圖像拼圖一樣被分開，在俄羅斯知道情況之前，它已經被剝奪了戰爭勝利取得的所有政治優勢。波斯尼亞和黑塞哥維那（波黑）歸入奧地利治下。塞爾維亞也進入了奧地利的勢力範圍，這是俾斯麥的計畫。大保加利亞的面積縮小了三分之一。俄羅斯以犧牲羅馬尼亞為代價，僅在比薩拉比亞獲得了一點領土。土耳其在承諾對其境內基督徒給予人道待遇後保留了其亞洲領土，但隨後數十年間卻有大批基督徒殉難，亞美尼亞人民也慘遭野蠻屠殺[1]。

這場國際會議是政治黑魔法的傑作。迪斯雷利被授勳獎勵，俾斯麥也深感滿意。但整個計畫都帶著精明的政治算計，而這樣的精明實在愚蠢，因為地球上住著的是人類而不是棋手。對馬其頓的壓迫是長期苦難、恐怖和暴力的前奏。奧地利的勝利被證明是一個致命的陷阱。塞爾維亞受到的損害留下了一個無法癒合的傷口。保加利亞無意成為俄羅斯的一個省。沙皇侄子巴滕貝格的亞歷山大在保加利亞短暫執政後於1886年被迫退位，來自德意志薩克森科堡的費迪南德親王繼任保加利亞親王，他奉行絕對的反俄政策。俾斯麥在其一生中取得巨大成功的德俄友誼無可挽回地破裂了。巴爾幹

人在紛爭和陰謀的羅網中掙扎，直到三十五年後奧地利皇儲在波黑城市薩拉熱窩遇刺將世界大戰的戰火點燃。

在這場與亞洲野蠻人進行的巴爾幹戰爭中，紅十字會的工作困難。這種情況類似於1870年至1871年的普法戰爭期間。雖然俄羅斯人努力履行《日內瓦公約》的義務，但對於戰爭爆發時的土耳其，這些義務只不過是抽象的概念。土耳其軍隊以宗教原因拒絕佩戴紅十字標誌。最終達成協議將紅新月旗也作為日內瓦組織的合法標誌。結果，紅新月旗與幾乎相同的土耳其國旗一直存在混淆。

一個國家在認真對待紅十字會之前，必須首先承受戰爭的血腥壓力，這幾乎是一種規律。1866年的奧地利、1870年的法國、1876年的土耳其和塞爾維亞都是這種情況。1879年至1881年，玻利維亞、智利和祕魯之間爆發了戰爭，這些國家和阿根廷加入了公約。而聖薩爾瓦多是第一個加入該公約的拉美國家，於1874年。

加入《日內瓦公約》的國家達了三十多個，但美國仍然不在其中。需要一場艱苦的鬥爭來克服美國人的反對和冷漠，這些人對年輕的洛克菲勒為標準石油公司進行的戰鬥比對未來和想像中戰爭的受害者更感興趣[2]。

但這裡也有一個人為這個悲慘絕望的事業奮鬥，她就是克拉拉・巴頓，她體現了一種特殊的維多利亞時代的美國風格。她堅強，有進取精神，時刻準備戰鬥，她也比英國的姐妹們更幽默，反應更快，更解放，也更感性。結實的大嘴巴，突出的尖鼻，坦率而熱情的眼睛，豐盈的頭髮從高高的額頭上緊緊地向後梳，集淑女與先鋒女性的氣質於一身。

在經歷南北戰爭的艱辛之後，她患有神經紊亂和言語障礙。為了恢復健康，她於1869年前往歐洲，命運將她帶到了日內瓦。她第一次聽說了紅十字會的存在，她無法理解為什麼美國政府對這項人道主義工作的態度如此被動。美國衛生委員會的負責人貝洛斯博士剛剛從巴黎參加第二屆國際紅十字會議回來，他試圖激發華盛頓對《日內瓦公約》的興趣，但卻徒勞無功。

普法戰爭爆發時，克拉拉‧巴頓正在瑞士伯爾尼養病。在那裡，普魯士威廉國王的獨生女、國際救護工作最熱心支持者之一的巴登大公夫人訪問了她。兩個女人之間建立了真誠的友誼，養病中的巴頓小姐立即掀掉被子，趕往需要她的地方。

在色當，她照顧傷員；她隨德軍進入斯特拉斯堡，並組織了失業婦女縫紉小組，她們每週生產一千五百件衣服，領取固定工資。這是世界上最早為失業者提供生產性救濟的項目之一，它的成功超出了所有人的預期：在長達八個月的時間裡，有需要的人通過這個項目彼此互助。在可怕的巴黎公社期間，她就在巴黎。到1871年底，她回到法國北部。

　　當我看到紅十字會在一線的工作，當我看到它通過系統的組織，在四個月內完成了否則我們在四年內也無法完成的事情——沒有錯誤、不必要的痛苦、浪費和混亂，有的是秩序、豐富、清潔和舒適，無論紅十字小旗走到哪裡，整個大陸都在紅十字會下組織起來。當我看到這一切並參與其中、與它合作時，我對

自己說：「如果我活著回到我的國家，我將努力讓我
的人民了解紅十字會和《日內瓦公約》。」

　　克拉拉・巴頓信守諾言，在倫敦度過了一個生重病的漫
長冬季後，她於1873年啟航回到美國。之後她在紐約丹斯維
爾的一家療養院生活了將近四年，無法工作。於巴爾幹戰爭
之際，在貝洛斯博士為美國加入《日內瓦公約》與兩屆政府
進行了徒勞無功的無望鬥爭後，巴頓小姐接棒參加了這場鬥
爭。帶著莫瓦尼埃給美國海耶斯總統的一封信，她去了華盛
頓，她與有影響力的國會議員和戰爭部官員們交談，總統和
國務卿漢密爾頓・菲什都接待過她，但他們一次又一次地堅
持加入公約有危險性。結果什麼都沒有發生。

　　加菲爾德總統上任，克拉拉・巴頓也坐在了他的接待廳
裡，拿著莫瓦尼埃的信。這一次，她的運氣要好一些。國務
卿說：「門羅主義並不是反對人道主義。」但在1881年，加
菲爾德總統不幸被暗殺了。

　　克拉拉・巴頓決定，紅十字會的命運不再依賴於政府的
更迭。加菲爾德總統去世前不久，她就在華盛頓成立了美國
紅十字會，並於1881年8月在她位於丹斯維爾的療養院成立
了美國第一個紅十字會地方協會。不久之後，密歇根州（又
譯密西根州）爆發了巨大的森林火災，丹斯維爾的小協會積
極投入資金並展開救護工作，首次實際展現了救護協會的必
要性。

　　亞瑟接任總統，克拉拉・巴頓再次坐在總統的接待廳，
她向總統、國會和美國人民發出呼籲，並以這樣的話結尾：

　　我的最崇高和最偉大的努力是從我們國名中抹去可恥的缺乏人道的污點，並清除野蠻化的羞辱。我說過，到1869年，有二十二個國家加入了該公約。現在已經有三十一個。因為過去幾年間，羅馬尼亞、波斯、聖薩爾瓦多、塞爾維亞、玻利維亞、智利、阿根廷和祕魯已經加入了。如果美國足夠幸運和努力，也許它會在人性與文明的榜單上忝列第三十二名。否則，它將留在原地，與野蠻人和異教徒為伍。

　　以前從沒有女人敢在公共場合這麼直言不諱，女士們都驚呆了，但克拉拉・巴頓並不擔心。她在給弗朗西絲・威拉德的信中如此解釋[3]：

　　　　這一切艱難苦澀。惡意和誹謗如流彈越來越密集地襲來，但我必須牢牢握住舵將我的小船開進港。《日內瓦公約》必須得到保證。我只有一種方法來完成它。小船的兩舷布滿了來自首都和全國各地的社會女士們所操縱的大砲。紅十字會，這艘來自國外的小船，帶著和平與愛的旗幟和普世慈悲的信息，正在我們國家廣闊的避風港尋求庇護，並選擇我作為領航員。它正沿著長期將其拒之港外的鎖鏈航行，這些鎖鏈由一連串的政府漏洞構成。這些漏洞包括「不干預」、「孤立」、防範「糾纏不清的盟約」、「華盛頓告別演說」、「門羅主義」、冷漠、懶惰、普遍的無知、民族黑暗、民族不信任、希望維護私掠和海盜

的野蠻古老特權等等[4]。自我們建國以來，我們一直
將私掠和海盜視為一項寶貴的利益，而反對每一項人
道條約……。（美國公眾）從來沒有收到過任何以這
麼嚴厲的方式發出的關於憐憫的信息，但可憐的領航
員對她的小船和上帝有信心，我們將可以在海岸邊為
小船放下堅固的鐵錨並將一條寫著「公約簽署」的小
飄帶掛上桅杆——成功的日子不遠了！

美國不僅容忍了這位女士的狂暴發言，甚至還被她說
服，因為她的建議有益國家。克拉拉·巴頓做了很多工作，
以確保美國女性擁有顯著的公眾影響力，尤其是在文化和政
治問題上。1870年，她在普法戰場上寫道：

女人應該能夠在戰爭問題上提高自己的聲音，
無論是支持還是反對，不允許她這樣做的事實並不是
剝奪她其他權利的理由。她無法阻止戰爭，戰爭來臨
時，她也無法以任何方式參與。因為她不能參加戰
爭，所以她沒有投票權。因為她不能投票，她在政府
中沒有代表——她不是公民。因為她不是公民，所以
她沒有權利。因為她沒有權利，她不得不屈服於不公
正。因為她屈服於不公正，所以她什麼都不是。

克拉拉·巴頓反抗了，她是最早的女權主義者之一。
拓荒者的血液在她的血管中流動，她自己對美國的內戰以她
的勝利告終。1882年3月16日，國會一致投票批准了亞瑟總

統於3月1日簽署的《日內瓦公約》。美國成為了《日內瓦公約》的名單上第三十二位簽約國。

美國紅十字會成為各國救援協會中最強大、最有影響力和最活躍的組織。從一開始，它就在其範圍內對各種災難提供援助，它並不局限於戰爭。受其影響，國際紅十字會通過了「美國修正案」，實現了杜南起初的「和平紅十字會」構想。

從1882年至1904年，克拉拉・巴頓擔任美國紅十字會主席長達二十二年。她開始任職時已經六十一歲了，但她的力量卻似乎用之不盡。

1884年，她的救援船「約書亞部隊號」在俄亥俄河和密西西比河的洶湧洪水中作為拯救天使在紅十字旗下航行。1885年，在德克薩斯州的饑荒地區，她組織了與普法戰爭中的相同方式的自助。1888年，她和助手一起出現在佛羅里達州，與黃熱病做鬥爭。1889年，她在約翰斯敦洪水中。1893年，她在南卡羅來納州的海島上，颶風在當地造成了巨大的破壞。感恩的黑人將他們的女孩命名為「克拉拉・巴頓」，將他們的男孩命名為「紅十字」。1891年，她在俄羅斯饑荒期間派出了救援隊。1895年，她在土耳其為駭人聽聞的亞美尼亞大屠殺的倖存者提供援助。1898年4月，美西戰爭爆發，美國控制了菲律賓和波多黎各，並接管了古巴。在美國「緬因號」戰艦在哈瓦那港被炸毀後[5]，她照顧了傷員。作為美國救援艦隊的領袖，她的桅杆上懸掛著紅十字旗的救援船第一個進入聖地亞哥港。她的預言應驗了：她是慈悲的領航員。1900年，加爾維斯頓的龍捲風過後，她到場救援。她

的名字和她的慈悲使命與那些年地球上的每一次巨大不幸都緊緊相連。1902年，在紅十字國際會議上，她彎下腰吻了俄國沙皇陛下的手，沙皇審視著她：「不是您嗎？巴頓小姐！」那時她已經八十歲了。

正如她的傳記作者威廉・E・巴頓所描述，她「通常容易受到讚美，所以對批評異常敏感」。她獨裁式的領導方式一定經常讓她的同事們感到很難應對。當她於1902年從俄羅斯返回時，她發現在她外出期間美國紅十字會對培雷火山爆發的受害者無動於衷[6]，於是她要求進一步增加她的權力。隨即，美國紅十字會的宮廷革命發生了。她被指控草率和不受控制地使用資金，國會進行了調查；但除了給這個老婦人帶來了無盡的苦澀，調查沒有什麼結果。他們為她提供了美國紅十字會帶薪名譽主席的職位，但她拒絕了。之後美國總統一直擔任美國紅十字會主席。

克拉拉・巴頓的廢黜可能是一個必要的步驟，如果有哪個組織需要青年人的幫助，那就是紅十字會。是否有必要將這視為第二個杜南案例，則是另一回事。在那個世紀，慈善事業就像外交事業一樣，只對相當富有的人開放。克拉拉・巴頓離開這個世界時比她來到這個世界時更窮。她沒有放棄她的工作，從1905年至1912年，她擔任美國國家急救協會主席。八十九歲那年，她學會了打字。但她在人生的最後幾年並不快樂，她說過：「要是有人能告訴我如何離開美國就好了。你能不能問問墨西哥當局，一個不能再在自己國家生活的女人能否在那裡找到一個家，或者至少有一個安息之地！」她甚至想到移民中國。

她於1912年4月12日去世，享年九十一歲，在杜南去世後不久和1914年世界大戰的大屠殺之前不久，她的遺言是：「讓我走！讓我走！」

她屬於那些未能參加救護世界大戰的大屠殺受害者的偉大人道主義老兵，但她的工作一直延續。1918年，美國紅十字會的會員人數達到三千萬[7]。

註釋：

[1] 土耳其（奧斯曼）政府於1915年至1917年間對其境內亞美尼亞人進行種族屠殺，受難者人數估計高達六十萬至一百八十萬。

[2] 約翰·戴維森·洛克菲勒（1839-1937）：美國實業家、慈善家。1914年職業巔峰時，其財富總值達到美國GDP的百分之二點四（折合今日之五千多億美元），被普遍視為西方世界史上的首富。他人生的後四十年致力於慈善事業。他創辦了兩所美國頂尖大學：芝加哥大學與洛克菲勒大學。他出資的洛克菲勒基金會資助成立了約翰霍普金斯公共衛生學院、哈佛大學公共衛生學院，和北京協和醫學院。洛克菲勒家族還捐助修建了一些紐約市的地標建築，如聯合國總部大樓、洛克菲勒中心等。他非常關照黑人族群，出巨資提升黑人教育。他是虔誠的基督徒，私生活嚴謹，終身不煙不酒，一生勤儉自持，奉行「盡力賺錢，盡力存錢，盡力捐錢」的人生信條。他1870年創立的標準石油在全盛期壟斷了美國百分之九十的石油市場。反托拉斯法因針對標準石油而制訂，最後標準石油被判決違反該法而在1911年被拆分為三十四家公司。

[3] 弗朗西斯·威拉德（1839-1891）：美國十九世紀教育家和社會活動家，是當時最有影響力的女性之一。她於1879年至1898年領導基督教婦女禁酒聯盟。她還是西北大學第一任女性院長。她是第一位雕像列入美國國會大廈雕像大廳的女性。

[4] 華盛頓告別演說中提到：「我們處理外國事務的最重要原則，就是在與外國發展商務關係時，盡量避免涉及政治。我們已訂的條約，必須忠實履行。但以此為限，不再增加。」私掠是指在戰爭期間，由國家頒發許可證，授權個人攻擊或劫掠敵國船隻的行為。

[5] 1898年「緬因號」戰艦爆炸沉沒的原因不明，但這一事件成為了美國和西

班牙間戰爭的導火索。

[6] 培雷火山在加勒比海地區，位於法屬馬提尼克島的北端。1902年培雷火山噴發造成了約三萬人喪生，並毀滅了當時島上的最大城市聖皮埃爾。

[7] 一戰期間，美國紅十字會經歷了驚人的發展。地方分會的數量從1914年的一百零七個增加到1918年的三千八百六十四個，會員人數從一萬七千人增加到超過二千萬成人會員和一千一百萬少年會員。

第十八章　和平運動

　　人們可以很容易地將杜南遁世的1875年至1890年的這段時間與麻痺性痴呆初期伴有誇大妄想和高估自己力量的欣快症狀進行比較。歐洲局勢的瘋狂首先表現在尋求祕密聯盟和綿密交錯的條約，其中一方試圖蒙蔽和欺騙另一方，這逐漸變成了一個令人如此眼花繚亂的迷宮。即使是羅網般條約系統的始作俑者最終也不明所以，被迫採取不符合自己自由意志的步驟。

　　克勞塞維茨的「戰爭是政治的延續」的理論在這裡找到了它的意義，因為這種政治只會導致戰爭。戰爭實際上是十九世紀大政治家的終極智慧，拿破崙一世和拿破崙三世、俾斯麥、加富爾、梅特涅這些人知道如何巧妙地準備戰爭。在俾斯麥不得不奉行和平政策的那一刻，歐洲對聯盟的狂熱就爆發了。這正如銀行董事的情況，他讓大家已經從蕭條和經濟危機中認識並害怕他，而他的金融政策逐漸累積成了一個複雜、精巧但導向巨大失敗的結構。在歐洲，只有英國人知道將政治觀念與理性觀念聯繫起來，但他們面對歐洲局勢的這種發展也無能為力。

　　歐洲的群眾威脅要摧毀邊境，人民飢腸轆轆。機器急需原材料。英國對殖民地的胃口比歐洲大陸早了一個世紀。到

本世紀中葉，英國對印度的征服已經完成。加拿大自治，澳大利亞和新西蘭也自治。在開普殖民地，英國人和布爾人之間發生爭端[1]。1881年爆發了第一次布爾戰爭。

法國在北非和印度支那有殖民地，到1881年4月，它覺得自己有足夠的力量吞併突尼斯。克里蒙梭是唯一投票反對這一法案的議員[2]，「因為這會明顯地改變歐洲局勢並毀掉在戰場上鞏固的寶貴友誼」。他預見了1914年之後直到1938年，為爭奪地中海地區地位的義大利將與法國對抗。蘇伊士運河是法國人起初違背英國人意願修建的，但通過英國首相迪斯雷利批准購買了埃及君主手中的大部分運河股份，英國對這個工程不再有異議。1882年英法共同支持的埃及政權被推翻，但隨後英國人控制了埃及，儘管要在埃及屬地蘇丹與馬赫迪領導的獨立運動進行艱難漫長的戰爭[3]。這也導致了法國人和英國人之間長達二十三年的嚴重緊張局勢，在此期間，英國人向德國人做了幾次徒勞的示好。

俄羅斯在中亞、西伯利亞以及遠在中國的地區進行了大規模擴張。1885年在印度－阿富汗邊境，俄羅斯幾乎與英國開戰。但通往中國的道路暢通無阻，俄國人很快就從中國人手中奪取了突厥人居住區和撒馬爾罕，這些都是成吉思汗和帖木兒的神話之地[4]。在海參崴建立了一個太平洋港口，這也正是所有俄羅斯人嚮往的。1892年，橫貫西伯利亞的鐵路建成，每英里鐵軌都使日俄戰爭更加逼近。為了對抗俄國，英日同盟於1902年成立。

1884年，俾斯麥突然成為殖民競爭者。在那一年，德屬西南非洲、喀麥隆、多哥蘭和德屬東非被占領，成為了超過

一百萬平方英里的德國領土。

　　最後，在1878年至1884年之間，比利時的利奧波德二世在資助斯坦利的探險戰爭之後，開發了剛果自由邦，這是非洲最富有的地區。但根據所有的規則這裡很快就沒有了自由、只有比利時的殖民剝削。

　　這麼一系列「和平」的掠奪活動瓜分了非洲和亞洲的大片地區。但是，有太多的強盜在搶掠，不可避免會累積嫉妒和怨恨，這總有一天會導致可怕的爆炸。

　　在歐洲，俾斯麥開始關鍵性地聯盟。隨著與俄羅斯的疏遠，德國在1879年與奧地利「親密地」達成了祕密進攻聯盟，雖然精幹的奧地利外交部長安德拉西長期以來對此一直反對，八十二歲的威廉皇帝無奈地看著。緊接著，在1882年（沙皇亞歷山大二世被暗殺，亞歷山大三世隨後繼位那一年），一個新的開放聯盟成立了——三皇聯盟，由俄羅斯、奧地利和德國組成。次年，德國、奧地利和義大利之間締結了新的祕密聯盟——針對法國的特里奧爾聯盟。這絕不是全部。1883年，奧地利與羅馬尼亞簽訂了反俄國的祕密條約。1887年三皇同盟結束時，俾斯麥在國會要求巨額軍事撥款，將常備軍增至四十六點八萬人，而這年德俄也簽訂了新的所謂「再保險條約」，其目的是反對奧地利的巴爾幹政策。

　　俾斯麥雙邊主義的後果很快就體現在巴爾幹地區為保加利亞的未來而發生的外交衝突中，戰爭又一次被避免了。俾斯麥在國會大廈發出了令人難忘的威脅：「除了敬畏上帝，我們德國人在這個世界上無所畏懼。」與德國決裂後，俄羅斯完全被孤立了。1891年俄羅斯與法國簽訂了協約，在1893

年再次祕密地把協約擴大到包括軍事聯盟。

在此期間，1888年德皇威廉二世上台[5]。很快，二十八歲的皇帝和七十五歲的首相出現意見分歧，尤其是在國內政策上。1890年俾斯麥辭職（一位名叫托馬斯‧伍德羅‧威爾遜的年輕學者此時是普林斯頓大學的教授）[6]。歐洲歷史的新篇章已經開始。在歐洲大陸，有一個動物園式的寧靜，那裡的野獸隔著柵欄怒目而視。人們說戰爭不可避免，但在那個充滿天才和愚者、人道精神與強權政治的歐洲，民眾的理智、情感和行動都在抵抗迫在眉睫的災難。只是反戰者的方法、觀點、動機太多樣化了。悲劇一目了然，戰爭擁護者知道自己想要什麼，但反戰者在爭吵。

有越來越強大的國際工人階級運動，它的旗幟上寫著和平，但內心的願景是八小時工作制。1881年，塞繆爾‧岡珀斯創立了美國勞工聯合會。同年，德國引入了工人保險，開始了獨特而模範的國家社會政策。1883年通過了病假福利法，1884年通過了意外保險，1889年通過了養老和傷殘保險。所有這一切都發生在反社會主義法的鐵腕壓力下，該法是威廉一世的生命安全在1878年受到社會主義者威脅之後，由俾斯麥主導通過的。即使在那時，社會成就和自由主義在德國也分道揚鑣。德國的社會進步體現了有秩序、有紀律的國家組織原則。社會苦難在逐漸化解。儘管相當脆弱，群眾的人數和力量不可抗拒地增長。1890年是所有文明國家無產階級慶祝5月1日勞動節的元年，似乎至少和平會因此而受益。

一場「和平運動」似乎正在形成，它既有軍事背景，也

有資本背景。巨額資金從良心遭受刺痛的武器彈藥製造商那裡流入到「和平運動」，但它仍然屬於資產階級，它從來沒有找到辦法贏得群眾，並且被一種對進步的可悲信念所感染，無法進行現實的思考。它甚至也沒有考慮過任何達到宗教式和平主義的方法。

1820年前後，和平運動起源於美國貴格會[7]。1828年，美國和平協會成立。第一次和平會議由鐵匠伊萊胡·布里特組織，他來自康涅狄格州新不列顛，是個鞋匠的兒子。作為一個自學成才的人，他在伍斯特學習語言，以便閱讀聖經原文。1846年，他前往英國，在那裡他創立了世界兄弟會聯盟，目標是「以一切合法手段在世界範圍內消弭戰爭」。1867年，和平之友協會在美國印第安納州里士滿成立。同年，查爾斯·萊莫尼耶在巴黎成立了國際和平與自由聯盟[8]。1880年成立了國際仲裁與和平協會。1889年，弗雷德里克·帕西和英國人克萊默成立了議會聯盟；首次世界和平會議在巴黎舉行。同年，貝爾塔·馮·蘇特納出版了她的小說《放下武器！》。這本書以十八世紀九十年代的浪漫主義風格寫成，其轟動性的成功對和平事業的貢獻比所有和平協會加起來都多。貝爾塔·馮·蘇特納是奧地利陸軍元帥金斯基的女兒。通過一個非凡的巧遇，她短暫地擔任過瑞典炸藥發明家阿爾弗雷德·諾貝爾的祕書，並成為他的紅顏知己[9]。她將年邁的炸藥大亨變成了和平之友，當他於1896年

貝爾塔·馮·蘇特納

去世時，他將炸藥的破壞力帶來的巨額財富留給了諾貝爾基金會，諾貝爾基金會的和平獎被如此莊嚴地用於獎勵「為國際兄弟情誼、取消或裁減軍備，或為和平大會的組織和推動做出的偉大貢獻」。1891年國際和平局在瑞士伯爾尼成立，1919年它遷至日內瓦。貝爾塔・馮・蘇特納也成為新成立的維也納和平之友聯盟的主席。和平大會陸續召開：1892年在伯爾尼，1894年在安特衛普，1897年在漢堡。1892年，阿爾弗雷德・弗里德創立了德國和平協會[10]。1894年，教皇利奧十三世發表了他的和平宣言，繼任的教皇庇護十一世和本篤十五世都一再重申基督教對人類的呼籲[11]。

　　這是一個冗長乏味的日期列表，但其中凝聚了那麼多理想主義、認真、關懷、努力和失敗。和平主義在十九世紀末迎來了偉大的時刻，彷彿掌權者可以聽見。更現實的傾向贏得了運動的領導，並試圖將道德規範加於政治。但這一切都以可悲的方式崩潰了，今天，和平主義在世界上大部分地區都像瘟疫一樣被憎恨和視為非法，事實證明與它並行的其他力量更具誘惑力和成功性。

　　法國在戰敗後經歷了民族主義狂潮，這也許可被視為世界大戰後德國民族主義狂飆的較弱先例。1880年，詩人德魯萊德創立了愛國者聯盟。1886年，民族主義狂潮使布朗熱將軍上台成為戰爭部長，他鼓動軍隊復仇，但俾斯麥明智的節制阻止了戰爭的爆發。布朗熱被推翻，他企圖發動政變，法國此時非常接近軍事獨裁。布朗熱失敗後與情人逃往布魯塞爾，被法國缺席判處驅逐出境，他於1891年在情人的墓前自殺。1895年爆發了迫害猶太裔的德雷福斯醜聞，隨後法國社

會對此的檢討對粉碎法國民族主義運動有所貢獻。但民族主義從未停止過，直到今天，它仍然在《法國行動》的專欄中展露鋒芒，這是布朗熱民族主義的直接延伸，儘管顯然已不再是一股政治力量。

在義大利，領土收復主義很活躍：聽到了「地中海是我們的內海」的腔調，通過在費德佐尼和丹農齊奧的遊行，領土收復主義的發展直接指向法西斯主義。

德國在威廉二世的領導下，朝著世界強國和國際紛爭的方向邁出勤奮有序的步伐。年輕皇帝的和平號角吹響著尖銳刺耳的聲音，但這些和平號角是克虜伯鋼製的，發聲的號口像大砲的砲口。

註釋：

[1] 布爾人指居住於南部非洲的荷蘭、法國與德國白人移民後裔形成的混合民族。「布爾人」一詞現已很少用，改稱為阿非利卡人。

[2] 喬治·邦雅曼·克里蒙梭（1841-1929）：法國政治家，曾兩次出任法國總理（1906-1909、1917-1920），並領導法國取得一戰勝利。他是激進共和主義者，支持對巴黎公社社員大赦。

[3] 穆罕默德·艾哈邁德·馬赫迪（1848-1885）：蘇丹起義領袖。1881年，稱「馬赫迪」（伊斯蘭教的救世主），號召反對英國和埃及的統治和壓迫，領導人民起義。1885年，起義軍攻克重要城市喀土穆，為馬赫迪國（現代蘇丹前身）的建立奠定了基礎。馬赫迪起義歷時十八年，1899年蘇丹再次淪為英國殖民地。

[4] 撒馬爾罕在今天的烏茲別克斯坦境內，是中亞歷史名城，曾經是花剌子模的首都，1220年被成吉思汗（1162-1227）攻破後屠城。帖木兒（1336-1405）於1370年以撒馬爾罕為國都建立了疆域涵蓋中亞及部分西亞和南亞地區的帖木兒帝國。

[5] 威廉二世（1859-1941）：末代德意志皇帝和普魯士國王，1888年至1918年在位。一戰失敗後流亡一戰的中立國荷蘭。

[6] 托馬斯·伍德羅·威爾遜（1856-1924）：美國第二十八任總統（1913-1921）。威爾遜秉持國際主義理念（被後人稱為「威爾遜主義」），主張美國在世界舞台上為民主而戰鬥，支持被壓迫民族建立民族國家。他在第二任期領導了美國參加一戰。主要由於他對創建國聯的貢獻，他被授予1919年諾貝爾和平獎。擔任總統前，他曾先後任普林斯頓大學教授、校長，新澤西州州長等職。

[7] 貴格會，又稱教友派或公誼會，是基督教新教的一個教派。貴格會在歷史上提出過一些進步並逐漸被社會接受的思想，如民主政治、宗教自由、和平主義、女性權益、廢除奴隸制等等。英國人喬治·福克斯（1624-1691）是貴格會創始人，他認為基督徒因著信念而被拯救的關鍵在於經歷真正的靈性轉變，而不在於儀式、學識、或宗教建築；女性也有成為教士傳道的資格。貴格會信徒曾經受到英國國教（聖公會）迫害，與清教徒一起移民美洲麻薩諸塞，但隨後又受到清教徒的迫害，大批的貴格會教徒遷到賓夕法尼亞和羅德島等地。賓夕法尼亞（賓夕法尼亞的英文原意：佩恩的林地）得名自於貴格會信徒威廉·佩恩（1644-1718）。1681年，為償還欠佩恩父親的債，英王查理二世御賜佩恩面積涵蓋現今賓夕法尼亞州及特拉華州的廣闊土地。佩恩隨即在賓夕法尼亞殖民地將貴格會的信仰理想付諸實踐，具體原則有公平對待原住民、信仰自由、不論性別都能接受教育、更廣泛的政治投票權等等。他在《賓夕法尼亞施政大綱》中提出的民主原則，是美國憲法的靈感來源之一。

[8] 查爾斯·萊莫尼耶（1806-1891）：法國記者和哲學家。他是聖西門主義者和非常熱心的自由與和平思想的捍衛者。

[9] 阿爾弗雷德·諾貝爾（1833-1896）：瑞典著名炸藥發明家、企業家、化學家、武器製造商，他通過遺囑用自己龐大的財富創立了諾貝爾獎。他終身未婚，但受到過貝爾塔·馮·蘇特納的強烈影響。1876年，四十三歲的諾貝爾在維也納的報紙上用五種語言（他自己能熟練運用六種語言）刊登了一則廣告：「富有、受過高等教育的老年紳士尋找成熟、通曉語言的女士，擔任祕書和管家。」正處困境的三十三歲女伯爵貝爾塔·金斯基也以同樣五種語言寫信應聘。直到那時，她還在貴族馮·蘇特納家做家庭教師，並與小她七歲的亞瑟·馮·蘇特納發展出了戀情。但亞瑟的父母不同意，並要求她離開，於是她就去為諾貝爾短暫工作。諾貝爾被聰慧美麗的貝爾塔吸引，沒過多久就向她表白了。貝爾塔感謝他，但表示自己已經和亞瑟有婚約。很快貝爾塔就和亞瑟私奔了。諾貝爾之後只見過她兩次，但在生前一直相互通信。他們都信奉和平主義，極力反對戰爭。但諾貝爾堅持認為結束戰爭的最佳辦法是發明極端凶殘的武器，使戰爭變得不可想像。他一直在研製炸藥，並一直支持貝爾塔的和平努力。在他去世之前四年，他在遺囑中計劃設立諾貝爾獎。很明顯，獎項當時已包括有物理、化

學、醫學和文學。至於和平獎，他和貝爾塔在通信中就其形式爭論不休。
諾貝爾去世後，他的遺囑引起了激烈的爭議。最終經過法庭裁決，和平獎
才得以設立。1905年的諾貝爾和平獎授予了貝爾塔・馮・蘇特納以表彰她
一生為和平事業做出的諸多貢獻。

[10] 阿爾弗雷德・赫爾曼・弗里德（1864-1921）：是猶太裔奧地利和平主義
者，德國和平運動的聯合創始人和1911年諾貝爾和平獎獲得者。他也是世
界語的支持者，著有世界語教科書和世界語－德語和德語－世界語詞典。

[11] 利奧十三世（1810-1903）於1878年至1903年在位為教宗。庇護十世
（1835-1914）於1903年至1914年在位為教宗。本篤十五世（1854-
1922）於1914年至1922年在位為教宗。

第十九章　重現

　　「大概是在1889年或1890年的一天，」在瑞士德語區、外阿彭策爾州的小療養勝地海登任教的威廉·桑德雷格回家說[1]，「一定有一位傑出人物住在海登。學校裡孩子們說有一位身穿黑色衣服、頭戴小天鵝絨帽、白鬍子垂到膝蓋的老爺爺正在街上四處尋找白色小鵝卵石放進自己的口袋裡。他對孩子們非常友善，但不大懂德語。」不久之後，桑德雷格先生遇到了這位陌生人。「他是日內瓦人亨利·杜南，正是他促成了紅十字會的工作。他和斯塔赫林一家住在非常簡樸的天堂客店……，這個了不起的人讓我過目難忘。他的臉上洋溢著愛、善良和高貴。」蘇珊娜·桑德雷格如此回憶她的先生初識杜南的情況。

　　杜南變了，但他的鬍鬚並沒有真垂到膝蓋上，孩子們把他塑造成一個幾乎神話般的人物。他看起來像一個受人尊敬的聖誕老人，雖然他的口袋裡放的是石頭而不是禮物。杜南是海登的祕密，世人仍然不知道他在那裡，也不知道他如何到達那裡。世人以為他死了。

　　杜南是一個溫柔、脆弱、敏感的老人，與他交往很難。他遁世之苦無法抑制，他甚至產生了被迫害的幻覺。但他沒有受到迫害嗎？這是針對「正常」世界的瘋狂而產生的強烈

厭惡感，而更多的強壯之人也只能通過習慣或順從才能免於
這種感覺。但杜南的全部偉大源於他永遠無法讓自己適應這
個世界的本來面目。在人生旅途中跌倒後，他走上了「當代
無名氏」的艱難道路，將來的墳墓上將沒有紀念碑。這條路
穿過地獄。他親眼目睹並遭受了如此多層層累積的不公，也
那麼深切地體驗了人生低谷生存的悲哀，以至於害怕和恐懼
的情緒都融入了他的精神並在做最後的鬥爭。

曾經的福音聯盟虔誠傳道者、國王崇敬的人如今卻已
經成為教會和國家的敵人。關於他自我流放期間的情況人們
所知甚少。有一段時間，他與牧師瓦格納博士和斯圖加特體
育館教師魯道夫・穆勒住在一起[2]。似乎他通常使用化名。
日內瓦的復仇天使不斷地在追趕他。在不幸的境況中，他比
以往任何時候都更珍惜人類幸福的偉大計畫，相應的願景也
滋養了這個飢腸轆轆的人。他太驕傲了，無法乞求幫助。但
是，貧困和良心的掙扎使他原本沒有經受多少苦難的身體變
得虛弱，病痛遍及他的肢體。聽不到一句鼓勵的話。他再也
無法掙錢去買一口麵包了。他的家族每月給他微薄的一百法
郎，他以每天三法郎的價格在海登找到了食宿之所。這樣他每
月有十法郎留做特殊開支。至少，這是有所保障的貧困生活。

但他需要幾年時間才能適應這個新居住地。他時常擔
心自己被敵人包圍，時常感覺到背叛和不忠。他認為自己遭
到背叛，這符合事實。他的思想一如既往地充滿人道主義光
輝，越來越多地縈繞著人類背叛了和平這一觀念。在以無政
府方式消弭戰爭之外，他看不到任何實現和平的辦法。為戰
爭服務的紅十字會只是一個開始。

　　先知的聲音在他心中再次增強。他很可能讀過托爾斯泰於1882年出版的《懺悔錄》，托爾斯泰的《簡明福音》也於1890年在日內瓦翻譯出版[3]。托爾斯泰教義中純粹、原始的基督教與他自己的觀點相符。很相似，托爾斯泰也是一位貴族，因今生的苦難而皈依，反抗了塵世並被迫放棄和逃亡。

　　我們擁有一份珍貴的信件是杜南寫於在海登的頭兩年，這封信最近由那位當地老師的兒子雷內·桑德雷格首次出版。這些信件表達了他無法抑制的內心激動，他還沒有找到平衡點。信中的語言交替呈現著一個老人含淚的抱怨，以及使徒式的憤怒和有明確目標的清醒。

　　　　他們讓我餓死。

　　　　讓我們消滅這兩大惡源！人類的兩大敵人是教會和國家，它們是所有奴役制度的智力和道德源泉，是兩種任意而行且相互補充的驅動力。一個野蠻並唯權力是圖，是虛偽的專制。另一個冷酷、虛偽、暴虐、狂熱、因法利賽式的黑暗而膨脹[4]。

　　　　你知道我討厭國立教會、改革宗和東正教。但我也同樣程度不喜歡浸信會、衛斯理會、救世軍、普利茅斯弟兄會、公理會和世界上所有其他教派[5]。我就是我，這就夠了。但直到我還有最後一口氣，我將努力打擊所有國家垃圾的氣焰。我很快就會走到盡頭，但基督教將不得不為它幾個世紀以來積累的所有恥辱付出代價。迫害良心是懦弱、卑鄙和可恨的，就像今天在俄羅斯、西班牙和瑞士發生的那樣……

如果你為我寫訃告，請說出可能很少有人像我這樣遭受敵人的惡意、嫉妒、法利賽式的愚蠢和懦弱……，我是那些欺騙我的人的受害者。在我澈底垮掉時，我已用最大的努力和精力工作了二十年來還債救贖。我知道貧窮，過著最悲慘、最晦澀和儉省的生活，經常挨餓。但我的敵人卻千方百計地為難我，阻止我成功，並以各種誹謗讓我到處受懷疑。多年來，為了傷害我，他們宣稱我不是真正的杜南；他們指控我犯罪，讓好心人反對我；他們肆意嘲笑、激怒、羞辱和作踐我。這些想法每天晚上都會連續幾個小時以神經性發燒來奪走我的睡眠。我還有很多話要說……

我們需要社會貴族！……一群笨蛋發現喊出「烏托邦！烏托邦！」很容易。如果由於他們自己的愚蠢和笨拙，無政府狀態沒有到來，我們將看看他們是否應該受到責備。無論如何，歐洲病得很重。但正是這些所謂的道德醫生開出的毒藥必將終結歐洲。文明將尋找一個新家。在某種程度上，這已經開始了。澳大利亞、美國、南非將是未來的文明中心。

一次又一次，隨著反覆的自動思考，這些咒語和預言被重複。與此同時，他抱有很大的希望。他認為威廉二世是歐洲的救世主，教皇利奧的通諭是新世界的曙光[6]。他過去的樂觀主義立即被喚醒，但隨著新情況的發生，就迅速陷入極度的絕望。當泰辛爆發無意義的騷亂時，他深夜衝上樓對他的朋友桑德雷格大喊：「天啟開始了！」[7]

像許多先知一樣，他的時間感很差。

桑德雷格太太寫道：「我嚇壞了，以為他瘋了。因為其他時候他總是安靜地出現，整個人都表現出尊貴和克制。」還有一次，他情緒非常激動地講述了兩個人如何襲擊並試圖殺死他。結果發現，兩個年輕小伙子正走在街道上，在他身後有說有笑。杜南誤以為他們是「敵人」，轉身用雨傘打他們，於是他們對他也有所回應。

1891年底，杜南的東道主搬到離海登不遠的特洛伊恩的林登布爾客店，杜南也跟著他們去了。在阿爾普斯坦山腳下，他可以欣賞到康斯坦茨湖的美景。但當時是冬天，強烈的冬風困擾著他。

這是一次非常麻煩的搬家。杜南一個人打包了十五個大小不一的包裹，因為他不讓任何人碰他的東西。桑德雷格先生不得不分多次把它們搬下去，桑德雷格太太則站在人行道上「看看有沒有包裹遺落入不速之客之手」。

有了很好的休養，杜南對組織活動的渴望就復甦了。在海登，一個紅十字救護協會成立了。這個小村組織讓他回想起了當年他曾何等出色地幫助準備大會。杜南接受了榮譽主席的職位，並就如何最好地安排一切做出了詳細指示。他為邀請函設計了一個信封——「淡紫色會很好看，甚至淺灰色、珍珠灰色也行。我沒有在紅十字圖案的頂部和底部留下足夠的空白。草圖上的海登這個詞有點太大了。」

通過這種方式，杜南試圖將他的一些宣傳智慧傳授給他的學生。「不要認為我小心眼，記住，一個名人說過，天才就是擁有一種無限的承受痛苦的能力（當然，假設這些痛苦

是值得承受的）。」對於在《阿彭策爾報》上發表的公告，他宣稱：「小文章重複幾次會比長篇大論更有價值。」他規劃了即將舉行的晚餐節的節目，他特別推薦了歌曲。「你什麼都不能忽視，你必須——請原諒我這樣說——完全避開小氣和惡意的小鎮精神。」

與此同時，杜南正忙於準備新版的《蘇法利諾回憶錄》。他試圖影響他的朋友去參加1892年在羅馬舉行的國際會議，並在幾封信中討論了這次旅行的資金困難問題，這場旅行最終未能成行。但是，桑德雷格給大會寫了一封關於杜南和他現狀的信。這封信引起了轟動，之前沒人想到過的杜南已經從被遺忘的墳墓中復活了！

但他們之間有太多的苦澀，無法向他伸出和解之手。

杜南在林登布爾客店的情況變得越來越糟，山風使他神經緊張，當暴風雨在孤零零的房子周圍呼嘯大作的夜晚，他會做鬼魂縈繞的噩夢。他無緣無故地因一張被錯放的手稿與朋友桑德雷格鬧翻了，現在沒有人可以進入他的房間。過去會在他5月8日生日那天拜訪他的孩子們不得不將他們的慶祝花環掛在他鎖著的門上。他獨自生活在痛苦的煎熬中，習慣了度日如年和度年如日。

依據當時情況，杜南被認為需要接受一些更基本的護理。1892年海登的阿爾瑟爾醫生以最友好忠誠的方式對待他，安排他住進海登濟貧院。人生中最後一次，他帶著諸多盒子和小包裹、裝飾品，以及各種證書、文件和題綱，到了一個新的住地，這些東西被女執事整齊地存放著。杜南再也沒有離開這個專門接濟窮人的地方，在這裡他度過了人生最

後的十八年。他住在海登濟貧院的十二號房間，這是一個乾淨、明亮的房間，有兩扇窗戶。房間裡有一張床、一個櫃子、一張書桌、一張通用桌、兩把椅子，中間是一張褪色的沙發。牆壁上塗著冷石灰，沒有照片。通用桌上有一面小鏡子，就像在女僕房間裡發現的那種。床邊掛著一個溫度計，門上掛著院規。

濟貧院是世間蒼老者等待死亡的冷清荒陌之地，是眼睛越來越瞎、耳朵越來越聾的老人們的監牢，直到墳墓的溫暖臨到時他們才得以釋放。

但對杜南來說，這個單人間是遠離外部世界粗暴喧囂的避難所，是一個無限自由的地方，在那裡他可以隨心所欲地思考和感受。

他穿著棕色的睡衣，袖口完美地露出一點點，頭上戴著黑色的無邊帽，靜靜地坐著，不受打擾地寫下他的回憶。帝王將相從他身邊掠過，猶如有權勢的強者與卑微的乞丐結伴翩躚的死神之舞。

他再次注視著他生命中無數面孔的眼睛，他們被同樣的痛苦、同樣的仇恨、同樣的私利所驅使。生命與影子之間幾乎沒有任何界限，偉大的拿破崙三世和蘇法利諾最可憐的士兵同樣戰戰慄慄地面對著無法解析的命運之坎。

很偶然的情況下，因為他不耐煩訪客對他的平靜領地的不安和好奇時，他允許他們跨過他的門檻。這時他們發現了一位長著花白鬍子的老騎士，他說的是上流社會的優雅法語。他的聲音溫和，起伏頓挫，稍微有點尖。但當他談到他的作品時，會呈現出「一種鏗鏘而深沉的聲調」。

就這樣，1895年，瑞士記者喬治·鮑姆貝格找到了他，並在當時廣為閱讀的德國期刊《陸海之上》上刊文詳細記錄了這場難忘的會面。

這篇文章標誌著世界重新發現亨利·杜南。在那些日子裡，人們談論很多關於戰爭的事情。法俄軍事協議廣為人知，日本對中國發動了第一次出人意料的突襲，中國在沒有任何真正抵抗的情況下屈服，並在《馬關條約》中被迫割讓朝鮮和俄羅斯設計的旅順港。這場戰爭造成了嚴重的後果，它為1905年的日俄戰爭奠定了基礎，導致了1902年的英日同盟，並觸發了德國的異常尖銳的抗議，對此日本人二十年後仍記憶猶新，他們用了相同的語言要求德國撤離膠州灣[8]。

人們回憶起了這位來自日內瓦的傳奇的和平天使，鮑姆貝格為不幸的杜南發出的呼籲得到了廣泛的響應。杜南在歐洲各國的大報上讀到了自己的名字：紅十字會創始人健在、需要幫助！像是傷口被再次打開，他由此也再次回顧到他曾經被那麼可恥地拋棄的人生陰影。

那篇報導給他帶來了一批令人印象深刻的文件和證書。最偏遠的社團委任他為名譽會員，俄羅斯皇太后送他一筆養老金，蘭斯的撒馬利亞人協會頒發給他一枚金牌。1896年他的六十八歲生日具有文化活動的性質：整個瑞士都自豪地稱呼他為「我們的亨利·杜南」；從蘇黎世送來了一個漂亮的花籃，在朵朵白花中間由盛開的紅花鑲嵌成一個紅十字；教皇利奧十三世寄來了他的照片，上面寫著：「平安在你的神裡面。」紅衣主教蘭波拉也表達了同樣的感性觀點。蘭斯大主教寫道：「我很高興以這個隱沒的名字榮耀上帝，這個名

字是整個世界的戰爭受害者每天都在祝福的名字。」他的照片出現在所有的畫報中。在聖加爾發行了一枚杜南硬幣，其背面「醒目地描繪了一名在戰鬥中受重傷的士兵被一名佩戴臂章的人包紮的時刻。在這群人上空盤旋著人類的精靈，指著浮現出來的紅十字」。莫斯科國際醫學大會任命他為名譽會員，瑞士國會為他頒獎。

對於杜南來說，音樂奏響的隆重榮譽儀式完全不是新鮮事。他或許很早時曾經夢想過這一切；但他已然經歷過，享受過，也鄙視過這些。帶著驚訝和懷疑，他在自己的小單間裡看到了來自外國的輝煌榮譽，聽到了直闖而入、試圖糾正過往不公的聲音。時代繁榮，商業興隆，社會寬鬆。1895年，每個國家都出現了前所未有的經濟增長。似乎這個世紀希望在人類歷史上這個最文明的悲劇時代落幕之前，能在最後一次迷人的高潮中逝去。這個時代充滿如此多的鼓舞人心的進步和如此多的善意，但也充滿如此多的古老和新生的邪惡。

杜南知道榮耀的噩夢將再次消失，他的名字將再次留在黑暗中。破產的恥辱已經從他身上除去了，雖然有點晚。但他或許可以睡得更好，少些仇恨，也少些憂慮。他寫信給他的朋友巴斯廷年邁的寡妻，巴斯廷也是蒙斯－傑米拉的受害者之一。杜南手裡拿著她的回信：

> 我感到非常遺憾，你受了這麼多苦，也經歷了無意中給朋友們造成損失的困擾。但是，神聖的事業已經成功了，上帝選擇了你去發現並推動它。你必須向上帝交代你所走的路。你太老也太虔誠了，所以現在

就不能不說實話了。我很高興給你寫信，我希望有一天我們能天堂再見，有那麼多親愛的人已先於我們到達那裡。上帝保佑你。

　　一筆讓杜南負債感最強的欠債註銷了，他可以放下重負、心懷坦然地期待在天上與巴斯廷夫婦見面了。但是，在這個世界上，他難道不是還有另一筆更棘手、更沉重的債務沒有得到免除嗎？蘇法利諾、杜佩爾、薩多瓦、色當、巴黎、普列文[9]、滿洲，以及即將到來的無盡戰爭的惡臭深淵，在等待著張開血盆大口。杜南在炫目的小鏡子中看到了自己的臉。久經風霜、毫無修飾、脆弱不堪，幾乎要消耗殆盡了。他吞嚥困難，腫脹的手失去了抓合力。但老人們是頑強、拒絕溫情的戰士。杜南的拳頭再次握緊，不會有和解了。和平仍未實現，仍須努力工作。

註釋：

[1] 威廉・桑德雷格（1862-1904）和他太太蘇珊娜對杜南在海登的生活多有幫助。他們鼓勵杜南記錄他的生活經歷，杜南也希望能進一步推廣自己的想法，包括出版新書。雖然他們的友誼後來因杜南的多疑而變得緊張，杜南對威廉四十二歲時意外去世深感痛心。桑德雷格一家對杜南一直滿懷敬佩。1935年，桑德雷格夫婦的兒子雷內・桑德雷格出版了一本杜南寫給他父親的書信集。

[2] 恩斯特・魯道夫・瓦格納是《蘇法利諾回憶錄》的德文譯者、杜南的朋友和長期支持者。
魯道夫・穆勒（1856-1922）自1877年於斯圖加特認識杜南後，一直是杜南的朋友。他撰寫的《紅十字會和日內瓦公約的歷史》於1897年出版，該書為恢復杜南的聲譽和認可他作為紅十字會創始人的角色做出了決定性貢

獻。1900年，他還寫信給諾貝爾委員會全面描述了杜南一生的工作，並表達希望杜南獲得諾貝爾和平獎。1975年，魯道夫‧穆勒的兒子曼弗雷德‧穆勒出版了一本杜南寫給他父親的書信集。

[3] 列夫‧托爾斯泰（1828-1910）：俄國小說家、哲學家、政治思想家。他著有《戰爭與和平》、《安娜‧卡列尼娜》和《復活》這幾部經典的長篇小說。《懺悔錄》是他的心靈自白，在此書中他追溯當時自己五十年的人生經歷和心路歷程，尋找生命意義，並記錄下這段精神活動的過程。此書中有對基督教傳統教派的批判。《簡明福音》（中文譯本常名為《托爾斯泰福音書》）寫於同一時期，是他透過對聖經中的四部福音書的希臘文原本進行自己的闡釋與整合來力圖真實呈現耶穌話語和教導的福音書。此書認為生命的諸多問題可在耶穌教誨中得到解答，但必須去除傳統教派對耶穌教誨的扭曲與錯誤詮釋。他是非暴力的基督教無政府主義者，他對甘地的非暴力哲學思想的形成有直接影響。美國貴格會也曾向會員介紹過他的非暴力主義思想。他1901年被東正教會開除教籍。1910年他病逝在避世獨居的路上。

[4] 法利賽人是一個活躍於西元前二世紀到西元一世紀的猶太民族中的思想流派。法利賽人意圖通過與俗世分離、遵守舊約聖經中的諸多律法來追求聖潔。依據新約聖經的記載，在耶穌時代，法利賽人對耶穌多有攻擊，耶穌對法利賽人有「假冒為善」等嚴厲批評；耶穌受難也與法利賽人對他的敵視有關。因此，在基督教文化中，「法利賽」一詞也指代虛偽冷酷和自以為義。

[5] 浸信會、衛斯理會、普利茅斯弟兄會、公理會均為基督新教的教派。救世軍是一個神學思想上源自衛斯理會的國際性宗教及慈善組織（見第一章註22）。

[6] 利奧十三世於1891年發表《新事通諭》。該通諭探討了勞動階層的現狀問題，並認為時下的當務之急是改善「工人階級不公平地被苦難與不幸所壓迫」的問題。通諭支持勞動者建立工會，但反對社會主義、支持資本主義，並肯定私有財產。該通諭被認為是現代天主教社會教育的基石。

[7] 天啟指上帝（神）的啟示。在基督教文化中，天啟通常指新約聖經的《啟示錄》所描繪的在新世界和天堂建立之前舊世界的澈底毀滅。

[8] 1895甲午戰爭後，清政府與日本簽署《馬關條約》，割讓遼東半島予日本。六天後，俄羅斯、德國與法國出於各自利益，一起要求日本向清政府歸還遼東半島，並有以武力威脅日本的準備。結果清廷得以贖回遼東半島。1897年德國藉口兩名傳教士在山東被殺，出兵占據、然後「租借」膠州灣地區。1914年一戰爆發後，日本以「英日同盟」為由加入戰爭，於8月15日向德國遞交最後通牒，要求後者將膠州灣無條件移交予日本。被拒後，日本對德宣戰，於當年11月占領膠州灣。

[9] 普列文在今保加利亞境內。在1877年的俄土戰爭中，俄軍與土耳其軍隊曾於普列文激戰。

第二十章　諾貝爾獎

　　1896年，一位訪客──貝爾塔・馮・蘇特納──前往杜南的單人間朝聖，她的重要性遠遠超過其他人。那是在阿爾弗雷德・諾貝爾去世前不久。當時尚在計劃中的諾貝爾獎的主要特徵，即把來自炸藥工業的成百萬金元轉化為銘刻在人類記憶中的促進和平意志和國際科學精神，已經確定。這位諾貝爾的密友，西奧多・沃爾夫稱頌的「那隻頑強的和平鴿」[1]，是一名和平主義鬥士。她的血管裡流淌著一位軍人父親的鮮血；而從她母親的血緣追溯，她是德國爭取自由戰爭的歌頌者、詩人西奧多・科納的後裔。她的期刊《放下武器！》已經在維也納發行了幾年，期刊名稱借用了她舉世聞名的小說的強烈吸引力。和日內瓦貴族出身的杜南一樣，奧地利貴族出身的蘇特納女士也被開明、樂觀、對那個世紀的進步富於熱情的歐洲主義所塑造。她能夠將非常有文化修養但厭世的炸藥巨頭在跨越生死之際轉變為理想主義者和慈善家，同樣也能夠將身處濟貧院的杜南從被棄絕的憤憤不平中拉拔出來。看到這個被命運毀滅，從人類之友變成懼怕世人的脆弱男人，她被深深地感動了：

　　「在瑞士一個小度假勝地濟貧院的一個像牢房那樣空蕩蕩的乾淨房間裡，一個男人在生活和工作。他六十八歲，有

長長的白鬍子和溫柔的眼神，外表整潔，聲音洪亮，精神飽滿，熱心快腸⋯⋯」

　　杜南那時已經穿越了所有背叛和逃亡的煎熬。他後期的朋友們也曾感人淚下地紀念過他，這個虛弱的老人正半埋在各種榮譽和證書之下，而永不休止的命運之箭正在奪走他最後的生命呼吸。但他再一次感覺到自己並不孤單。正是貝爾塔・馮・蘇特納的偉大貢獻，在杜南漫長而迷茫的生命即將結束時，又使他重新回到了那些構成那個世紀豐盛收穫的偉大歐洲人的前列。雖然為時很晚，這是第一次他看到了自己和他對善良事業的本能歸屬於歐洲人道主義的精神社區，而這個精神社區致力於把資本主義光輝歲月的物質祝福轉化為人類的價值觀。

　　這個精神社區裡有左拉，他為德雷福斯上尉的個人權利而戰，將善良帶進世界[2]；有阿納托爾・法朗士[3]、托爾斯泰、陀思妥耶夫斯基[4]、比昂松[5]、馮塔內[6]、康拉德・費迪南德・邁耶[7]，和丹麥人喬治・布蘭德斯[8]，還有沃爾特・惠特曼的博大精深[9]，和恩斯特・海克爾的一元論道德學說[10]；年輕的托馬斯・曼開始寫作並模仿他同時代人的思想和舉止[11]；有被稱為自然主義和印象主義的偉大而鮮活的藝術[12]；更有雄偉的詩歌和經典的批判及哲學觀點，即使它像愛倫・坡和波德萊爾那樣認為自己是頹廢的[13]，即使它像斯特林堡和更重要的尼采那樣對現有的緊張態勢悲觀和敏感[14]，即使是像柏格森那樣形而上學[15]，或者像理查德・瓦格納那樣對這個時代充滿侵略性和敵意[16]，所有這些構成了西方思想的一組撼人心魄的交響樂。

　　科學正在取得革命性的進步，並超越了過去的局部性定理。為了解決在煎熬中人類的實際需要，實用知識正在被逐步開發運用。丁達爾、赫茲、巴斯德、菲爾紹、科赫和達爾文的理論正被用於剷除瘟疫的威脅[17]，為之前即使最樂觀者也認為不可能的技術支持和社會發展創造了可能性。文化開始繁榮，慈悲仁愛者、道德修補者、社會改革者的烏托邦體系擴展為多少帶有現實主義色彩的各種廣泛運動：世界語[18]、素食主義、節制、動物保護、婦女權利、基督教科學派[19]、自由思想、一元論[20]、性改革[21]、土地改革、服裝改革、體育文化等等。

　　「文化」和「教育」成為消費品，引起了群眾新增購買力的大力投入。對廉價文化商品的渴望使得大量垃圾、偽藝術和偽科學充斥，這並不奇怪。詞典和插圖專輯成為大眾商品，它們讓人們更容易緬懷過去。汽車、鐵路、新的飛行藝術、攝影，都讓遙遠的世界變得具體。機器生產使產品風格缺乏選擇和品味，形式被統一修飾，物品形貌被改變。從盛鋼桶到建築外牆，平凡事物的世界有了奇妙可畏的美化。巨大的聰明才智被用於發明缺乏實用性的東西，在大公寓裡，瓷器和石膏模型、彩色平版畫和針織品激增。人們收集紀念品，並互相寄明信片。從家庭主婦的紙花，美食家的香蕉、菠蘿和動物內臟，到綠色的苦艾酒或勾起邪欲的毒品，人們被各種人造的和新奇的東西所吸引。

　　人們為二十世紀準備了一場偉大的藝術家舞會，這是像拿著玩具的孩子那樣吹噓的現實主義時代：人們只是在「玩」最嚴肅的事情。仍然有苦難，但他們相信文明的清潔

感，相信明天一切骯髒會被收拾乾淨。我們的父輩充滿了幻想，他們是我們青春的光榮保護者，他們留著鬍鬚、穿著禮服。社會主義者相信世界革命和無產階級團結。資本家相信他們的世界福音完美無瑕。政治家們相信世界帝國主義的祝福，相信「均勢」和「歐洲協調」。全體群眾幾乎相信永恆的和平。

　　杜南擦掉眼睛裡的睡意。我們是多麼願意相信，當我們走到生命盡頭時，我們也能到達目的地。和平與混亂狀態處在平衡中，平衡似乎傾向於和平。他盡了最後一點努力來促進和平，顫抖的手再次抓住了筆。貝爾塔・馮・蘇特納將她的雜誌交給了他。在《放下武器！》的雜誌評論中出現了杜南的呼籲：〈致新聞界〉、〈反對軍國主義的小武器庫〉、〈反戰小武器庫〉。《自由、和平與進步月刊》上發表了他的〈火之言〉。

　　他夢想建立一個「維護社會秩序的偉大國際政黨」，建立一個在公主們領導下的「婦女福利聯盟」，「以消除威脅我們種族的雙重危險——混亂狀態和世界大戰」。他規劃了一個「婦女保護局」，其標誌是「紫邊白盾圖案上附有綠色十字」。「綠十字女士」將為社會上所有處於困境或危險之中的女性提供法律保護、精神和物質援助，尤其是「在巨大而危險的人口中心」。

　　但最重要的是他對抗戰爭的鬥爭，這位海登隱士寫下了真正的預言致予1897年失落的世界：

　　　啊，戰爭未死！如果它改變了形式，它只是變得

更加可怕。我們文明中可以驕傲的一切都將為戰爭服務。電氣化鐵路、飛船、潛艇、浮橋、快照攝影、電報、電話、光音機以及許多其他奇妙的發明都將與殺人機器一起為戰爭提供出色的服務。哪一項人類發明不是使死亡可以更快更準？！當同胞喋血時，心急手快竟然成了「人道」。

訓練你高貴的賽馬進行戰鬥。訓練你無辜的鴿子成為毀滅的使者，訓練你的燕子成為戰鳥。使用馬、騾、牛、大象、駱駝進行軍事運輸，並成為你的戰友！應用一切創造進行屠殺！和你一起開車去血洗！但是，要快，這樣每個人都可以為大屠殺的偉大日子做好準備！激勵天才發明家，讓他們如此快樂、如此熱情地完善破壞性武器！給他們大把榮譽、大筆金錢！相互競爭，摧毀最美的大師傑作，和文明的驕傲——宮殿和城堡、堤壩、酒吧、高架橋、建築物和各種紀念碑！但是，不要忘記，那時你們引以為豪的文明將毫無疑問地淪為廢墟，隨之毀滅的是你們的福利、貿易、工業、農業，也許還有你們的民族自由和家庭幸福！

這是1897年！歐洲已經開始緩慢但不可避免地走向大悲劇，戰爭的陰霾集中在三個危險點——巴爾幹和柏林至巴格達的鐵路周圍、摩洛哥，以及德國艦隊正在擴軍的北海。

威廉二世一開始是一個「社會」統治者，他與俾斯麥的決裂是他的自由勞工政策造成的。當社會民主黨在1893年

成為國會最強大的政黨時，帝國的社會政策已經轉向反動，1895年的顛覆法和1899年的刑法針對社會主義者進行格外嚴厲的立法。威廉二世一開始是和平王子，但幾年後德國的政策對和平構成了長期威脅。他一開始是英國的朋友：桑給巴爾島與黑爾戈蘭島的交換於1890年生效[22]，與俄羅斯的「再保險」條約沒有續簽。幾年後，他與俄羅斯建立了炙烈的友誼，並對英國產生了無法化解的怨恨，這是他在1896年布爾戰爭前在寫給德蘭士瓦總統克魯格的信中首次表達的[23]。威廉二世一直覺得自己是得到上帝恩典的絕對君主，但他缺乏他祖父的智慧。他才華橫溢，但不受約束、反覆無常，沒有得到很好的建議，並且痴迷於帝國主義野心，這種野心代表了德國人清醒的現實主義和浪漫思辨的特殊接合。1897年，德國開始擴軍，拉開了悲劇的序幕。馮·提爾皮茨海軍上將成為海軍部長並宣布了第一個海軍建設計畫。比洛成為外交部長，並於1900年成為帝國首相。中國膠州灣被占領，德國在遠東獲得了重要的海軍基地。不久之後，俄羅斯占領了旅順港，以確保在太平洋地區有一個溫水港。

英國在1897年慶祝維多利亞登基六十週年時，仍然完全處於那種自維也納會議以來確保她崛起的「光榮孤立」政策的影響之下。但是，俄羅斯在東方的威脅性擴張使得預防措施必不可少，英國從1898年開始了一系列與柏林和解的努力，但這些努力一直遭到拒絕，最終導致了針對德國的三國同盟。

很不幸，德意志皇帝喜歡演講，而演講總是外交災難的前奏。在一次前往耶路撒冷的朝聖之旅中，他宣稱自己是穆斯林的捍衛者，從而引起了法國和英國的關注。

1899年5月至6月，和平會議在海牙召開，由幾年前登基成為俄羅斯沙皇的年輕的尼古拉二世召集[24]。

這次會議受到了所有和平之友的熱烈歡迎，但它唯一的結果是加深了對戰爭的感情。誠然，因為英國的敦促並抵制德國的反對，海牙法庭的組織議題得到了解決，但德意志皇帝明確表示他不會依靠仲裁法庭，而是憑藉自己的利劍。德國斷然拒絕了所有削減軍備的提議。

會議前，杜南發表了一篇長文〈尼古拉二世沙皇陛下的提案〉。這是他最後一次嘗試用他失敗的聲音改變歷史事件的進程。

　　　　在最高尚的慈善事業領域，紅十字會是人類以兄弟友愛之情和睦相處的第一個里程碑。紅十字會和《日內瓦公約》為完成其他偉大工作指明了道路。今天，所有文明國家之間存在著涉及物質利益的公約，這導致了在某些特定主題的協同行為。這些協同行為已通過國際郵政聯盟、國際電報聯盟、國際度量局、國際保護工業和藝術及文學財產聯盟、關稅公布局、國際運輸和鐵路聯盟而產生實效。五十年前沒有人知道會有這一切……。願這次大會也能成為下個世紀的吉兆。願它能努力團結所有真誠地致力以世界和平的偉大理念消弭紛爭與不和的國家，並形成一個強大的聯盟。願那些國家安全和民族福祉所依據的法律和正義原則在這次大會上能得到共同的確認和尊崇。

從度量衡的國際統一到人類的國際和諧，這是一個遙遠的召喚。沒有任何跡象表明，即將離世的杜南所迎接的野蠻世紀會堅持實現人類的國際和諧。

剛剛在加爾各答附近達姆的國有工廠發現，通過外露鉛蕊可以極大地提高現代套鋼彈頭的殺傷性[25]，並且在這奇特拉的印度邊境部落之間的一場小規模衝突中精彩地得以證實。著名外科醫生、德國撒馬利亞人協會（1882年）的創始人馮·埃斯馬奇博士在《德國評論》發表了一封公開信中提出[26]，這種類型的子彈，「在與狂熱的野蠻人的戰鬥中使用或許可以原諒」，但應被禁止在歐洲使用，因為四百克以下的爆炸性彈丸已被1864年的一項普遍公約所禁止。這次大會沒有討論戰爭用氣體、手榴彈或燃燒彈。

代表們剛回到家中，最後一次也是最激烈的布爾戰爭，即1899年的布爾戰爭就爆發了，並以南非聯邦的成立而告終[27]。威廉二世去了倫敦，空手而歸。新世紀始於中國的義和團運動，一名德國領事被殺，導致這個不幸的國家受到國際遠征懲罰，自「開放」以來，這個國家已成為外國商業利益的鬥爭焦點。

維多利亞女王於1901年初去世，愛德華七世成為英格蘭國王[28]。日不落帝國還沉浸在「光榮孤立」的餘暉中，一個新的太陽升起，但世界被聯盟、協約、軍事協議和歐洲種種難題的羅網所籠罩。

在義和團運動後，德國第三次拒絕了英國對雙邊關係升級的建議，結果是1902年英日結盟。英國當時的目標是在亞洲保護英國對抗俄羅斯，但其影響更為深遠，英日結盟促使

了在1914年世界大戰爆發時相互對抗的大國集團的穩定。

1901年，托爾斯泰被逐出教會；安德魯・卡內基在他的鋼鐵廠與摩根銀行的鬥爭中失敗，他退休了並決定將自己數億美元的財富用於慈善事業[29]。同年，諾貝爾獎首次頒發。和平獎平分給了兩位老人，一半授予了七十九歲的法國和平聯盟創始人、法國國家間仲裁協會主席弗雷德里克・帕西，另一半授予了七十三歲的亨利・杜南。

將獎項授予杜南遭到了一些激進和平主義者的強烈反對，因為紅十字會不是一個促進和平的組織。他們這樣做並沒有讓自己贏得聲譽，反而顯明盲目的狂熱甚至可以破壞和平事業。如果有人應該得到這個獎項，那就是杜南。自蘇法利諾之日起他就憎恨戰爭，他的一生都變成了那若干小時可怕經歷的倒影。本著無與倫比的堅韌和承受苦難的能力，他越來越清楚地認識到戰爭的罪惡，並且更加果斷和明確地與之抗爭。他想要把活躍於戰場的紅十字會變成和平的紅十字會！虛弱的杜南在他的人生旅途的盡頭獲得了第一屆諾貝爾和平獎的榮譽，這對他來說是一種安慰和希望。這個榮譽也創造了一項精神義務，需要讓他的工作、紅十字會聯盟、和平思想保持生機活力。他曾經在一封信中抱怨：「我從來沒有被理解！！！」最終他被理解了。

財富突然落在年邁的杜南那僵硬的雙手上是他一生諸多悲劇性諷刺之一，似乎天堂不忍看到日內瓦貴族的兒子陷入永恆的貧困。但貧窮已成為他無法放棄的忠實朋友和夥伴，他長期以來一直按照自己的方式過著僧侶般的生活。他再也沒有脫離過他的使命，也沒有脫下貧窮的外衣。如果說這輩

子有一件事他需要恐懼的話，那就是金錢。他將獎金遺贈給了慈善團體。在杜南疲憊的眼睛裡，新世紀已逝去的九年顯得非常陌生和可疑。在他生命的最後幾年，世界大戰的戰線已經劃定。十九世紀的成就所賦予世界的精神和物質交流方式在國家的武力和自私利益面前屈服：它們轉而反對文明。世界的劃分是根據大膽和偶然的法則。但是像熔漿流動一樣，人類的成長是生物混亂狀態的結果，整個過程中缺乏培育者的秩序之手。節育仍然只是一個想法。國家的領導權方式沒有給弱者的自由意志下留下任何空間，而是與歷史傳統和政治榮譽觀念息息相關，但這些傳統和觀念已不再對應著文明狀態及革命可能性。這導致了斯特林堡式的懸念折磨，身體和靈魂在愛恨交織中苦苦掙扎，除了炸藥和悲劇之外別無解脫。

在英德結盟的努力失敗後，英國的政策發生了決定性轉變。愛德華七世於1903年訪問了里斯本、羅馬、維也納和巴黎。出訪的成果是1904年達成的英法協約，而此前義大利人已因為法國承諾允許他們在的黎波里放手一搏，而於1902年通過一項祕密中立條約破壞了與德奧的三國同盟。法國也承諾在摩洛哥的利益中分給西班牙一杯羹。法國在摩洛哥的唯一對手是德國。1895年3月，德意志皇帝的遊艇抵達摩洛哥濱海城市丹吉爾，他發表了不幸的講話，承諾維護摩洛哥的獨立。德國要求召開國際會議，法國外長德爾卡斯對此表示反對，但隨後被迫辭職。德意志皇帝似乎贏得了重要的外交勝利。

與此同時，俄羅斯占領了滿洲，1904年2月爆發了日俄戰爭。在沙皇尼古拉二世沉悶偏執的統治下，俄羅斯人民落

入了腐敗的寵臣和反動派手中。俄羅斯是鐵軌有缺陷和大砲劣質的帝國主義國家。出乎所有人的意料，俄羅斯在這場戰爭中被決定性地擊敗。1905年1月22日，在加蓬神父的帶領下，工人們遊行到冬宮，要向沙皇遞交一份讓人民享有憲法權利的請願書，他們被掃射倒在血泊中。恐怖興起以對抗恐怖，列寧暴力革命的陰影逐漸籠罩了俄羅斯。俄羅斯軍隊在奉天被擊敗，艦隊也在對馬海峽被摧毀。一個虛設的議會，即杜馬，在俄羅斯召開了。1905年5月9日的《樸茨茅斯和約》把朝鮮、滿洲和旅順港交給了日本。

同年7月，在陰謀家荷爾斯泰因的策劃下[30]，威廉二世和他的朋友兼堂兄尼古拉二世在比約科進行了一次神祕的會議，兩國在「聽我們誓言的上帝面前」締結了祕密聯盟；它立即被撤銷，因為在1905年兩位擁有如此絕對權威的君主竟然面對面地為他們國家的命運討價還價似乎仍然是瘋狂的。俄羅斯從法國獲得了歷史上最大的一筆貸款。現在在俄羅斯掌權的維特對德國的柏林－巴格達鐵路的發展和威廉二世武裝土耳其感到煩惱和擔憂。德國在關於摩洛哥問題的阿爾赫西拉斯會議上失敗後，1907年英俄針對德國達成了協約。對中歐的「包圍」已經完成。

第二次和平大會於1907年在海牙召開。但實際上，這不過是世界大戰的序曲，因為它清楚地表明了歐洲的危急狀態在過去七年間發生了多麼嚴重的惡化。英國向德國提出的將海軍軍備限制在合理比例的請求被拒絕，德國開始並迅速推進了一項新的、廣泛的海軍建設計畫。1908年，英國《每日電訊報》對威廉二世進行了一次不愉快的採訪，他在採訪

中強調了德國人民對英國的好戰情緒——但這其實根本不存在。威廉二世一再發出令人震驚的政治攻擊，這加劇了兩國間痛苦和不信任的氣氛。1909年德國開始建造九艘無畏艦[31]，而英國建造了十八艘。

　　1908年在巴爾幹地區開始的衝突導致了奧俄間的嚴重緊張局勢。奧匈帝國對匈牙利塞族人的迫害引發了塞爾維亞國內的暴烈、無節制的反煽動。自1903年最後一位奧布列諾維奇家族的塞爾維亞國王被謀殺以來，繼任的彼得國王的政府，特別是喬治王儲過度的沙文主義，導致了與奧地利的關係危險地惡化。

　　在土耳其，恩維爾・帕夏領導下的青年土耳其黨人發動了一場革命。1908年10月5日，保加利亞擺脫了土耳其的所有控制，斐迪南王子宣布自己為獨立王國的沙皇。10月7日，奧匈帝國明確宣布吞併自1878年以來它一直占領的波斯尼亞和黑塞哥維那。那裡的居民在民族屬性和語言上屬於塞爾維亞民族，民族分離引起了深深的痛苦，而奧地利外交部長埃倫塔爾的錯誤加劇了這種痛苦，他還涉及了用偽造文件來進行宣傳的不入流政治事件。但迫於支持奧地利的德國首相馮・布洛的最後通牒的壓力，俄羅斯政府放棄了對塞爾維亞人的支持，到了1909年危機似乎得到了解決，但越來越強烈的仇恨像暗火一樣悶燒著。俄羅斯無法忘記，在德國對奧地利支持下，它作為泛斯拉夫民族的保護者所遭受的失敗。塞爾維亞的民族統一主義越來越不能被奧地利容忍，但官方的努力永遠無法阻止它的發展。1910年，一名南斯拉夫學生企圖刺殺波斯尼亞總督但未成功，他在自殺前高喊：「我把

為我報仇的責任交給大塞爾維亞！」——這就是歐洲青年慷慨赴死的口號。

註釋：

[1] 西奧多・沃爾夫（1868-1943）：有影響力的猶太裔德國作家、評論家和報紙編輯。在1906年至1933年，他是政治自由派報紙《柏林日報》的主編。他的才華甚至連反猶的納粹德國宣傳主管戈培爾都特別稱讚，認為他的寫作質量在德國鮮有人及。

[2] 見第一章註18。

[3] 阿納托爾・法朗士（1844-1924）：法國小説家，1921年諾貝爾文學獎獲得者，本名為雅克・蒂博。重要作品有《波納爾之罪》、《當代史話》、《企鵝島》等。作品有人道主義立場，和對社會醜惡不公的批判。

[4] 費奧多爾・米哈伊洛維奇・陀思妥耶夫斯基（1821-1881）：著名俄國作家。重要作品有《地下室手記》、《罪與罰》、《白痴》、《卡拉馬佐夫兄弟》等。他的作品探索了道德、貧窮及自殺等主題，表達了宗教、哲學及心理學思想，對存在主義思潮的產生有直接影響。

[5] 比約恩斯徹納・比昂松（1832-1910）：挪威作家，1903年諾貝爾文學獎獲得者。重要作品有劇作《斯威爾國王》、《西夏德國王》、《新婚的一對》、《挑戰的手套》等。他的作品多讚頌歷史英雄、抨擊時弊、呼籲社會改革和男女平等。

[6] 西奧多・馮塔內（1819-1898）：德國小説家、詩人。重要作品有《沙赫・馮・武特諾》、《埃菲・布里斯特》和《燕妮・特賴貝爾夫人》等。他的小説展現了德意志帝國社會的複雜、矛盾和衝突。

[7] 康拉德・費迪南・邁耶（1825-1898）：瑞士詩人和歷史小説家。重要作品有激動人心的敘事民謠，以及小説《於爾格・耶納奇》、《護身符》等。作品多反映自由與命運之間的深層次衝突。

[8] 喬治・布蘭德斯（1842-1927）：丹麥評論家和文學理論家，對1870年代到二十世紀前期的歐洲文學產生過重要影響。重要作品有《十九世紀文學主流》、《當代法國美學》等。

[9] 沃爾特・惠特曼（1819-1892）：美國詩人、作家及人道主義者。代表作為詩集《草葉集》。南北戰爭期間，他主動到華盛頓當了近兩年的護士，終日盡心護理傷病士兵，以致自己的健康受損。他的生活艱苦，把節省下來的錢用在傷病員身上，有許多他護理過的傷病士兵後來還一直和他保持聯繫。

[10] 恩斯特・海克爾（1834-1919）：德國生物學家、博物學家、哲學家。他將達爾文的進化論引入德國並繼續完善了人類的進化論理論。他提出了生態學概念，他也是優生學的先驅。在哲學上他持一元論，他認為上帝與萬能的自然規律是同一的。他反對創世論，但認為世界萬物皆有靈魂。

[11] 托馬斯・曼（1875-1955）：德國作家，於1929年獲得諾貝爾文學獎。重要作品有小說《布登勃洛克家族》、《魔山》、《威尼斯之死》等。他在受納粹迫害的流亡期間有句名言：「我在哪裡，哪裡就是德國。」

[12] 自然主義作為文藝流派，於十九世紀下半葉至二十世紀初在法國興起、隨後波及歐洲，影響集中在文學領域。自然主義崇尚單純地表現事物的原態，追求絕對的客觀性，著重對現實生活做記錄式的寫照，並試圖以自然規律解釋人和社會生活。代表文學家有埃米爾・左拉（1840-1902）、阿爾諾・霍爾茨（1863-1929）等。印象主義（也稱印象派或「外光派」）是西方繪畫史中的重要流派，產生於十九世紀60年代的法國，影響遍及歐美。注重在繪畫中對外光的研究和表現，通常不再注意感情色彩和文學特性。代表畫家有克勞德・莫內（1840-1926）、愛德華・馬奈（1832-1883）、皮埃爾－奧古斯特・雷諾瓦（1841-1919）、文森特・梵谷（1853-1890）等。

[13] 愛倫・坡（1809-1849）：美國作家，以懸疑及驚悚小說最負盛名。他命運坎坷，作品常流露憂傷氣息。重要作品有敘事詩《烏鴉》、小說集《怪異故事集》等。
夏爾・皮埃爾・波德萊爾（1821-1867）：法國詩人，重要作品有《惡之花》、《巴黎的憂鬱》、《美學珍玩》等。他對現實生活不滿，常通過作品揭露生活的陰暗面，歌唱醜惡事物。

[14] 奧古斯特・斯特林堡（1849-1912）：瑞典作家，對現代戲劇有重大影響。重要作品有《父親》、《死亡之舞》、《紅房間》、《奧洛夫老師》等。作品常常反映社會不公，有悲觀主義和神祕主義傾向。
弗里德里希・尼采（1844-1900年）：著名哲學家，著作對當代哲學有重大影響。重要作品有《查拉圖斯特拉如是說》、《偶像的黃昏》、《快樂的科學》、《悲劇的誕生》等。尼采認為世界的本體是生命意志，反對理性主義哲學和基督教道德觀，主張建立新的、以人的意志為中心的價值觀，並提出超人哲學作為建構理想人生的哲學。他提倡以酒神精神、從審美的角度來看待人生的境遇，認為悲劇的精神可以激發出人生的力量（「但凡不能殺死你的，最終都會使你更強大」）。尼采曾自稱為「歐洲最澈底的虛無主義者」，以及「最後一個反政治的德國人」。尼采的哲學曾被納粹及反猶太主義用作宣傳，但尼采本人明確反對反猶太主義。

[15] 亨利・柏格森（1859-1941）：猶太裔法國哲學家，以文筆優美兼具思想魅力著稱，是1927年諾貝爾文學獎得主。他認為變遷本身自成一個整體、哲學應該完全拒絕分析，並反對哲學含有事實、事物與感官作用的觀念。他強

調創造與進化並不相斥，一切都有活力，而人的生命是意識之「綿延」。

[16] 瓦格納簡介見第五章註15。因為瓦格納的作品有很強的德意志民族主義情緒，也包含有反民主傾向和反猶太詞句，所以被認為「對這個時代充滿侵略性和敵意」。

[17] 丁達爾簡介見第十六章註4。

海因里希·赫茲（1857-1894）：猶太裔德國物理學家，電磁波與光電效應發現者。因為他對電磁學的重大貢獻，頻率的國際單位制單位赫茲以他的名字命名。電磁學在醫療衛生領域有很多應用。

路易·巴斯德（1822-1895）：法國微生物學家、化學家，微生物學的奠基人之一。他倡導了疾病細菌學說，發明了預防接種方法以及巴氏殺菌法，是第一個研發出狂犬病和炭疽病疫苗的科學家。

魯道夫·菲爾紹（1821-1902）：德國醫生、人類學家、病理學家、史前學家。他發現了白血病，以及肺動脈血栓栓塞的形成機制。他是細胞病理學，比較病理學（對比人與動物的疾病）以及人類學的奠基人之一。

羅伯特·科赫（1843-1910）：德國醫生，微生物學的奠基人之一，1905年諾貝爾生理醫學獎得主。他發現了炭疽桿菌、結核桿菌和霍亂弧菌，並發展出一套用以判斷疾病病原體的法則。

查爾斯·達爾文（1809-1882）：英國博物學家、地質學家和生物學家。他於1859年出版的《物種起源》中依據自己科學考察中的發現提出了「自然選擇，適者生存」的生物演化思想。達爾文的進化論在十九世紀引起了廣泛的爭議，尤其被基督教會激烈批評。他的多數理論觀點已為當今的科學界普遍接受，並成為現代生物演化思想的基礎和現代生物學的基石。

[18] 世界語是一種人工語言，由猶太裔波蘭眼科醫生路德維克·拉札爾·柴門霍夫（1859-1917）創作並於1887年推出。創作的意圖是以一種靈活、簡單、易學的語言作為普世的第二語言，用來促進世界和平並且幫助世界各地的人民了解他國的文化。

[19] 基督教科學派（亦譯為基督科學教會）1879年由瑪麗·貝克·艾迪（1821-1910）創立，教義主要來自她所著的《科學與健康附聖經之鑰匙》。該教派認為罪、疾病和死亡都與上帝無關，也都是不真實的，而真理和真正的存在都是在精神層面上；疾病可以透過信仰、祈禱和更深領悟上帝、基督與人之間的關係而治癒。該教派非傳統的傳教方式和內容引起過許多爭議。該教派的報紙《基督教科學箴言報》很有聲譽，曾七次獲頒代表美國新聞界最高榮譽的普利策獎。

[20] 一元論是認為世界只有一個本原的哲學觀點。除了唯物主義和唯心主義的一元論外，還有中立一元論。後者認為唯一本原非精神也非物質，但精神或物質都是我們從這個本原所觀測或認知到的性質。

[21] 性改革運動發生在德國魏瑪共和國時期（1919-1933）。該運動致力於為男

性和女性提供更多的性自由，進而提供更多的社會自由。它的兩個主要目標是讓工人階級的男性和女性獲得有關節育的信息和手段，並修改1871年德國刑法典第二一八和二一九條禁止墮胎及提供相應幫助的內容。這場運動在魏瑪共和國末期成為規模最大的無黨派群眾運動。1933年1月納粹黨上台，結束了這場運動，它的許多支持者受到納粹的迫害。

[22] 1890年，英國將在德國海岸線外約七十公里、總面積一點七平方公里的黑爾戈蘭島轉讓給德國，換取了德國控制下地處東非的面積約一千六百平方公里的桑給巴爾島。

[23] 德蘭士瓦共和國的正式國名是南非共和國，為布爾人於1852年至1877年和1881年至1902年間在現在南非北部德蘭士瓦所建立的國家，首都為比勒陀利亞。1877年至1881年及1902年後德蘭士瓦均為英國殖民地。
保羅‧克留格爾（1825-1904）於1883年至1902年任德蘭士瓦共和國總統。他的總統任期內德蘭士瓦與英國關係惡化，導致了第二次布爾戰爭（1899-1902）。布爾人是荷蘭、法國與德國白人移民後裔，歐洲大陸民眾以及一些政府（荷蘭、德國等）比較同情布爾人。

[24] 尼古拉二世（1868-1918）是俄羅斯帝國末代沙皇，於1894年至1917年在位。1918年全家被槍殺。

[25] 這類子彈俗稱達姆彈、開花彈。擊中人體後，彈頭的鉛蕊會被後端的包銅壓碎而高速破裂與擴散，造成傷口嚴重撕裂。

[26] 弗里德里希‧馮‧埃斯馬奇（1823-1908）：他開發了一種廣泛使用的止血帶，著有被譯成多種語言的《戰場急救》和《傷者急救》等救護手冊。他也是梅毒導致麻痺性痴呆的發現者之一。

[27] 南非聯邦為現今南非共和國的前身。1910年，四個英國殖民地，即開普殖民地、納塔爾殖民地、德蘭士瓦殖民地及奧蘭治河殖民地，合併成為南非聯邦。

[28] 愛德華七世（1841-1910）：1901年至1910年在位為英國國王。

[29] 安德魯‧卡內基（1835-1919）：二十世紀初的世界鋼鐵大王和著名慈善家。在事業高峰期時，卡內基是當時世界第二富豪，僅次於洛克菲勒。他一生共捐資興辦了近三千間圖書館。他還在匹茲堡創辦了卡內基大學（著名的卡內基梅隆大學的前身）。他去世前已捐出大部分財富，並在臨終前立下遺言要把餘下財富全部捐出。他有句名言：「一個人死的時候如果擁有巨額財富，那就是一種恥辱。」

[30] 弗里德里希‧馮‧荷爾斯泰因（1837-1909）：德意志帝國官員，擔任德國外交部政治部主任三十多年。於1890年至1906年間為塑造德國外交政策發揮了重要作用，被認為能幹但狡詐。

[31] 無畏艦是十九世紀初常見的軍艦類型，第一艘無畏艦是1906年開始服役英國皇家海軍的「無畏號」，它全面裝配大口徑火砲，由蒸汽渦輪推動，是當時最先進的軍艦，之後類似設計的軍艦都叫做無畏艦。

第二十一章　辭世

　　杜南沉默了，如雪的白髮映襯著他滿是皺紋的臉。他半閉著眼睛，在這幾天漫長的冬日睡眠中他持續做夢。薄霧從康斯坦茨湖面上緩緩升起，漸漸地有家那樣平靜安寧氣氛的湖景從他狹窄的單人房前隱沒。有一次，在很遠的地方，像是失明的錯覺一樣，他看到一個巨大的陰影在雲層中時隱時現──那是齊柏林伯爵的飛艇[1]。

　　1914年的大人物眼下都在他們的崗位上等待著命運的召喚。到處都喜氣洋洋，只有工人們爭奪社會保障的鬥爭日益激烈。英國自由黨政府的預算中有養老金和國家社會保險計畫以及繼承上屆政府的增值稅收入，該預算被激烈地審議，從中也可以管窺到資本和企業面臨著被要求超出自身能力範圍去承擔社會義務的巨大壓力。經濟已經高度國際化，大國的貸款資助了較小和發展落後的國家。大量的北美證券掌握在歐洲人手中，反之亦然──北美人也同樣持有大量的歐洲證券。機器和商品廣泛流通，也產生了大眾迅速適應的相應國際標準。電報使得驚人的交易可以在幾分鐘之內在東西半球之間達成。

　　1910年1月，愛德華七世去世，喬治五世即位[2]。世界偉人愛德華七世在位期間，肩負著衝破長城般的孤立之牆，

帶領英國重返世界政治的重任。這不是自願發生的，而是德國蓬勃發展的帝國經濟和美國的崛起迫使英國這樣做。愛德華‧格雷爵士、貝爾福、阿斯奎斯、勞合喬治都在任[3]。在法國，克里蒙梭、普恩加萊、白里安主導了政治舞台[4]。在德國，貝思曼－霍爾韋格首相試圖糾正前任馮‧布洛的外交政策錯誤，但徒勞無功[5]。儘管存在各種保護性關稅，優越的德國商品正在占領一個又一個市場。但德國的外交政策並不適於它所應扮演好的世界權力競爭者的困難角色，一條條退路被斷絕了。

在「偉大時代」來臨前只剩下幾個歷史時刻：「黑豹號」戰艦被派往阿加迪爾[6]，意軍占領的黎波里的義大利－土耳其戰爭[7]，土耳其被巴爾幹聯盟擊敗[8]，和薩拉熱窩刺殺事件[9]。1910年，卡內基向和平基金會捐贈了一千萬美元。

世界上的軍工廠夜以繼日地工作。「均勢」建立在結盟和威脅之上，不遵循自然規律和理性認知，而是源於個人的想像、怨恨、封建傳統和觀念、金錢利益、慣性以及對未來的無知。強者與人性之間，有著不可逾越的鴻溝。從最激進的社會主義者到最根深柢固的保守派，沒有一個團體認真對待其人道主義宣示。少數誠實的人放棄了政治。這是一種全方位的背叛——與其說是邪惡，不如說是愚蠢和誘導所致。最嚴重的失敗表現在國際政治上，因為相應的行動承諾是最公然的。1914年7月25日，德國社會民主黨領導委員會向大眾宣布：「前方危險！世界大戰迫在眉睫！在和平時期毆打、鄙視和剝削你們的統治階級現在要你們當砲灰！……打倒戰爭！各國人民的國際兄弟情誼萬歲！」幾天後，這些吶

喊者卻幾乎一致地投票支持戰爭撥款。所有其他國家的社會主義者的行為也大致相同。

和平與階級鬥爭是兩種截然不同的精神。事實證明，國際間的排斥力比凝聚力更強。四年的戰爭摧毀了幾個世紀以來的建設性成果——之前這些成果似乎已表明世界在精神和物質的統一上已經取得了毋庸置疑的進步。在戰場上看不到多少人道主義。個人生命和財產蒙受損失，公約沒有得到尊重，破壞性武器沒有受到限制。紅十字會，像戰爭上的其他成分一樣，技術上強大並致力於其工作，但它在道德解體之前無能為力。人道主義是沒沒無名的戰士，正燃起永恆的悔恨之火。

但是，上個世紀偉大的和平之友們還沒來得及看到恐怖，就已經被仁慈的命運閉合了眼睛。克拉拉·巴頓於1912年復活節早上去世。弗雷德里克·帕西於1912年去世。貝爾塔·馮·蘇特納於1914年6月去世。饒勒斯於1914年8月被暗殺[10]。托爾斯泰於1910年11月20日在他要避世獨居的途中，於阿斯塔波沃火車站去世。這位偉大的基督門徒和他相對寡言的兄弟杜南生卒年相同（1828-1910），幾乎同時睜開和閉上看世界的眼睛。

杜南於1910年10月30日在海登去世，享年八十二歲。之前在他八十歲生日那天，眾多美好祝福的聲音再次臨到，也帶來了相應的負擔。

但他超越了生活的榮辱，他已經嘗夠了酸甜苦辣。他的遺囑是這樣寫的：

「我希望自己像一條狗那樣被送進墳墓，而沒有任何我不認同的儀式。我忠實地相信你的善良，會尊重我在塵世最

後的請求。我指望你的友誼會如此而行。阿門。我是一世紀的基督門徒,僅此而已。」

圖說:杜南墓[12]

這個杜南臨終前的囑咐是他從避世獨居的單人房中發出的最後一條信息。他為自己祈求動物們的極大自由,讓他仰面朝天、未被祝聖[11]、歸於虛無。

大多數人帶著年老時的僵硬和年輕時就秉承不變的偏見離開這個世界。但杜南的晚年給他帶來了青春和激越,並將他的偏見轉化為簡單清晰的判斷。

杜南改變不了世界,但他可以改變自己。他不是人性的獨裁者,他在不可抗拒力量的支配下領悟了人道主義和善良,同樣的力量也感動了聖人和烈士讓他們走向使命之旅,這個力量也正是苦難中的人類的最後希望。

杜南被安葬在蘇黎世。

註釋:

[1] 費迪南德・馮・齊柏林(1838-1917):貴族出身的德國工程師和飛行員。他發明了以低密度氣體為浮力源的飛艇,創建了齊柏林飛艇公司。

[2] 喬治五世(1865-1936):1910年至1936年在位為英國國王。

[3] 愛德華・格雷(1862-1933):時任英國外相。
阿瑟・貝爾福(1848-1930):時任英國保守黨領袖,曾任英國首相。

赫伯特・亨利・阿斯奎斯（1852-1928）：時任英國首相。

大衛・勞合喬治（1863-1945）：時任英國財相，後任英國首相。

[4] 克里蒙梭：見第十八章註2。

雷蒙・普恩加萊（1860-1934）：於1912年至1913年擔任法國總理和外交部長，1913年至1920年擔任法國總統，1922年至1924年與1926年至1929年再次出任法國總理。

阿里斯蒂德・白里安（1862-1932）：於1909年至1929年間十一次擔任過法國總理。他是法國《教會與國家分離法》的起草人之一，和著名的《人道報》的創辦者之一。因為他為國際合作與和平所做的努力，他在1926年獲諾貝爾和平獎。

[5] 特奧巴爾德・馮・貝特曼－霍爾韋格（1856-1921）：於1909年至1917年任德國首相。

伯恩哈德・馮・比洛（1849-1929）：於1900年至1909年任德國首相。

[6] 關於「黑豹號」，下一章有敘述。

[7] 意土戰爭發生於1911年至1912年。戰爭後義大利（勝方）從土耳其（負方）得到了黎波里及昔蘭尼加的領土（位於今利比亞北部和東部）。

[8] 這是第一次巴爾幹戰爭，發生於1912年至1913年。塞爾維亞、保加利亞、黑山和希臘組成的巴爾幹同盟戰勝了土耳其。戰爭後原屬土耳其的馬其頓被塞爾維亞、保加利亞及希臘瓜分，塞薩洛尼基被併入希臘，阿爾巴尼亞取得獨立，但有大量阿爾巴尼亞人居住的科索沃被併入塞爾維亞。

[9] 1914年奧地利皇儲夫婦在波黑城市薩拉熱窩被刺客六人組（五名塞爾維亞人，一名波斯尼亞人）刺殺，導致了奧地利與塞爾維亞的戰爭，隨即引發第一次世界大戰。

[10] 讓・饒勒斯（1859-1914）：法國社會主義領導者、著名的和平主義者。他曾經是法國最年輕的國會議員，以支持人民大眾、揭露政商利益勾結聞名。他是法國《教會與國家分離法》的起草人之一，和著名的《人道報》的創辦者之一。他積極反對反猶太主義，以及法國的殖民政策。他預言了一戰的發生，在生命的最後幾年致力於法德和解，試圖在歐洲組織大規模的罷工活動來迫使法德兩國政府談判以阻止一戰的爆發。

[11] 祝聖這裡指通過（基督教）宗教儀式來宣布聖潔。

[12] 引自維基百科。

第二十二章　紅十字會的未來

　　一個人的命運與他生活的歷史空間密不可分，儘管他可以對他那個時代的基調盡可能充耳不聞，但他所經歷的事件的總和仍然是他這一代人遺產的一部分，他自己的形象也反映了他周圍世界的形象。幾乎沒有任何事情，小至髮型，大至世界觀，能完全取決於他自己的自由意志。

　　但命運的一個殘酷規則是，一個人永遠無法完全把握或審視他所歸屬的現實。人是鏡子，看不見自己；只有後世才知道什麼是對的，才能確定一個人的歸屬地。因為在我們活著的時候，我們常常認不出我們最親密的兄弟或最可靠的同志。今天的街頭巷尾比過去的百年風雲更難評價。

　　傳記作者的任務是將傳主的生活置於其歷史環境中，公正而謹慎地診斷其存在的症狀。作者必須像醫生一樣行事，仔細地寫下疾病的病史。任何追求完全的嘗試都不可能達成。然而，就像每一個最微小的創傷都關乎疾病的最後階段一樣，每一份報紙頭條都關乎我們生命的最後階段。所以，即使是半途的嘗試，也必有回報。

　　當代傳記需要像小說那樣描述生活。自從發現命運的進程會有戲劇性的發展以來，讀者就被訓練去尋找歷史事實所對應的精神和「個人」背景。他想知道他的英雄的日常穿

著，吃什麼，穿什麼，如何做愛。他明白偉大的功績都蘊含於喜怒哀樂之中，身體和精神功能的總和決定了人生。

但是，如果傳主的生活如此隱蔽，以至於沒有留下任何關於其私人領域的文件，或者只留下微不足道的文件呢？這種情況下，發明開始了。演講是發明出來的，但傳主從來沒有說過。事件和人物的重點被任意轉移。衝突和局勢是捏造的描述，因為它們從未發生過。

這種程序是犯罪，與不負責任的醜聞報導沒有區別：它是偽造和誹謗。生命如此嚴肅和不可侵犯，它無法承受隨意竄改。如果歷史要保持其意義，遺存的過失和功績絕不可以改變。每一個虛假的詞語、每一個不實的陳述都是對一個九泉之下無法反抗之人的褻瀆。

關於杜南的私生活，我們所知的都在此書涉及。但這裡沒有密友，沒有女人，沒有祕聞，沒有同時代人的觀察。讀者將會感到這種缺乏，因為作者已經遺憾地感到了。但是，如果一個生命如此漫長、如此活躍和如此重要，在其他人身上反映的卻又如此之少，那麼人們對杜南的這種沉默本身就顯示出他個性的一個突出症狀，我們不可以改變它。

有些人的命運與他們的工作冷酷地一致，以至於生活中必有的喜怒哀樂都被朝著某個確定目標的不懈努力所深刻地影響。杜南就是這樣的人。

筆跡專家和心理分析師可能會為世界知名人士的私生活隱匿無蹤找到許多動機和解釋。但這些都是無趣的，如果不是無恥的和該被禁止的。

杜南的一生被描繪在一個世紀的人類歷史中，這是一個

與我們息息相關的世紀，我們或我們的父母就在這個世紀中
出生，我們足夠清楚地感覺到它的氣息和運動。資本主義、
馬克思主義、民族主義、軍國主義都在十九世紀興起，它們
和我們一起長大，才剛剛成熟。雖然在我們看來人道主義似
乎應該比其中任何一種都更健康，但它卻患病般的虛弱。到
底發生了什麼？

　　讓我們用昨天的人道主義來對抗今天的野蠻。1882年，
莫瓦尼埃全面介紹了紅十字會成立以來的發展情況。

> 　　最後，讓我們提一下1874年在西班牙卡洛斯戰爭
> 期間使用該公約的情況[1]。這是唯一一次雙方都遵守
> 公約的內戰。武力對峙的雙方並沒有否認他們對無論
> 哪方傷員的命運都有善盡兄弟情誼的義務：他們相互
> 尊重醫生和護士。受傷的囚犯得到了良好治療和精心
> 照顧。政府甚至給到達潘普洛納的受傷叛亂分子以自
> 由……。這個富於騎士精神的例子值得被強調並推薦
> 給每個可能出現類似情況的國家效仿。
>
> 　　可以補充一下，儘管這個例證並不完美。這是日
> 本這個《日內瓦公約》的陌生人在1874年與中國開戰
> 前夕給出的例子[2]。天朝的軍事行為還依舊帶有濃濃
> 的野蠻色彩。儘管如此，日本人還是從他們的政府那
> 裡得到了指示，這些指示聽起來好像是由歐洲的慈善家
> 制訂的。在一個農民國家中觀察他們的代表僅在一年前
> 在日內瓦發現的道德種子的萌發生長是非常有趣的。

　　歷史平行對比是一種吃力不討好的危險消遣，但沒有人會反對時代和條件不同。是的，時代不同了！但是，這些國家與1938年的戰爭相同。西班牙再次發生內戰，日本再次入侵中國，只隔了一代人——紅十字旗飄揚中的一代人。然而，今天在西班牙，成千上萬的戰俘被屠殺，醫院和醫務室遭到轟炸，成群的婦女和兒童被謀害。而在中國——在上海和南京——戰俘被排起長隊處決，死者的鮮血染紅了緩慢流淌的河流。被遺棄的嬰兒、殘垣斷壁下奄奄一息的垂死者、投在未設防城市的燃燒彈——這些都是新聞捲軸在我們驚恐的眼前展開的畫面。

　　1911年7月1日，德國將砲艦「黑豹號」派往摩洛哥南部港口阿加迪爾，「以保護那裡的德國利益和相關主題」。為了在非洲的殖民利益，德、法兩國在摩洛哥爆發了爭執。世界一陣騷動，德、法達成妥協，「黑豹號」又悄悄溜走了。二十六年後的今天，在從未宣戰的戰爭中，中立國的船隻出現並擊沉其他中立國的船隻，未設防城市被報復性轟炸。在與美國處於和平狀態的中國境內，美國砲艦「帕奈號」被甚至尚未向中國宣戰的日本擊沉[3]。在十九世紀，遺產、繼承、未償債務、狂熱分子的刺殺都是戰爭的觸因。二十世紀，國王在國外被謀殺，貨物被沒收，國家被吞併或被軍隊占領，入侵得到資助和裝備支持，船隻被擊沉，人們被煽動叛亂，而我們竟然對這些都習以為常了。錯誤並沒有被調查和補救，而強權即真理。在十九世紀，左拉在報紙上發表的〈我控訴！〉一文震動全球，從而革命性地改變了一個國家的良知，並恢復了它的法律[4]。在二十世紀，數以千計的人

在未經審判甚至未經公開聽證的情況下被判刑、監禁或流放
──但什麼也沒有發生。

人類在這些年發生了什麼？什麼可以解釋這種可怕的
變化？

我們只能在承認我們有共同的困惑、傷害和內疚的情況
下嘗試對以上問題進行文化和政治診斷。

世界大戰火山爆發般地將我們文明時代的物質和精神生
活破碎成一個個原子，而「和平」只是由破舊的積木虛假地
拼湊而成。它讓我們陷入了今天看到的幾重怪誕的困境中。
技術似乎給予我們更大的潛在生活空間，但實際上卻剝奪了
我們的個人自由。它會在進行人身防禦或攻擊時阻礙我們，
並使我們在生活中受到無數很難從中逃脫的外來影響和干
擾。統一化的思想和生活導致世界不斷縮小，因為對自由的
渴求導致反叛，這就像在我們過於親密和狹窄的家庭圈子中
一樣，仇恨、競爭和怨恨從中滋生。因此，理解的機會在我
們時代大大增強了，但人們對此的反應是誤解和厭惡，表現
為任意地製造邊界、搞分裂和強調特殊性。無數新的族群和
團體在相似的地理和歷史背景上緊密地擁擠在一起，但各自
退回到微小的「專制主義」細胞中，既無法獨立支撐生存，
又憎恨自己的鄰居。

但即使在這些微觀單位中也存在兩面性。在籠子般的
邊境後面，無節制的人口洪流不斷湧動。大遷徙幾乎停止
了。沒有來路，也沒有出路。護照已從政治和技術手段上升
為世紀痛苦的象徵。通過所有宣傳手段，諸如廣播、電影和
報紙等等，無法遷移和手無寸鐵的人群被訓練出大眾的服從

反應。實踐和理論基礎都已被戰爭摧毀的世界經濟面臨著全新的經濟實體，其中一些經濟實體完全不適當。想像中的戰爭債務和賠款，和平時期變得不合理並澈底改變了市場的巨型產業，以及新分裂形成的力量中心，所有這些都必須重新組織起來。整個世界的一部分在馬克思主義指導下工作和生產。國際信用體系已經支離破碎。在原材料與糧食分配、甚至勞動力分工上的合作已不再可能。勞動、工資、生活水平的鬥爭在每個單位爆發。必要的國家干預阻礙了企業的自由發展。共同的負擔必須共同承擔，但這進一步加劇了對外部世界的隔閡和敵意。群眾缺乏教育和自由，但感受到威脅，這使得有可能向他們灌輸從社會主義階級國家到民族社會聯合體的各種政治理論。

　　歐洲自殺了。彈坑的泥土飛揚不僅侵蝕了理解和善意的必要紐帶，更糟糕的是，它對西方的文化基礎造成了不可估量的破壞。世界的重心從歐洲轉移到美洲大陸和亞洲，「文化的平衡」肯定已經被破壞了。遙遠的土地上存在著歐洲文明的外表和他們自身高等文化的碎片，但卻缺乏西方的精神傳統──基督教和古代世界的人性，和曾經在歐洲被創造和尊崇的關於人類自由的偉大理想。

　　放棄這種基督教和古代人性的理想對歐洲來說意味著真正的自殺。這是歐洲歷史上獨一無二的道德儲備。對過去若干世紀沉浸其中的歐洲人民來說，這些理想是力量和權威，它們合理化了歐洲崛起的激烈程度，甚至以它們名義所實施的侵略和強制，但現在這一切都被否認和放棄了。「群眾造反」把權力交給了那些既不了解或關心文化傳統和理想，也

沒有求知欲的人。他們生活在史前的野蠻中，他們了解文明時代的複雜武器只是為了濫用它們。他們做出了欺騙性的改變。在言行上，他們的革命烈火已經吞噬了古代的道德世界、基督教世界的人性，和個人自由。暴君通過宣傳口號和日趨完善的技術裝備來推動群眾，他們宣傳口號中的神祕主義可以追溯到原始時代的思維模式，我們過去只有在研究原始叢林中的未開化種族時才能接觸到這類原始思維。

這在一定程度上解釋了一代人、也就是我們這代人的可怕變化，以及二十世紀人道主義的悲觀前景。一種非理性和不公正的和平加劇了這種情況，這種和平始於威爾遜的十四點承諾[5]，終結於《凡爾賽條約》的復仇和愚蠢的狂歡。

如果說1918年我們經歷過的極權主義戰爭已經證明了什麼，那就是無法征服一個偉大的國家。軍隊可以被打敗。俄羅斯、德國和奧地利的軍隊被打敗，這些都是按照克勞塞維茨的計畫建立起來的、不受議會約束和影響的軍隊。克勞塞維茨的極權主義強權的無情攻擊理論只有在對手毫無準備而且不採取絕望的極權主義防禦的情況下才能成功。我們這個時代的軍事攻擊以其可怕的破壞手段告訴我們，極權主義也加強了防禦，而這個本質特徵抵抗了人類暴力對和平的破壞。既然和平的人在生理上比罪犯更健康、更有價值，暴力永遠不會在鬥爭中最終獲勝！

但是，承認人性的人和不再或尚未承認人性的人之間的這場鬥爭必須進行到底。

在日內瓦，國際聯盟悲情洋溢的走廊上依然人影穿梭。在海牙有昂然屹立的和平宮，它於1919年重建時的任務是設

立永久國際法庭。國際聯盟為維護和平制訂了崇高偉大的文件：1924年的《日內瓦議定書》，禁止和平破壞者的戰爭和安全權力；1925年，《洛迦諾公約》，維護西歐和平；1928年，《凱洛格公約》，禁止各方戰爭；無數的裁軍會議。國聯第八條規定：「國聯成員承認維護和平需要限制國家軍備。」

但國際聯盟已經錯過了每一個採取行動反對不公正的機會，它自願放棄了一切可能性去促使和平公約產生功效；它讓侵略者逍遙法外，也從未保護過受害者。這是高薪外交官、官員及他們的祕書這個群體的有趣縮影，他們以輕率的方式推進戰前外交遊戲，習慣於出爾反爾。它致力於打擊鴉片販運的問題和對白人女性的性奴役，並出版有關衛生問題和國際營養問題的傑出醫學著作。但在每一次嚴重的衝突中，它都讓人類的期望破滅。

世界大戰爆發後，強大而有影響力的和平運動開始了，國際婦女爭取和平與自由聯盟[6]、國際聯盟協會[7]，以及革命和平主義運動紛紛登場[8]。也有來自巴比塞[9]、拉茨科[10]、倫納德·弗蘭克[11]、羅曼·羅蘭[12]、雷馬克[13]、H.G.威爾斯等人的非常傑出的和平文學[14]。但其中一部分已被焚毀，另一部分正走入文學史。

1922年，教宗庇護十一世發布了和平法令，《基督在基督王國裡的平安》以及《那裡的議會》。1914年，新教教會成立了世界教會友誼聯盟，並於1919年成立了國際和解聯盟。

1907年海牙會議禁止使用毒氣。1925年由三十三個國家簽署的《毒氣議定書》，更新了禁令。今天，每個歐洲人很快就會擁有自己的防毒面具，孩子們將在學校學習如何使用

它們。有公約禁止轟炸未設防的城市，禁止用飛機投擲炸藥和氣油彈進行轟炸。沒有任何一個心智正常的人期望這些公約能得到執行。

明日戰爭的特點被描述得太頻繁，太令人印象深刻，以至於不需要重複。這將是一場有時速九十英里的超級坦克、有鋁熱燃燒彈、有「飛行堡壘」的戰爭。在第一次世界大戰中，最重的炸彈有九十磅；而今天則重達兩千磅。明日戰爭中將會有死亡射線和每分鐘發射三萬三千發的殺人武器，會有彌天蓋地的細菌感染大陸，會有機動部隊。

1937年的國際聯盟軍備手冊列出了大量關於軍備的最低估計值是：常備軍為八百五十萬人，而1913年為六百萬人；世界軍備總開支按黃金折算為七十一億美元（考慮通貨膨脹則計算為一百二十億美元），而1913年為二十五億美元。總開支中，1937年歐洲占百分之六十三點四，而1932年為百分之三十。1932年至1937年間，歐洲國家的軍事預算增加了約百分之八十，美國僅增加百分之五十，日本增加百分之一百以上，俄國增加百分之二百左右（引自《紐約時報》1937年12月14日）。

這就是杜南死後二十七年的世界：它在一個巨大的軍備機器上揮霍著原本可以創造出一個天堂的財富，反而因此處於更加激烈的振盪中。它的經濟可以為所有人提供麵包，但因為人為的分隔而支離破碎。世界上的社會需求不斷增加，隨之而來的是社會動盪。在反邪惡的政治和國際法方面，已故的託馬斯·馬薩里克的聲音[15]，羅斯福總統一氣呵成的演講[16]，甚至艾登的強大自制力都可以提及[17]。

　　但是，在漫遊過樸實誠懇的杜南先生的人生之旅後，我們再也無法喊出：「放下武器！」我們不希望像貝爾塔・馮・蘇特納和她的朋友們那樣，在大屠殺來臨之前就長眠安息。我們希望能活下來傳揚人道的聲音，讓解救和自由的舊教義可以成為新的救贖來拯救今天鄙視人道的群眾和從未聽過人道的年輕人。

　　杜南和他那一代人的人道主義為什麼會支離破碎呢？這是因為他們的弱點，他們的非政治立場，他們柔弱的情感，他們不科學的方法，以及他們缺乏激進主義。

　　　　沒有什麼比模糊和膚淺的和平主義更能讓我們暴露在戰爭的危險中。如果我們不準備犧牲宗教宗派主義、政黨、情感和愛國忠誠、經濟利益，讓種族自豪感和種族偏見服從於和平這個宏大的目標，以便將和平提升為我們的政治和社會生活的法律和標準，那麼我們的好意將徒勞無功（H.G.威爾斯）。

　　杜南需要以漫長而不幸的一生來經歷殉難才能最終認出敵人——蘇法利諾哀哭的製造者。然而，為時已晚，死亡的臨到使他永遠無言。當他那童稚般懇切感人的神態越來越模糊、開始漸漸隱沒在歷史陰影中時，一連串事件加速朝著災難的方向呼嘯湧去。

　　杜南的命運警示我們：一個人可能有信念，但必須切實地考慮目標。十九世紀顛倒了這些事情：它產生了某些信念，但不知道如何實現它模糊地渴望著的目標。

　　人道主義要有成效，就必須大膽、深思熟慮、冷靜、政治警覺、道德激進、方法科學。

　　但紅十字會真的有選擇嗎？

　　紅十字會是亨利・杜南的作品，是他思想總和的一部分。這個想法他思考了很久，最後的立足點在於「和平」二字！他沒有被授權得以引導紅十字會到這一終極方向，紅十字會與他的精神和命運有機地、不可分割地聯繫在一起。杜南的犧牲，那麼多年孤獨痛苦的歲月，是對紅十字會的犧牲。

　　需要加強這個組織並在每個分支中發揚其創始人的精神。

　　1938年的今天，在世界範圍內，紅十字會由五十七個國家紅十字協會組成[18]。紅十字國際委員會設在日內瓦，由最多二十五名瑞士公民組成。它有在國家協會間仲裁的功能，也是審查公約框架內的國際協議的政治法庭[19]。

　　此外，自1919年在巴黎成立以來，紅十字會聯盟就持續運作[20]，它與和平時期的任務有關——照顧病人、幫助災民，和少年紅十字會。

　　國家代表和紅十字協會代表在日內瓦舉行的國際會議上會面。

　　今天，紅十字會是唯一一個在戰爭和戰後時期沒有解體和妥協而倖存下來的官方和半政治性的國際組織。在紅十字組織內和相關國際會議上，蘇維埃國家、法西斯國家和民主國家的代表們仍然並肩而坐。

　　它的這種獨特地位是由於其人道主義活動、外交上的精明，還是人道主義的被動性？這是一個很難回答的問題。可能這三種因素都有。

紅十字會已經存在了七十五年，它曾千百次出色地展示了它的工作能力和行動準備，它從未中斷過人道服務。儘管在原則和組織方面遇到了越來越多的困難，紅十字會仍然履行了這些職責。

但人們不得不關切地疑問，這還能持續多久？紅十字會是否已做好充分準備以應對即將到來的戰爭恐怖？它是否有足夠的精力來保護其運作原則免受所有違規行為的影響？難道它不覺得有必要努力阻止不人道的行為？難道它不認為必須積極參加爭取和平、阻止和消弭戰爭的鬥爭嗎？

紅十字會是不是和平組織？它在戰場上的角色是像對抗疾病、從不拋棄病人的醫生，還是作為戰爭輔助者在戰鬥後包紮敵對雙方的傷口、為了使他們能夠更好地再次相互攻擊？這兩種角色的必要性都可以理解，但前一種是社會責任，而後一種是沒有道德收益的職業義務。

在參加美國全國和平會議的三十七個宗教、文化、政治和教育組織中，竟然沒有紅十字會。

但是，如果紅十字會本著正當的審慎態度希望捍衛自己的中立性定位，難道它不應該更嚴格地堅持遵守它的成立所依據的《日內瓦公約》嗎？

在當今的戰爭條件下，醫院是否會受到《日內瓦公約》第一條的保護和尊重？不，他們會被砲轟。

已經難以從事體力勞動的戰俘會被遣返回家嗎？不，他們會被監禁。

有藉口說現代極權主義戰爭從懦弱的遠距離機械地消滅看不見的敵人，所以就無法區分醫院與軍營、兒童與將軍。

因為眾所周知，公約不會受到尊重，人們被迫以更有效的手段來對抗這些具有盲目射程的毀滅性武器，但這樣的結果難道不可避免嗎？再次考慮杜南1870年關於為傷員和非戰鬥人員建立中立保護區的建議，難道不是時猶未晚嗎？如果有相應公約，那麼如果中立保護區被轟炸，這至少明確無疑地會被認定是對人道的驚人侵犯。難道奈爾委員會[21]，這個美國參議院調查軍火工業的特別委員會的轟動性調查結果，不是給了紅十字會一個機會推動所有國家將軍火工業國有化嗎？就像現在法國已經完成的那樣，軍火工業國有化難道不是至少可以對私營領域的不負責任和缺乏良心有所限制嗎？

　　這些只是示例。紅十字會治癒傷口，也必須預防傷口。紅十字會在我們荒涼的現世仍然是屈指可數的人道主義避難所之一，也將成為人道主義可以再次澆灌滋養這個乾涸和被毀壞的世界的珍稀泉源之一。如果紅十字會堅決而且激進地為追求和平，就會激發覺醒青年的熱情合作，他們對可以追溯至聖經、曠古有之對人性的呼喚將不再充耳不聞。

　　只有到和平成為紅十字會的終極使命的那一天，亨利・杜南開啟的事業和他的生命才將最終融成一體。

註釋：

[1] 卡洛斯戰爭是擁戴波旁王朝唐・卡洛斯王子支系為西班牙波旁王朝正統世系的卡洛斯派在西班牙發起的內戰。

[2] 以1871年發生的台灣原住民殺害琉球漂流民事件為藉口，1874年日本出兵攻打台灣原住民，這也是日本自明治維新以來首次對外用兵。之後，經外交交涉，清政府出銀五十萬兩，日本退兵。正如莫瓦尼埃自陳「這個例

證並不完美」，因為1874年日本國力尚微，而且日軍在此次出兵中並未與清軍交戰。同是日本明治時期，甲午戰爭中日軍於1894年11月21日侵入旅順，血腥屠殺了沒有參戰的兩萬名平民。

[3] 1937年，日本發動了「七七事變」開啟全面侵華戰爭，但直至1945年戰敗也未曾向中國宣戰。1937年底，在長江上的美國海軍砲艦「帕奈號」以及三艘標準石油公司的油船被日軍轟炸攻擊。之後日方辯稱日軍當時沒有看到船上掛的美國國旗。在日本政府正式道歉並且向美國支付賠償後，雙方和解。

[4] 見第一章註18。

[5] 美國總統伍德羅・威爾遜於1918年1月在美國國會發表的關於戰爭目的與和平條款的演說中闡述了為和平協商結束一戰的十四點和平原則。這些原則中有一些符合公義的內容（比如無祕密外交、航海自由、消除國際貿易障礙、限制軍備、平等對待殖民地人民等等），但直接涉及交戰方的條款中只有對同盟國參戰方德國、奧匈帝國和奧斯曼帝國的懲罰。

[6] 該委員會於1915年荷蘭海牙召開的國際選舉聯盟國際代表大會上成立，名稱為國際婦女爭取永久和平委員會，1919年改名為國際婦女爭取和平與自由聯盟。它以實現和平為目標，廣泛地團結女性，研究、宣傳和協助消除導致戰爭的政治、社會、經濟及心理因素。

[7] 國際聯盟協會成立於1915年。該組織為建立國際聯盟（國聯）而努力，它的主要動機是和平主義和反對第一次世界大戰。1918年，該組織與自由國家聯盟協會合併成立國聯。

[8] 革命和平主義是荷蘭裔美國人亞伯拉罕・約翰內斯・穆斯特（1885-1967）提出的。穆斯特是基督新教牧師、勞工運動領袖，他提倡以非暴力社會革命促成在公義基礎上的和平。他認為大多數人在現行制度中遭受不公和壓迫，所以必須停止在惡劣的條件下輕易地默許現狀，他敦促「一個人必須先成為一名革命者，然後才能成為和平主義者」。

[9] 亨利・巴比塞（1873-1935）：法國作家。一戰爆發後，他創作了反戰小說《火線》和《光明》。他還著有詩集《泣婦》，小說《哀求者》和《地獄》。

[10] 安德烈亞斯・拉茨科（1876-1943）：猶太裔奧地利作家。一戰爆發後，他創作了《戰爭中的人》、《和平的審判》、《西線德兵的生活》等反戰小說。1933年，納粹政權下令燒毀他的書籍。

[11] 萊昂哈德・弗蘭克（1882-1961）：德國作家。一戰期間，他創作了和平主義短篇小說集《人是良善的》。他還著有《最後的教練》、《卡爾和安娜》等小說。1933年，納粹政權下令焚毀他的書籍。

[12] 羅曼・羅蘭（1866-1944）：法國作家、音樂評論家。他的重要作品有《約翰・克利斯朵夫》、《母與子》、《名人傳》等。一戰期間，他寫出了很

多反戰文章。他是1915年諾貝爾文學獎得主，他把相應獎金全部贈送給國際紅十字會和法國難民組織。

[13] 埃里希・瑪利亞・雷馬克（1898-1970）：德裔美籍作家。他的反戰小說《西線無戰事》先後被譯成五十種語言，銷量高達近兩千萬冊。他還著有《凱旋門》、《里斯本之夜》等小說。1933年，他的作品在納粹德國被禁。

[14] 赫伯特・喬治・威爾斯（1866-1946）：英國著名小說家和歷史學家。他著有《世界史綱》，以及科幻小說《時間機器》、《隱身人》、《世界大戰》等。

[15] 托馬斯・加里格・馬薩里克（1850-1937）：捷克斯洛伐克首任總統（1918-1935）。他也是哲學家、理性主義者以及人道主義者。他認為，抵抗惡是無條件的；真正的人道主義需要超越強權、英雄事業和為名殉身的舊思想，需要以仁愛的精神從事，雖小事也要盡力而為，為了保護弱者，必須以武力反攻恃強凌弱的強權。

[16] 富蘭克林・德拉諾・羅斯福（1882-1945）：第三十二任美國總統（1933-1945）。羅斯福的第一個任期內（1933-1937）的外交政策是睦鄰為主。美國軍隊撤出海地，並和古巴與巴拿馬締結新條約，結束了它們跟美國之間的被保護國關係。1933年12月，羅斯福簽署蒙特維多國家權利義務公約，放棄了對拉丁美洲國家進行單方面干預事務的權力。在他第二個任期內（1937-1941），在中日戰爭爆發後，羅斯福用各種方式協助中國抗日。1937年10月，羅斯福發表「隔離演說」旨在遏制侵略性國家。他提出，好戰的國家是對國際社會健全性的威脅，所以應該被「隔離」。

[17] 安東尼・艾登（1897-1977）於1935年至1938年出任英國外相。在任內，他支持對納粹德國作合理讓步以換取和平的政策，但反對向納粹持續讓步的綏靖政策。艾登後於1955年至1957年出任英國首相。

[18] 截至目前（2022年），被國際認可的國家紅十字會共一百九十二個。

[19] 紅十字國際委員會現在的主要功能是根據《日內瓦公約》以及習慣國際法所賦予該組織的特權和法律豁免權以保護國內武裝衝突和國際性武裝衝突的各種受難者。

[20] 該組織現名為紅十字會與紅新月會國際聯合會，總部設在瑞士日內瓦。紅十字會聯盟為初創名。它負責協調國家協會，和跨國救援和平時期的受害者。

[21] 奈爾委員會，正式名稱為彈藥工業調查特別委員會，是美國參議院的一個委員會（1934-1936），由美國參議員傑拉爾德・奈爾（1892-1971）擔任主席。該委員會調查了美國捲入第一次世界大戰背後的金融和銀行利益。調查發現銀行向美國政府施壓，要求美國干預戰爭，以保護他們在國外的貸款。此外，軍火工業在操縱價格方面也有過錯，並在第一次世界大戰之前和期間對美國的外交政策有重大影響。在二戰初期，以上調查結果對公眾和政界支持美國中立產生過重要影響。

附錄一　杜南的主要作品

（摘自亞歷克西斯‧弗朗索瓦：〈亨利‧杜南——一位偉大的人道主義者〉，《紅十字國際評論》第三卷，1928年3月日內瓦出版）

《攝政時期的突尼斯觀察》，1858年於日內瓦。

《查理曼帝國的復興，或拿破崙三世陛下重建的神聖羅馬帝國》，1859年於日內瓦。

《阿爾及利亞蒙斯－傑米拉磨坊場金融和工業公司的備忘錄》，1859年於巴黎。

《蘇法利諾回憶錄》，1862年於日內瓦。

《穆斯林和美利堅合眾國的奴隸制》，1863年於日內瓦。

《戰場上的救護工作》，1864年於日內瓦。

《國際東方改造協會項目》，1866年於巴黎。

《戰俘》，1867年於巴黎。

《國際世界圖書館》，1867年於巴黎。

《輔助武裝公民的國際福利協會——國際陸海軍隊傷員救護協會的附屬機構》（計畫和規章，未署名），1870年於巴黎。

《規範戰俘待遇的提案》（1872年8月6日在英國社會科學促進協會會議上宣讀），1872年於倫敦。

關於設立國際仲裁法院的必要性的一封信，1872年提交給普利茅斯社會科學大會，倫敦《環球報》1872年9月13日報導。

《國際保護戰俘協會》（布萊頓講座，1873年9月15日），1873年於倫敦。

〈致媒體〉，《放下武器！》第9期，第327-331頁，1897年維也納出版。

〈反對軍國主義的小武器庫〉，《放下武器！》第5、6、8-9期，第161-166、208-210、310-314頁，1897年維也納出版。

〈反戰小武器庫〉，《放下武器！》第10期，第366-367頁，1897年維也納出版。

《尼古拉二世沙皇陛下的提案》，1898年於海登。

附錄二　參考書目

J.T. 亞當斯，《美國史詩》，1934年波士頓出版。

路易斯·阿皮亞，《救護車外科醫生》，1859年日內瓦出版。

克拉拉·巴頓，《紅十字會》，1898年華盛頓出版。

查爾斯·A·比爾德和瑪麗·比爾德，《美國文明的興起》，1927年紐約出版。

A. 貝特朗，《1859年義大利戰爭》，1860年巴黎出版。

梅布爾·博德曼，《在國內外紅十字旗下》，1915年費城出版。

H.T. 巴克爾，《英格蘭文明史》，1882年倫敦出版。

弗斯特·布洛，《回憶》，1931年柏林出版。

萊昂斯·德·卡澤諾夫，《十九世紀的戰爭與人道主義》，1870年巴黎出版。

E. 錢寧，《美國歷史》，1921-1926年紐約出版。

H. 庫欣，《外科醫生日記》，1936年波士頓出版。

H.P. 戴維森，《一戰中的美國紅十字會》，1919年紐約出版。

馬克西姆·杜坎普，《法國紅十字會》，1918年蘇黎世出版。

J.H. 杜南，《紅十字會在法國的起源》，1918年蘇黎世出版。

H.C. 恩格爾布雷希特，《反戰起義》，1937年紐約出版。

珀西·埃普勒，《克拉拉·巴頓的生活》，1915年紐約出版。

亞歷克索斯·弗朗索瓦，《紅十字會的搖籃》，1918年日內瓦出版。

G.P. 古奇，《現代歐洲史》，1924年倫敦出版。

A.J. 格蘭特和H.坦波利，《十九世紀和二十世紀的歐洲》，1934年倫敦出版。

R.H. 格雷頓，《英國人的現代史》，1913年倫敦出版。

菲利普·格達拉，《百年》，1937年紐約出版；《第二帝國》，1928年紐約出版。

C.哈吉和J.M. 西蒙，《紅十字會的起源》，1902年阿姆斯特丹出版。

M.A. 德沃爾夫·豪，《事業與捍衛者》，1926年波士頓出版。

K. 考茨基，《社會主義者與戰爭》，1937年布拉格出版。

埃米爾·路德維希，《德皇威廉二世》，1926年柏林出版。

C.路德，《日內瓦公約》，1876年埃爾蘭根出版。

K. 曼海姆，《衡量和價值》，1937年蘇黎世出版。

R.H. 莫特拉姆，《金融投機的性質與歷史》，1932年萊比錫出版。

G. 莫瓦尼埃，《紅十字會的前十年》，1873年日內瓦出版；《紅十字是什麼》，1874年日內瓦出版；《紅十字會：過去和未來》，1882年巴黎出版；《紅十字基金會》，1903年日內瓦出版。

拉姆齊・繆爾，《歐洲的擴張》，1922年倫敦出版。

R. 穆勒，《在創始人 J.H. 杜南的支持下的紅十字會與日內瓦公約的歷史》，1897年斯圖加特出版。

柯比・佩奇，《我們必須戰爭嗎？》，1937年紐約出版。

赫塔・泡利，《無與倫比的女性：貝爾塔・馮・蘇特納》，1937年維也納出版。

C. 波利蒙，《關於義大利戰爭的信函》，1860年布魯塞爾出版。

《紅十字國際評論》，1869年至1938年日內瓦出版。

W. 桑巴特，《社會主義和社會運動》，1905年耶拿出版。

雷內・桑德雷格，《革命家亨利・杜南》，1935年蘇黎世出版。

L. 斯特雷奇，《維多利亞時代的傑出人物》，1918年倫敦出版。

W.R. 塞耶，《加富爾》，1911年波士頓出版。

A. 瓦格茨，《軍國主義史》，1937年紐約出版。

J. 維爾和C. 維爾，《現代戰爭簡史》，1910年巴黎出版。

A. 韋伯，《文化史與文化社會學》，1935年萊頓出版。

E.L. 伍德沃德，《英國和德國海軍》，1935年牛津出版。

C.S. 楊，《克拉拉・巴頓》，1922年波士頓出版。

附錄三　作者簡介

　　馬丁・甘伯特（1897-1955）是一位猶太裔美國籍醫生和作家。他出生於柏林一個富於自由主義思想的家庭，他的父親是一名醫生。早在中學時期，他就創作發表過表現主義詩歌。一戰期間，他曾在德國陸軍醫療隊服役。之後，他在柏林大學開始學習醫學，專攻性病和皮膚病，並進行病史研究。在求學期間，他積極參加社團活動，也發展了對特定項目和人群進行社會政治參與的熱情。他曾自陳：「對我來說，醫學從一開始就是一門社會科學。」1923年，他與大學時代的醫生朋友夏洛特・布拉施科結婚。

　　在擔任幾年助理醫生後，甘伯特於1927年成為住院專家，1928年成為治療性病和皮膚病的柏林診所的負責人。他關注患者的社會康復，並在德國建立了首個此類諮詢和治療中心。他還是柏林毀容治療的先驅。他曾力爭國家機構為他的貧困病人提供援助。

　　1933年當納粹迫使他退出醫療行業時，甘伯特開始著書，撰寫了記敘順勢療法創始人塞繆爾・哈尼曼生平的《哈尼曼傳》（1934）和描寫傑出科學家的《為創意而生：研究人員的九種命運》（1935）。然而，1935年納粹立法迫使德國作家協會驅逐猶太人，在德國看不到未來的甘伯特於1936

年選擇移民到了紐約。

甘伯特在移民後恢復了醫生的職業生涯，同時也繼續寫作。他完成了詩集《國外報導》（1937）、傳記《杜南：紅十字會軼事》（1938）、自傳《天堂中的地獄》（1939）、小說《生日》（1948）等多部作品。《杜南：紅十字會軼事》一書原稿為德文，由著名記者惠特克‧錢伯斯（1901-1961）譯成英文，然後以德文版、英文版於1938年同時出版；該書之後還被譯成其他五種語言出版。他和一群在美國流亡的德國作家朋友經常來往。他曾向德國作家、諾貝爾文學獎得主托馬斯‧曼提供了有關梅毒病程的信息，後者在自己的重要作品小說《浮士德博士》中使用了這些信息。

甘伯特於1942年成為美國公民。在醫學方面，他開始對老年病學這一當時的新興醫學領域產生濃厚興趣，並在該領域發表了大量文章。他被認為是該醫學領域的奠基人之一。他強烈認為社會正在通過強制退休浪費了數百萬有用的生命，他的醫療心理學方法基於這樣一種信念，即積極面對死亡的心理態度是可能延長生命的重要因素。他從1951年開始領導紐約猶太紀念醫院的老年診所，還曾擔任過著名《時代》雜誌的醫學顧問，並在紐約醫學院任教授。他出版了兩部提倡用新方法治療老年疾病的醫學著作《你比你想像的更年輕》（1944）和《幸福的剖析》（1951）。從1952年直至去世，他編輯了紐約醫學雜誌《終身生活》。

附錄四　譯後記

　　譯完全書後，不禁掩卷沉思。全書涉及了幾百位影響過人類文明發展的人物，做註解的超過兩百位。他們中有需要特別家世或軍政能力的帝王將相，有需要傑出思想感悟、文藝或科學才能的宗教家、哲學家、教育家、文學家、藝術家、科學家、發明家、醫生，也有需要有強大財力支持的企業家、銀行家，還有需要博愛之心並能知行合一的人道主義者。人道主義者不需要特定背景，同時也涵蓋了不同背景。人道主義者可以是護士南丁格爾，可以是醫生帕拉夏諾和阿皮亞，可以是辭去公職的克拉拉・巴頓，可以是帶軍征戰的杜福爾，可以是放下筆的惠特曼，可以是拿起筆的托爾斯泰、左拉和貝爾塔・馮・蘇特納，可以是富有的諾貝爾、洛克菲勒和卡內基，還可以是破產後一貧如洗的杜南，……當然也可以是沒沒無名的你我他（她）！人道主義者有千千萬萬的分身，但超越各種背景的諸多差異，人道主義者的精神是合一的。人道主義者就是每一位不求回報、不看身份標籤，在我們危難時伸出援手、在我們困苦中送來安慰的人。當我們本著同理心和憐憫心、扶助別人於危難困苦之中時，人道主義者就是我們自己。每個人都是人類的一分子。人道主義者是人類之子。

翻譯這本傳世之作的整個過程讓譯者深入學習了人道主義並因此備受激勵。人道主義群星璀璨,他(她)們的光和熱明亮、溫暖了這個世界,也指引著人類精神文明發展的方向。本書翻譯的過程中,譯者通過國際互聯網查閱了很多參考資料,特別是維基百科的諸多詞目。這些資料對提高翻譯和註釋的準確性很有幫助。在此,譯者特向相關資料的許許多多的貢獻者致謝。這些貢獻者積極地付出智力勞動,和大眾分享自己珍視的特定知識,這也同樣表現了美好的同理心。

最後,謹以譯者的一篇舊作與大家共勉。

我就是你──一滴雨珠

我,孕育於大海。

我,誕生於天空。

　　是風,把我送向大地。

我,匯集於大地。

我,成長於大地。

　　是大地,構築起我的經脈,讓我在她的懷抱裡奔湧。

我,尋訪過高山;

我,依偎過碧野;

我,挑戰過荒原。

我,讚歎高山巍巍;

我,滋潤碧野豐沃;

我,賦予荒原生機。

我,依戀高山;

我，依戀碧野；

我，甚至還依戀荒原。

但你們都遮不住我東去的身影。

我肩負著生命的責任。

我要以最快的步履向大海奔去。

我要給大海帶去大地的問候！

我要給世界增添生命與愛的色彩！

在回歸大海的瞬間裡，

我完成了使命，也終止了生命。

但我無怨無悔，因為我存在的歷程已使我永生於天地！

那麼多的「我」，

朋友們不禁要問：「那麼，『我』是誰？」

我親愛的朋友們，

其實，我就在你們中間啊！

其實，我就是你啊！

我親愛的朋友們，

我就是你——一滴雨珠，

一滴再平凡、再平凡不過的小小雨珠。

（1997年10月作於紐約，以此表達對人生的領悟和對世人的期盼。）

Do人物84　PC1073

杜南：
紅十字會軼事

原　　著／馬丁·甘伯特
翻　　譯／程　翀
責任編輯／楊岱晴、紀冠宇
圖文排版／黃莉珊
封面設計／吳咏潔

出版策劃／獨立作家
發 行 人／宋政坤
法律顧問／毛國樑　律師
製作發行／秀威資訊科技股份有限公司
　　　　　地址：114 台北市內湖區瑞光路76巷65號1樓
　　　　　電話：+886-2-2796-3638　傳真：+886-2-2796-1377
　　　　　服務信箱：service@showwe.com.tw
展售門市／國家書店【松江門市】
　　　　　地址：104 台北市中山區松江路209號1樓
　　　　　電話：+886-2-2518-0207　傳真：+886-2-2518-0778
網路訂購／秀威網路書店：https://store.showwe.tw
　　　　　國家網路書店：https://www.govbooks.com.tw

出版日期／2023年4月　BOD一版　定價／420元

|獨立|作家|
Independent Author

寫自己的故事，唱自己的歌

讀者回函卡

杜南：紅十字會軼事 / 馬丁.甘伯特原著；程翀譯.
-- 一版. -- 臺北市：獨立作家, 2023.04
　　面；　公分. -- (Do人物；84)
BOD版
譯自：Dunant : The story of the Red cross
ISBN 978-626-96628-5-2(平裝)

1.CST: 杜南(Dunant, Jean Henry, 1828-1910.)
2.CST: 傳記

784.48　　　　　　　　　　　　　111022343

國家圖書館出版品預行編目